KB103872

황금시대

황금시대
La Edad De Oro

아메리카 어린이와 청소년을 위한 오락과 교육 월간지

호세 마르티 지음
조갑동·신정환 옮김

알렙

『황금시대』와 호세 마르티의 삶

　『황금시대』는 어린이들에게 상상의 세계를 열어주고 먼 지평을 갈망하게 하는 월간 잡지의 이름이다. 즉 이 책은 한 권의 단행본으로 나온 작품이 아니라 1889년 7월부터 10월까지 네 차례에 걸쳐 발간된 월간지의 내용을 함께 묶은 것이다. 그리고 지은이는 오늘날까지 쿠바의 독립 투사이자 국부(國父)로 존경받는 호세 마르티다. 비록 4개월이라는 짧은 기간 동안 세상에 있다가 사라진 간행물이지만 이를 한데 묶어놓고 돌아볼 때 호세 마르티의 정신세계가 압축되어 빛을 보이고 있음이 감지된다. 어린이를 대상으로 한 이 공간에서는 갖추어야 할 기초적인 상식과 범세계적인 역사의 흐름, 이어 앞으로 나아가야 할 방향을 거의 직설적이고 간결한 용어로 서술해 놓았다. 특히 마르티는 부당한 일이 내 주변에서 일어나고 있는데 이를 보고 누가 대신 나서서 해결해 주겠지 하고 미루는 행위는 옳지 않을뿐더러 극단적으로 표현한다면 죄를 짓는 행위가 된다고 강조한다. 정의를 위해서는 일어나야 한다는 것이다. 이는 그의 생활 철학이기도 하다.

그 때문인지 잡지 첫 호는 세 사람의 영웅 이야기로 시작한다. 시몬 볼리바르, 이달고, 그리고 산 마르틴, 이 세 사람은 출신은 다르지만 중남미의 새로운 나라를 세우고 새로운 역사를 쓰기 시작한 영웅들이다. 마르티는 이어서 고대 그리스 작품이며 세계적인 고전으로 알려진 호메로스의 『일리아스』 이야기를 들려준다. 비록 먼 나라, 먼 시대의 이야기이지만 사람이 기본적으로 갖추어야 할 지식을 겸비할 때 균형 있는 사고와 분별력을 갖출 수 있다는 점을 말하고 있다. 다음 호에서 마르티는 주거 문제를 중심으로 인류 문명의 역사를 돌아보는 기회를 얻는다. 또한 세계적인 음악가, 시인, 화가 들을 중심으로 어린 시절부터 천재적인 능력을 발굴하고 발전시킨 모습을 보여주면서 어린이 각자가 지닌 능력을 적극적으로 개발해야 한다는 메시지를 전한다.

세 번째 호에서는 1889년 9월의 파리 만국박람회 소식을 다룬다. 그로부터 100년 전인 1789년 프랑스에서는 자유, 평등, 박애를 앞세운 대혁명이 일어나고 이 새로운 물결은 유럽뿐만 아니라 미 대륙까지 울려 퍼진다. 그러나 혁명을 주도한 이들이 나라 경영을 해본 경험이 없다 보니 나라가 혼란과 무질서에서 헤맸고, 그 기회를 틈타 등장한 나폴레옹이 황제로 군림하다가 몰락하는 사태까지 진전된다. 이러한 격동의 역사를 극복하고 열린 파리 만국박람회는 인류의 대잔치가 되었다. 이어서 독자의 관심을 끄는 글은 스페인의 라스 카사스 신부 이야기다. 특히 백인 정복자들에게 희생당하는 아메리카 원주민들의 인권을 위한 그의 노력이 두드러진다. 마지막 호는 안남 사람들이 나라를 찾는 이야기를 주로 다루는데, 안남은 인도를 뜻하고 월남을 뜻하기도 한다. 네 명의 장님이 코끼리를 만져보는 이야기에서 시작하는 이 글은 불교의 탄생 과정과 그곳 사람들의 풍습, 역사, 연극, 파고다 등을 설명한다.

　여기서 호세 마르티의 삶과 문학을 간략하게 돌아보자. 1850년 스페인 발렌시아에서 쿠바로 이주한 마리아노 마르티가 1852년 47세의 나이에 카나리아 출신의 레오노르 페레스 카브레라와 결혼해 1853년 1월 28일 첫아들을 낳는다. 그가 바로 호세 마르티다. 그는 어려운 집안 형편으로 인해 학교에 다니는 와중에도 집안일을 열심히 돕는 기특한 소년이었다. 그가 공부하던 아바나 학교의 교장 라파엘 데 멘디베는 시인이자 독립을 주장하던 혁명가였다. 마르티의 사상에 큰 영향을 끼친 멘디베는 평생에 걸쳐 마르티의 정신적 아버지 역할을 한다. 호세 마르티는 이러한 분위기 속에서 쿠바가 스페인으로부터 독립해야 한다는 생각을 굳혀 간다. 1869년 마르티는 스페인 군대에 입대하는 학교 친구를 비난하는 편지를 썼다는 이유로 체포되어 징역 6년을 선고받는다. 그때 나이가 열여섯 살. 두 발에 쇠고랑을 차고 어머니에게 편지를 보내자 부모들이 백방으로 석방을 위해 노력한다. 호세 마르티는 1871년 석방되어 스페인 추방을 당한다. 하지만 쇠고랑으로 생긴 발의 상처는 한평생 지니고 살아야 했다. 스페인에 간 마르티는 마드리드와 사라고사 대학에서 법학과 인문학을 전공하고 프랑스를 거쳐 미국, 멕시코, 베네수엘라, 과테말라 등지로 여행하다가 미국 뉴욕에 자리를 잡는다. 멕시코에 체류할 때인 1876년에는 쿠바 카마구에이 출신의 카르멘 사야스 바산과 결혼해 유일한 자식인 호세 프란시스코(1878-1945)를 얻는다. 제1차 쿠바 독립전쟁이 끝난 후 1880년 다시 뉴욕에 와서 정착한 마르티는 평생의 집념인 쿠바의 자유와 독립을 위해 영혼을 불살라 버릴 뜻을 세웠고 1892년에는 쿠바혁명당(PRC)을 창당한다. 『황금시대』를 펴낸 것도 뉴욕 시절이었다. 그는 1895년 쿠바로 돌아가 제2차 독립전쟁에 참전한다. 그러나 본격적인 첫 전투였던 도스 리오스에서 말을 타고 선두에서 진격하던 그는 3발의 총탄을 맞고 쓰러진다. 누가 대신 해줄 것을 기다리는 것은 범죄가 된다고 말했던 마르티는 말과 행동이 일치하는 지식인이었다.

호세 마르티는 독립 혁명가로서 쿠바의 국부로 간주되지만 중남미 문학을 빛낸 위대한 시인의 반열에 들어가기도 한다. 그가 니카라과 시인 루벤 다리오와 함께 만들어놓은 시 세계는 '모데르니스모'라는 새로운 유파다. 모데르니스모는 중남미 최초의 독자적이고 독창적인 문학 운동이자 전통과의 단절을 꾀한 최초의 미학이다. 모데르니스모는 중남미 고유의 순수 시어를 창조했는데, 이는 '우리 아메리카(Nuestra América)'를 주창한 호세 마르티의 정치적 독립 정신과도 연관된다. 마르티는 시뿐만 아니라 편지, 에세이, 기사 등 모든 장르의 글을 썼고, 『이스마엘리요(Ismaelillo)』, 『소박한 시(Versos sencillos)』, 『자유시(Versos libres)』 등 세 권의 대표 시집을 남겼다.

『황금시대』는 그의 문학과 사상이 함께 담겨 있는 책으로서 중남미 최초의 아동문학 작품이라고 간주되기도 한다. 어린이를 위한 그의 관심은 무한했기에 죽기 전에 해야 할 일이 바로 세상의 균형을 잡아줄 내일의 주인공을 위한 소박한 사업이었다. 『황금시대』는 비록 짜임새 있게 정돈된 것은 아닐지 몰라도 그 정신적인 메시지는 내일의 주인공이 될 어린이를 위한 사랑과 염려와 기대로 충만해 있음을 볼 수 있다. 이 작품이 시공간을 뛰어넘어 21세기를 사는 대한민국 어린이와 국민들에게도 재미있고 감동적으로 읽힐 수 있는 이유다. 글자 그대로 '황금시대'를 사는 어린이들이 보람 있는 새 시대의 내일을 만들어 나갈 것을 기대한다.

옮긴이 조갑동, 신정환

목차

『황금시대』는 쿠바의 호세 마르티가 어린이들을 위해 만든 월간지였다. 『황금시대』는 시간과 공간을 초월한 보편적인 언어로 어린이들에게 얘기를 들려주면서 한 세기 이상이 지난 지금까지도 그 참신함과 아름다움 그리고 의미를 유지하고 있다. 첫 잡지는 1889년 7월에 빛을 보았다. 그 당시 마르티는 스페인 식민주의에 맞선 쿠바 독립 전쟁을 준비하기 위해 뉴욕에 있었다. 그 전쟁에서 마르티는 목숨을 잃게 된다. 무거운 책임감 속에서도 초인적 노력을 기울이던 마르티는 이 잡지를 네 번이나 출간했다. 잡지는 32쪽으로 이뤄졌고 예쁜 판화와 삽화를 가지고 있었다. 잡지에 실린 글은 마르티의 휴머니즘과 이상주의를 전형적으로 보여주는 단편소설, 에세이, 그리고 시들이었다. 거기서 다뤄지는 방대한 주제와, 시대를 초월해 보편성을 띤 휴머니즘 가치가 우리에게 전해진다. 『황금시대』는 어린 독자들에게 지식과 사랑과 정의를 추구하도록 이끌어준다. 네 번 출간된 잡지는 같은 이름을 가진 한 권의 책으로 엮이면서 수도 없이 출판되었고 쿠바와 라틴아메리카 문학의 고전이 되기에 이르렀다.

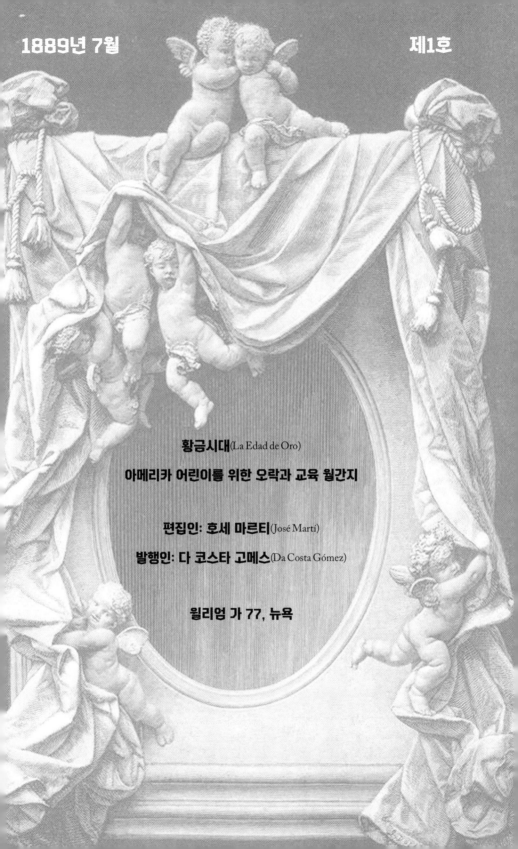

1889년 7월

제1호

황금시대(La Edad de Oro)

아메리카 어린이를 위한 오락과 교육 월간지

편집인: 호세 마르티(José Martí)

발행인: 다 코스타 고메스(Da Costa Gómez)

윌리엄 가 77, 뉴욕

제1호

1889년 7월

『황금시대』를 읽는 어린이들에게

이 잡지는 소년들을 위한 것이고, 물론 소녀들을 위한 것이기도 하다. 소녀들이 없다면, 마치 이 세상에 빛이 없이 살 수 없듯, 살 수가 없다. 소년은 일하고 걷고 공부하며, 굳세고 늠름해야 한다. 비록 못생겼다 해도 늠름해질 수 있다. 착하고 똑똑하며 깨끗하면 항상 늠름하다. 하지만 튼튼한 자신의 조그만 손에 여자친구에게 줄 꽃을 가지고 갈 때나, 자기 여동생의 팔짱을 끼고 가면서 아무도 건드리지 못하게 할 때만큼 더 멋질 때는 없다. 소년은 이렇게 성장하여 거인처럼 보이게 된다. 소년은 커서 신사가 되고 소녀는 자라서 엄마가 된다. 이 잡지는 한 달에 한 번씩 나오면서 내일의 신사들이나 내일의 엄마들과 좋은 친구로서 대화를 나누려고 한다. 소녀들에게는 집에 찾아오는 손님들을 즐겁게 해주고 인형들과 신나게 놀게 해줄 재미난 이야기를 들려주고, 소년들에게는 이다음에 훌륭한 사람이 되기 위해 반드시 알아야 할 이야기를 들려줄 것이다. 그들이 알고 싶은 모든 것을 이야기해 줄 것이고, 이해를 돕기 위해 쉬운 말과 예쁜 그림들을 사용할 것이다. 이 세상은 어떻게 만들어 졌는지 얘기해 줄 것이고, 지금까지 사람들이 해온 모든 것에 대해 들려줄 것이다.

『황금시대』를 만드는 것은 아메리카와 다른 대륙에서 옛날에는 사람들이 어떻게 살았고 지금은 어떻게 살고 있는지를 아메리카 대륙의 어린이들에게 알려주기 위한 것이다. 그리고 수많은 유리와 철 제품들, 증기기관과 현수교, 그리고 전기는 어떻게 만들었는지도 알게 해주려는 것이다. 이렇게 해서, 어린이들이 돌의 색깔을 볼 때 왜 그런 색깔을 갖게 되었는지, 또한 그 색깔들은 무슨 뜻을 지니고 있는지 알게 될 것이다. 그리고 고대 부족들의 전쟁과 종교를 얘기해 주는 유명한 책들을 알게 할 것이다. 또한 우리는 어린이들에게 공장에서 일어나는 모든 것들, 신기하고 재미있어서 마술책과 다름없거나 다른 어떤 마술보다 더 놀라운 것들을 말해 줄 것이다. 하늘에 대하여 알려진 것들, 깊이를 알 수 없는 바다와 땅에 대한 것도 이야기해 주려고 한다. 너무 공부를 많이 하거나 실컷 놀아서 쉬고 싶을 때를 위해 웃기는 이야기와 명작 소설도 들려줄 것이다. 우리는 어린이들을 위하여 일하고 있다. 어린이들은 자신들이 원하는 것을 알고 있고, 세계의 희망이기 때문이다. 우리는 어린이들이 우리를 사랑하고, 마치 자기 마음처럼 우리를 바라봐 주길 소망한다.

혹시 『황금시대』에 나오지 않은 무언가를 알고 싶어 하는 어린이가 있다면 마치 늘 알고 지내온 사람처럼 우리에게 편지해 주기 바란다. 우리가 바로 답장을 보낼 것이다. 보낸 편지의 맞춤법이 틀려도 아무 상관 없다. 중요한 점은 어린이가 알고 싶어 한다는 것이다. 만일 그 편지가 잘 쓰였다면, 그가 훌륭한 어린이라는 점을 알리기 위해 그의 서명과 함께 우리 잡지 통신란에 게재할 것이다. 어린이들은 보기보다 많은 것을 알고 있다. 그러기에 아는 것에 대해 글을 써 오라고 하면 좋은 글을 많이 써 올 것이다. 그래서 『황금시대』는 6개월에 한 번씩 백일장을 열 것이다. 좋은 글을 보내고, 그것이 진짜 자기 글이라고 인정되는 어린이에게는 자신의 글이 게재된 『황금시대』 10부와 책들을 상으로 받을 것이다. 좋은 글을 쓸 수 있도록 글의 주제는 자기 나이에 어울리는 것이어야 한다. 무언가에 관해 쓰려고 하면 먼저 거기에 대해 많이 알아야 하기 때문이다. 우리는 이렇게 아메리카 대륙의 어린이들이 자기 생각을 말하는 사람이 되기를, 기왕이면 잘 말해서 유창하고 진지한 사람이 되기를 희망한다.

여자아이들도 남자아이들과 똑같이 알아야 한다. 그래서 성장하면서 그들과 친구로서 말할 줄 알아야 한다. 여자들이 집안에서 대개 그에게 말해 주는 것이라고는 오락이나 유행 거리에 대한 것뿐이라, 남자가 대화 상대를 찾기 위해 집을 나서야 한다는 건 안타까운 일이다. 하지만 섬세하고 다정한 것은 여자아이들이 더 잘 이해한다. 우리는 그 소녀들이 좋아할 만한 이야기도 쓸 것이다. 이 『황금시대』에는 마법사가 있어 여자아이들에게 얘기해 주다 보면 마치 꽃과 꽃 사이를 찾아다니는 벌새와 비슷한 일이 아이들 영혼에 일어나기 때문이다. 만일 벌새들이 읽을 줄 안다면 그들에게도 읽어주기 위해 우리는 똑같이 이야기해 줄 것이다. 거미줄은 어떻게 생기고, 오랑캐꽃은 어떻게 태어나며, 바늘은 어떻게 만들고, 이탈리아 할머니들은 어떻게 레이스를 짜는지 말이다. 여자아이들도 물론 우리에게 편지를 보내 알고 싶은 것을 모두 물어보고, 글을 써서 6개월마다 열리는 백일장에 참여할 수 있다. 틀림없이 여자아이들이 상을 탈 것이다!

우리가 바라는 것은 어린이들이 우리 잡지의 삽화에 나오는 형제들처럼 행복해지는 것이다. 그리고 혹시 언젠가 세계 어디서든 아메리카의 한 어린이가 우리를 만나게 되면 마치 옛 친구에게처럼 두 손을 굳게 맞잡고 모든 사람이 들을 수 있게 이렇게 외친다면 좋겠다. "『황금시대』의 이분은 제 친구예요!"

세 영웅의 이야기

해가 질 무렵, 한 여행객이 카라카스에 도착하여, 여행 중 뒤집어쓴 먼지를 털기도 전에, 그리고 어디에서 먹고 잘까 묻기도 전에, 시몬 볼리바르 동상이 있는 곳이 어디냐고 물었다고 한다. 광장에 도착한 그 여행객은 키 크고 향기로운 나무들과 함께 동상 앞에서 목을 놓아 울었다고 한다. 그러자 마치 아들이 다가오는 것을 본 아버지처럼 그 동상이 움직이는 것 같았다고 한다. 그 여행객의 모습은 올바른 것이었다. 아메리카 대륙의 모든 사람이 마치 자신의 아버지처럼 볼리바르를 사랑해야 하기 때문이다. 볼리바르, 그리고 그분처럼 싸웠던 모든 이를 사랑해야 한다. 왜냐하면 아메리카는 아메리카 사람들의 것이기 때문이다. 유명한 영웅으로부터 무명의 영웅인 마지막 병사에 이르기까지 우리는 모두를 사랑해야 한다. 조국의 자유를 위해 투쟁한 사람들의 모습은 아름답기까지 하다.

자유는 누구나 정직하게 살고 위선 없이 생각하고 말하기 위해 갖는 권리다. 아메리카에서는 사람들이 정직할 수 없었고, 생각할 수도, 말할 수도 없었다. 자기가 생각하고 있는 것을 감추고, 생각하는 것을 마음 놓고 말할 수 없다면 그는 정직한 사람이 아니다. 어떤 사람이 나쁜 정부에 복종하고, 그것이 좋은 정부가 되도록 노력하지 않았다면 그는 정직한 사람이 아니다. 부당한 법에 순종하면서, 자기가 태어난 나라를 다른 사람들이 짓밟고 해롭게 하는 것을 용납한다면 그 역시 정직한 사람이 아니다. 어린이는 생각할 능력을 갖추고 있을 때부터는 눈에 띄는 모든 것에 대해 생각해야 하고, 정직하지 못한 모든 사람을 보며 괴로워해야 하고, 모든 사람이 정직하게 살게끔 노력해야 하며 자기 자신도 정직한 사람이 되어야 한다. 한 어린이가 자기 주위에서 일어나고 있는 일에 대하여 생각하지 않고 자기가 정직하게 살고 있는지 모른 채 그냥 사는 것에 만족한다면 이는 건달에 의존해 사는 것과 마찬가지고 결국 자신도 건달이 되는 길이다. 세상에는 짐승보다도 못한 사람들이 있다. 짐승조차 행복하게 살기 위해서는 자유가 필요하다는 걸 알기 때문이다. 예를 들어 코끼리는 잡혀 있을 때 새끼를 낳지 않는다. 페루의 야마*는 주인이 심한 욕을 한다든가 자기가 지고 갈 수 있는 것보다 더 무거운 짐을 지게 할 때는 땅에 주저앉아 죽어 버린다. 사람도 코끼리나 야마처럼 최소한의 품위가 있어야 한다. 아메리카에서는 예전에 마치 야마가 너무 무거운 짐을 지고 있듯이 자유 없이 살았다. 그 짐을 내려놓든가 또는 죽어야 했다.

어떤 사람들은 비록 품위 없는 생활이라도 만족하고 살아간다. 그런

---

* 작은 송아지 크기의 낙타 계열 동물.

가 하면 자기 주변 사람들이 품위 없이 사는 걸 보고 고뇌에 빠지는 사람들도 있다. 세상에는 마치 최소한의 빛이 있어야 하듯이 최소한의 품격이 있어야 한다. 품위 없이 사는 사람들이 있다면, 반면에 많은 사람의 품위를 한 몸에 갖고 사는 사람들도 있다. 이들은 민중의 자유를 빼앗는 사람들에 대항하여 무서운 힘으로 저항한다. 자유를 빼앗는 것은 사람들이 누려야 할 품위를 빼앗는 것과 같기 때문이다. 이들은 많은 사람을 따르게 하고 전체 국민을 따르게 하고 인간 존엄성을 수반한다. 이들은 마땅히 추앙받아야 하는데, 바로 다음과 같은 세 인물이 그런 분들이다. 베네수엘라의 볼리바르(Simón Bolívar), 리오 데 라 플라타의 산 마르틴(José de San Martín) 그리고 멕시코의 이달고(Miguel Hidalgo y Costilla). 이들도 과오는 있으나 용서해야 할 것이다. 이들의 공로가 과오보다 훨씬 더 크기 때문이다. 사람은 태양보다 더 완벽할 수 없다. 태양은 같은 빛을 가지고 따뜻하게 하지만 태우기도 한다. 태양에는 흑점이 있다. 고마움을 모르는 사람들은 그 흑점만 이야기하지만, 고마움을 아는 사람들은 태양의 빛에 대해 말한다.

볼리바르는 몸집이 작았다. 눈빛은 번개처럼 빛났고 유창한 말은 입술에서 자연스럽게 흘러나왔다. 그는 마치 언제라도 말을 타기 위해 기다리는 사람 같았다. 그의 마음을 짓누르고 있는 것은 자신의 조국, 억압받는 조국이었고 이에 따라 그는 한순간도 마음 편히 살 수가 없었다. 아메리카 대륙 전체가 마치 잠에서 깨어나는 듯했다. 사람 혼자서는 결코 전체 민중의 힘을 발휘하지 못한다. 그런데 민중이 지칠 때 지치지 않는 사람들이 있다. 이들은 민중에 앞서 전쟁터로 달려 나간다. 왜냐하면 자기 자신 외에는 의논할 대상이 없기 때문이다. 민중 가운데 사람들은 많지만 일일이 물어서 빠르게 결정할 수가 없다. 볼리바르의 업적은 베네수

시몬 볼리바르의 초상.

엘라가 지쳐 보일 때 자신은 절대 지치지 않고 베네수엘라의 자유를 위해 투쟁했다는 점이다. 스페인 군인들이 그를 패배시키고 그 나라에서 쫓아내기도 했었다. 그는 자기 나라 땅을 가까이 보면서 자기 나라에 대해 생각하기 위해 가까운 섬*으로 간다.

  아무도 상대해 주는 사람이 없을 때 한 관대한 흑인**이 도움의 손길을 보내왔다. 그는 300명의 영웅들, 즉 300명의 자유 투사들과 함께 돌아와 투쟁을 시작한다. 이후 베네수엘라, 누에바 그라나다, 에콰도르, 페루를 해방시켰고, 볼리비아라는 새로운 나라를 세웠다. 그는 신발도 제대로 못 신고 헐벗은 군인들을 지휘해 장엄한 승리를 거두었다. 그 앞에서는 산천초목이 떨었고 그의 주변은 광채로 빛났다. 장군들은 그의 지휘

---

* 자메이카를 말한다.

** 아이티 공화국의 초대 대통령인 알렉상드르 페티옹(Alexandre Pétion).

아래 초인적 용기를 발휘해 싸웠다. 군대는 젊은이들로 구성되어 있었다. 이 세상에서 그들만큼 자유를 위해 많이 싸운 사람들도, 잘 싸운 사람들도 없었다. 볼리바르는 자치정부를 구성하려는 사람들의 권리보다는 아메리카 대륙의 자유라는 권리를 우선시했다. 그러다 보니 시기심 많은 사람은 그의 약점을 과장하려고 했다. 볼리바르는 육체적 질병이 아니라 마음의 병을 얻어 산타 마르타의 한 스페인 사람 집에서 세상을 떠난다. 그는 가난하게 죽었고 국민이라는 가족을 남겼다.

멕시코에는 용감한 여자와 남자 숫자가 그리 많지는 않았지만, 그들 모두 일당백의 역할을 했다. 대여섯 명의 남자와 한 명의 여자가 자기 나라를 해방할 방법을 준비하고 있었다. 이들은 용감한 몇 명의 젊은이들, 자유주의 사상을 지닌 여성의 남편, 그리고 원주민을 무척 사랑하는 시골 교회의 신부였다. 그의 나이는 60세였다. 이 이달고 신부는 좋은 혈통의 자손으로, 어린 시절부터 공부하기를 좋아했다. 공부하기를 싫어하면 우리는 나쁜 혈통의 자손으로 본다. 이달고는 프랑스어도 할 줄 알았는데 이는 자랑할 만한 것이었다. 당시 프랑스어를 아는 사람이 드물었기 때문이다. 그는 18세기 철학자들의 책을 읽었는데 이 책에서는 사람이 정직해야 할 권리가 있으며 위선 없이 생각하고 말할 권리가 있다고 설명하고 있었다. 그는 흑인 노예들을 보고 마음이 아팠다. 그리고 순하고 마음씨 고운 원주민들을 학대하는 것을 보았다. 그래서 그는 나이 많은 형처럼 원주민들 사이로 들어가 여러 기술을 가르쳤고 원주민들은 잘 따라왔다. 그들을 위로하는 음악을 가르치고, 누에를 키워서 비단을 만드는 법과 벌을 키워 꿀을 만드는 법을 가르쳤다. 열정에 가득 찬 그는 무언가 만드는 것을 좋아했다. 그래서 화덕을 만들고 벽돌을 구웠다. 그의 푸른 눈망울에서 광채가 나는 것이 종종 보였다. 모든 사람이 말하기

이달고 신부의 초상.

를, 돌로레스 마을의 신부님은 말씀도 아주 잘하고, 새로운 것을 많이 알며, 적선도 후하게 하신다고 했다. 또 신부님이 종종 케레타로 시에 나가서 용감한 사람들도 만나고 귀한 부인의 남편과 만나 이야기를 나눈다고 말했다.

한 배신자가 스페인 군대의 대장에게 가서 케레타로 친구들이 멕시코 해방의 음모를 꾸미고 있다고 일러바쳤다. 마침내 신부는 말에 올라탔다. 자기를 따르는 모든 마을 사람들, 그를 진심으로 사랑하는 사람들과 함께였다. 가는 곳마다 농장의 십장들과 일꾼들이 말을 타고 합류했다. 원주민들은 몽둥이와 활, 또는 고무 새총이나 창을 들고 따라나섰다. 한 연대 병력이 합류했고 스페인 군대로 향하던 화약도 노획했다. 이들은 음악 소리, 만세 소리와 함께 개선장군처럼 셀라야 시에 입성했다. 다음날 시청에서 열린 회의에서 이달고 신부가 장군으로 추대되었고 이렇게 한 국민이 탄생하기 시작했다. 그는 창과 수류탄을 만들었다. 한 농장의 십장이 전하는 말에 의하면 그가 연설할 때마다 열기가 뿜어졌고 불꽃이 튀는 듯했다고 한다. 그는 흑인들을 해방시켰다. 그는 빼앗겼던 땅을 원주민들에게 돌려주었다. 그는 《아메리카의 자명종(*Despertador Americano*)》이라는 신문을 발간했다. 전투에서는 이기기도 하고 지기도 했다. 하루는 7천 명의 원주민들이 화살을 들고 합류했는가 하면 다른 날에는 그를 혼자 버려두고 떠나버리기도 했다. 나쁜 마음을 가진 사람들은 마을에서 도둑질하고 스페인 사람들에게 복수하기 위해 그를 따라다니려 했다. 그는 스페인 군대의 지휘관들에게 전투에서 자기가 이기면 그들을 자기 집으로 초대하여 친구로 대접하겠다고 알렸다.

그는 실로 위대한 인물이었다. 그는 적들을 잔인하게 취급하라고 요구하는 부하들이 자신을 버리고 떠날 수도 있다는 것을 알면서도 아랑곳하지 않고 적들을 관대하게 대했다. 그는 동료인 아옌데가 자신을 시기하자 그에게 지휘권을 넘겨주었다. 전투에서 패배한 후 함께 도망가던 중에 스페인 군대가 이들을 덮쳤다. 스페인 군인들은 이달고 신부에게 모욕을 주기 위해 사제복을 하나하나 벗겨냈다. 그리고 돌담 뒤에 세워놓고는 머리에 여러 발의 총알을 쏘았다. 그들은 피범벅이 되어 쓰러졌으나 아직 숨이 붙어 있던 그를 확인 사살했다. 그의 머리는 잘려서 독립군의 정부 건물로 사용하던 곡물 창고의 짐승 우리 지붕 위에 매달렸다. 시체들은 모두 머리가 잘린 채 매장되었다. 그러나 멕시코는 자유를 찾았다.

산 마르틴은 남부의 해방자였다. 그는 아르헨티나 공화국과 칠레의 아버지다. 그의 부모는 스페인 사람들이었다. 그들은 아들을 스페인으로 보내 스페인 국왕의 군인으로 만들었다. 나폴레옹이 군대를 이끌고 스페

산 마르틴의 초상.

인 사람들의 자유를 빼앗기 위해 침략했을 때 스페인 사람들은 모두 나폴레옹에 대항해 싸웠다. 노인들, 부녀자들, 아이들 모두가 싸웠다. 카탈루냐의 한 용감한 소년은 산속에 숨은 채 총을 계속 발사해서 중대 병력을 도망가게 했다. 그 후 이 소년은 추위와 굶주림으로 인해 죽은 채 발견되었지만, 얼굴에는 광채가 났고 마치 만족한 듯 미소를 짓고 있었다. 산 마르틴은 바일렌 전투에서 훌륭히 싸워 육군 중령으로 진급했다. 그는 말이 없이 과묵했고 강철로 된 사람 같았다. 보는 눈은 독수리 같았고 아무도 감히 그의 명령에 복종하지 않은 사람은 없었다. 그가 탄 말은 마치 번개처럼 종횡무진 전장을 누볐다.

　아메리카가 독립을 위해 싸우고 있다는 소식을 접하자 산 마르틴은 즉시 아메리카로 왔다. 마땅한 의무를 완수하는 것인데 자신의 군대 경력을 잃어버리는 것이 무슨 대수겠는가. 부에노스아이레스에 도착한 그는 공개 연설 따위는 생략하고 바로 기병대를 조직해 봉기했다. 산 로렌소에서 첫 전투가 벌어졌다. 산 마르틴은 손에 칼을 들고 스페인 군대를 쫓았다. 스페인 군대는 북소리를 울리며 자신만만하게 진군해 왔으나 결국 북, 대포, 심지어는 부대기마저 잃었다. 아메리카 대륙의 다른 지역에서는 스페인 군대가 승리를 거두고 있었다. 볼리바르는 베네수엘라의 폭군 모리요에 의해 쫓겨났고 이달고는 죽었으며 오히긴스는 칠레에서 간신히 빠져나왔다. 그러나 산 마르틴이 머물던 아메리카의 땅은 변함없이 자유를 누렸다. 노예 같은 속박을 참을 수 없는 사람들이 있다. 산 마르틴이 그런 사람이었다. 그는 칠레와 페루를 해방하기 위해 진군했다. 그는 군대를 이끌고 높디높고 추운 안데스산맥을 18일 만에 넘었다. 굶주리고 목마른 그들은 마치 하늘 위를 걷는 듯했다. 멀리 골짜기 아래의 나무들은 풀밭처럼 보였고, 강물 소리는 마치 사자가 포효하는 것 같았다. 산 마르틴은 스페인 군대와 조우해서 마이푸 전투에서 승리했고, 차카부코 전투에서 그들을 완전히 굴복시켰다. 그는 칠레를 해방시킨 후 군대를 이끌고 페루를 해방시키려고 배에 올라탔다. 그러나 페루에는 이미 볼리바르가 와 있었다. 산 마르틴은 모든 영광을 볼리바르에게 양보한다. 슬픔에 젖어 유럽으로 떠난 그는 딸인 메르세데스의 품 안에서 세상을 떠났다. 그는 한 종잇조각에 마치 전투 보고서를 작성하듯 유언장을 썼다. 그는 정복자 피사로가 400년 전에 가지고 온 깃대를 선물받은 적이 있는데, 유언장을 통해 그것을 페루에 기증했다. 조각가는 투박한 돌덩이를 형상으로 변화시키니 감탄할 만하다. 그러나 사람들을 국민으로 만들어내는 이들은 그 이상이다. 때로 그들은 해서는 안 될 일을 하려 했던 적도 있었다. 하지만 아들이 아버지를 용서하지 못 할 일이 있겠는가? 거인 같은 그 위대한 선구자들을 생각하면 마음이 따뜻해진다. 나라를 해방시키기 위해 투쟁했던 사람들이든 위대한 진리를 지키기 위하여 빈곤과 불행을 겪었던 사람들이든 그들은 모두 영웅이다. 반면에, 개인적인 야심을 위해, 다른 백성들을 노예로 만들기 위해, 더 큰 권력을 쥐기 위해, 다른 사람들의 땅을 빼앗기 위해 싸우는 사람은 영웅이 아니다. 그들은 범죄자다.

두 개의 기적

어떤 개구쟁이 소년이
나비를 잡고 있었다;
장난꾸러기는 나비를 잡아 입을 맞춘 다음,
장미꽃 사이로 놓아주곤 했다.

어떤 개울가 땅에,
무화과나무 한 그루 있었다;
그에게 한 줄기 햇빛 비추니, 죽은 나무에서
황금빛 새 한 마리 빠져나와 날아가 버린다.

메니케*

I

옛날 옛적, 아주 이상한 어떤 나라에 아들 셋을 둔 농부가 살고 있었다. 세 아들의 이름은 페드로, 파블로, 그리고 후안시토다. 페드로는 뚱뚱하고 키가 컸으며 얼굴은 붉었고 좀 우둔했다. 파블로는 쇠약하고 창백했으며 샘도 많고 질투심이 강했다. 후안시토는 여자아이처럼 예쁘게 생기고 마치 용수철처럼 가벼웠다. 그러나 너무 작아서 자기 아버지의 장화속에 숨을 수 있을 정도였다. 아무도 그의 이름을 후안이라고 부르지 않고 메니케(새끼손가락)라고 불렀다. 이 농부는 너무 가난하여 누구라도 한 푼만 벌어와도 집안 잔치가 벌어졌다. 그들에게는 설사 검은 빵조차도 너무 비쌌고, 먹고살 방법이 없었다. 세 아들이 성장하자 아버지는 아들

---

* 프랑스 작가 라불레(Édouard René de Laboulaye, 1811-1883) 원작. 작은 거인 메니케의 흥미진진한 이야기가 펼쳐지는 마법의 세계. 지혜가 힘보다 강하다는 것을 알 수 있다.

들에게 앞날을 위해 가난한 오두막집을 떠나 세상에서 행운을 찾아보라고 했다. 이들은 늙은 아버지만 혼자 두고 떠나는 것이며, 자기들이 심은 나무들, 자기들이 태어난 집, 그리고 손바닥으로 떠먹던 개울물과도 영원히 작별한다고 생각하니 마음이 매우 아팠다.

그곳에서 한 십 리쯤 떨어진 곳에 그 나라 왕이 사는 웅장한 왕궁이 있었다. 모두 나무로 지었고 떡갈나무를 다듬어 만든 스무 개의 발코니가 있었고 창문이 여섯 개나 있었다. 그런데 어느 무더운 밤에 별안간 여섯 개의 창문 앞으로 아주 큰 떡갈나무가 땅에서 솟아나더니 굵은 가지와 무성한 잎들이 왕궁을 어둡게 만들어 버렸다. 그 나무는 요술에 걸린 나무였다. 그러나 그 나무를 잘라버릴 도끼가 없었다. 나무줄기가 너무 단단해 도끼날이 부러졌고, 나뭇가지 하나를 치면 두 개의 가지가 나오곤 했기 때문이다. 왕은 왕궁을 덮은 큰 나무를 없애 주는 사람에게 세 보따리의 돈을 하사하겠다고 했다. 그러나 떡갈나무는 계속 가지와 뿌리를 뻗어 가고 있었다. 그래서 왕은 대낮에도 불을 켜 놓을 수밖에 없었다.

그런데 그것이 전부가 아니었다. 그 나라에는 길가의 돌에서도 샘물이 솟아났다. 그렇지만 왕궁에는 물이 나오는 곳이 없었다. 왕궁 사람들은 맥주로 손을 씻었고 꿀로 면도를 했다. 왕은 일 년 내내 물을 저장할 수 있는 우물을 왕궁 안뜰에 파는 사람에게는 후작의 벼슬을 주고 많은 토지와 돈도 하사하겠다고 약속했다. 그러나 아무도 그 상을 타가는 사람이 없었다. 왕궁이 바위 위에 지어져서 땅을 조금만 파내도 그 밑의 화강암 지층이 나왔기 때문이다. 부드러운 흙의 깊이는 불과 한 뼘도 되지 않았다.

왕들이 원래 변덕스럽지만, 이 조그마한 왕국의 왕 역시 자기가 하고자 하는 일은 하고야 말겠다는 생각이었다. 왕은 관리들을 보내 왕국 내의 모든 마을과 도로에 왕실의 문장이 찍힌 포고문을 내걸게 했다. 왕은 포고문에서 나무를 자르고 우물을 파는 사람에게 공주와 결혼하게 하는 것과 더불어 자기가 소유한 토지의 반을 주겠다고 약속했다. 그 땅은 농사짓기에 제일 좋은 땅이었고, 그의 딸은 영리하고 아름다운 것으로 유명했다. 그렇다 보니 사방에서 힘센 사람들이 어깨에 도끼를 메고 팔에는 곡괭이를 끼고 모여들기 시작했다. 그러나 도끼들은 모두 떡갈나무에서 날의 이가 빠지고 곡괭이들은 모두 바위에 부딪혀 부러져 버렸다.

||

    농부의 세 아들도 포고문 소리를 들었다. 그러고는 왕궁으로 길을 떠났다. 공주와 결혼하겠다는 꿈을 꾼 건 아니고 다만 수많은 사람이 모이니 혹시 일자리라도 하나 얻을까 하는 마음이었다. 이들 세 형제는 태평스럽게 길을 걸었다. 페드로는 항상 기분이 좋았고, 파블로는 늘 혼자 중얼거렸다. 그런데 메니케는 이리저리 뛰어다니면서 사방에 난 오솔길과 구석진 곳으로 숨어들었고 다람쥐처럼 반짝이는 눈으로 주위의 모든 것을 둘러보았다. 그는 한 발자국을 옮길 때마다 무언가 새로운 궁금점을 형들에게 물어보곤 했다. 예를 들어, 왜 벌들은 머리를 꽃 속에 처박고 있는지, 왜 제비들은 물 위를 아슬아슬하게 날아다니는지, 나비들은 왜 똑바로 날지 않는지 등이다. 페드로는 웃음을 터뜨렸고, 파블로는 어깨를 움츠리면서 조용히 하라고 주의만 주었다.

    걷고 또 걷다 보니 그들은 산 전체를 덮고 있는 울창한 소나무 숲을 만났다. 그런데 저 높은 곳에서 마치 도끼가 나무들을 쓰러트리는 듯한 큰 소리가 들렸다.

    "저 위에서 왜 장작을 패고 있는지 알고 싶어." 메니케가 말했다.

"아무것도 모르는 애가 알고 싶은 건 많네." 반은 핀잔 조로 파블로가 대꾸했다.

"이 꼬맹이는 장작 패는 소리도 들어본 적 없는 것 같은데." 페드로가 메니케를 꼬집으면서 말했다.

"대체 저 위에서 뭘 하는지 볼래." 메니케가 말했다.

"가 보려면 가 봐 바보야, 형들 말을 못 믿으니 내려올 때는 녹초가 되어 있을걸."

나뭇가지를 헤치고 돌바닥을 기어가며 메니케는 소리가 나는 쪽으로 올라갔다. 산꼭대기에서 메니케는 무엇을 발견했을까? 마법에 걸린 도끼가 혼자서 도끼날을 휘두르며 우람한 소나무 한 그루를 쓰러트리고 있었다.

"안녕하세요? 도끼 아줌마. 혼자서 저 늙은 소나무를 자르기 힘들지 않으세요?" 메니케가 말했다.

"애야, 여러 해 동안 너를 기다렸단다." 도끼가 대답했다.

"그래요, 그래서 제가 왔잖아요." 메니케는 말했다.

메니케는 떨지도 않고, 또 더 물어보지도 않고 그 도끼를 자기 큰 가죽 주머니에 집어넣고는 깡충깡충 뛰고 노래하며 산에서 내려왔다.

"모든 걸 알아야 하는 친구, 산 위에 뭘 좀 봤니?" 파블로는 입을 삐죽 내밀면서 물었다.

"여기 밑에까지 시끄럽게 하던 그 도끼." 메니케가 대답했다.

"그거 봐, 꼬마야, 아무것도 아닌 일에 땀내며 기웃거리는 바보짓 한 거야." 뚱뚱보 페드로가 말했다.

조금 더 걸으니 길에 온통 돌이 깔렸고, 저 멀리 쇳덩이가 마치 바위를 때리는 것 같은 소리가 들렸다.

"저 멀리 누가 돌을 쪼고 있는지 알고 싶어." 메니케가 말했다.

"여기 알에서 막 나와서 딱따구리가 나무 둥치 쪼는 걸 한 번도 들어 보지 못한 새 새끼가 한 마리 있네." 파블로가 빈정댔다.

"그냥 가만히 있어 애야, 이 소리는 딱따구리가 나무 둥치를 찍는 소리 야." 페드로가 말했다.

"아냐, 나는 저 멀리 무슨 일이 있는지 보러 갈래."

처음에는 무릎으로 기어서, 나중에는 몸을 굴려 가며 메니케는 바위 위로 올라갔다. 페드로와 파블로는 뒤에서 큰소리로 웃고 있었다. 메니 케는 그 바위 위에서 무엇을 보았을까? 그것은 마법에 걸린 곡괭이가 혼자 곡괭이질을 하면서, 마치 버터를 자르듯 바위를 갈라치는 모습이 었다.

"안녕하세요? 곡괭이 아저씨?" 메니케가 물었다.

"이렇게 오래된 바위에 혼자서 곡괭이질을 하는 게 힘들지 않으세요?"

"애야, 그렇지 않아도 아주 오래전부터 너를 기다렸단다." 곡괭이가 대답했다.

"그래서 제가 왔지요." 메니케가 말했다.

메니케는 아무 거리낌 없이 곡괭이 날을 집어 손잡이와 분리한 다음 그것들을 커다란 가죽 주머니에 집어넣었다. 그러고는 돌무더기 사이로 껑충껑충 뛰고 노래하며 내려왔다.

"선생님, 저기서는 무슨 기적을 보셨나요?" 뾰족한 콧수염을 매만지 며 파블로가 비꼬듯 물었다.

"우리가 들은 것은 곡괭이 소리였어." 메니케는 이렇게 대답하고는 아 무 말 없이 걷기 시작했다.

조금 더 가니 시냇물을 만났다. 날씨가 너무 더워서 일행은 거기에서 쉬면서 물을 마셨다.

"이것도 궁금하네. 이렇게 낮은 계곡에 어떻게 이처럼 많은 물이 나오는 걸까?" 메니케는 말했다.

"뭐든지 간섭해야 직성이 풀리는 위대한 호기심 대왕님. 샘물은 모두 땅에서 샘솟는 것을 모르니?" 파블로가 물었다.

"그래도 이 물은 어디서 나오는지 가 봐야겠어."

형들은 한심하다는 듯이 고개를 절레절레 내저었지만 메니케는 개울가를 따라 걷기 시작했다. 개울은 점점 좁아지더니 마지막엔 결국 실낱처럼 가늘어졌다. 그 끝에서 메니케는 무엇을 보았을까? 마법에 걸린 호두 껍데기가 보였고, 거기서 맑은 물이 햇빛에 반짝이며 솟아 나오고 있었다.

"안녕하세요, 시냇물님. 이렇게 외진 곳에서 물을 솟아나게 하면서 혼자 사는 게 힘들지 않으세요?" 메니케가 물었다.

"얘야, 그래서 오래전부터 네가 오기를 기다렸단다." 시냇물이 대답했다.

"그래서 제가 왔어요." 메니케는 말했다.

메니케는 조금도 겁내지 않고 호두 껍데기를 집어서 물이 흐르지 않게 신선한 이끼로 잘 싼 다음 자기의 큰 가죽 주머니에 넣었다. 그다음 오던 길로 춤추고 노래하며 되돌아왔다.

"물이 어디서 나오는지 알아냈니?" 페드로가 외쳤다.

"그래 형, 조그만 구멍에서 샘이 솟던데."

"아, 이 친구는 재주가 잡아먹네! 그래서 크지 않는 거야." 창백한 파블로가 말했다.

"나는 보고 싶었던 걸 봤고 알고 싶었던 것도 이제는 알아." 메니케는 혼잣말로 했다. 그러고는 손바닥을 비비면서 길을 계속 걸었다.

III

형제들은 마침내 왕의 궁전에 도착했다. 떡갈나무는 어느 때보다 크게 자랐고 우물은 여전히 아무도 파지 못했다. 대문에는 왕실의 문장이 찍힌 포고문이 붙어 있었는데 누구라도 떡갈나무를 자르고 우물을 팔 수 있다면 자기 딸과 결혼시키고 왕국의 반을 주겠다는 내용이었다. 그가 왕실 사람이든 부유한 신하든 가난한 농부든 상관없었다. 그런데 국왕은 하도 많은 사람이 와서 시도했다가 실패하는 것을 보고 안 되겠다고 생각하여 포고문 아래 또 하나의 포고문을 조금 작게 달아 놓았는데, 여기에는 붉은 글자로 다음과 같이 쓰여 있었다.

"이 포고문을 통해 알리노라. 우리의 주인이시자 선하신 국왕 폐하께서는 나무를 자르고 우물을 파러 와서 아무것도 하지 못하는 사람에게 바로 문제의 떡갈나무 아래에서 두 귀를 자르는 벌을 내릴 것이라 엄숙히 명령하셨다. 이는 자기 자신을 알고 겸손을 알게 하기 위한 것이다. 그것이 지혜의 첫걸음이기 때문이다."

이 포고문 근처에는 피투성이가 된 서른 개의 사람 귀가 꽂혀 있었다. 이는 자기 능력보다 더 힘이 세다고 자만했던 열다섯 명의 귀를 뿌리째 잘라버린 것이었다.

이 포고문을 본 페드로는 코웃음을 치고 콧수염을 어루만지며 굵은 밧줄과도 같은 근육을 자랑하는 자기 팔뚝을 내려다본 후 도끼를 들어 자기 머리 위로 두 바퀴 돌리더니 그 저주받은 나무의 제일 굵은 가지 가운데 하나를 향해 단숨에 내리쳤다. 그러나 도끼로 친 자리에서는 곧 두 개의 억센 가지가 새로 솟아났다. 그러자 왕의 군대가 즉시 그의 두 귀를 잘라버렸다.

"저런 바보!" 파블로가 말했다. 그는 손에 도끼를 들고 나무줄기 있는 곳으로 가더니 한 번에 큰 뿌리 하나를 잘랐다. 그러자 하나가 잘려 나간 대신 두 개의 엄청 큰 뿌리가 나왔다.

화가 난 왕은 자기 형이 다친 머리를 보고도 깨달은 바가 없는 그의 귀를 자르라고 명령했다. 그러나 메니케는 기죽지 않고 떡갈나무에 올라탔다.

"저기에서 난쟁이를 끌어내라. 말을 듣지 않으면 그의 귀도 잘라버려라!" 왕이 소리쳤다.

"국왕 폐하, 폐하의 말씀은 신성한 것입니다. 자고로 남자의 말은 곧 법입니다. 포고문처럼 저도 저의 운을 시험해 볼 권리가 있습니다. 제가 나무를 자르지 못한다면 제 귀를 자를 시간은 충분히 있습니다."

"만일 못 자른다면 너의 코도 잘라버리겠다."

메니케는 자기의 큰 가죽 주머니에서 힘들여 마법에 걸린 도끼를 꺼냈다. 도끼는 메니케보다 더 컸다. 메니케가 도끼에게 이렇게 말했다. "잘라라, 도끼야, 잘라라!"

도끼는 나뭇가지들을 자르고 끌어내리고 분리하고 토막 냈으며 줄기는 절단해 버리고 뿌리를 뽑아버렸다. 그러고는 나무가 있던 주위의 땅을 말끔하게 청소해 놓았다. 토막 나버린 그 많은 가지는 장작이 되어 그해 겨우내 왕궁은 떡갈나무로 따뜻하게 보낼 수 있었다. 나뭇잎 하나 없이 나무를 정리한 메니케는 왕과 공주가 함께 앉아 있는 곳으로 가서 정중하게 인사했다.

"어느 곳에 우물을 팔지 제게 분부해 주시옵소서."

궁전의 모든 사람이 왕과 함께 궁 안뜰로 가서 어디에 우물을 파는지 지켜봤다. 왕은 신하들이 앉아 있는 의자보다 더 높은 연단으로 올라갔다. 공주의 의자는 한 층 아래에 앉아 있었는데 그곳에서 자기 남편이 될지도 모르는 왜소한 인간을 불안한 마음으로 지켜보고 있었다.

메니케는 한 송이 장미꽃처럼 차분하게 자신의 큰 가죽 주머니를 열고 곡괭이 날을 손잡이에 끼운 다음 왕이 지정한 장소에 놓고 말했다.

"땅을 파라, 곡괭이야, 땅을 파!"

그러자 곡괭이는 땅을 파기 시작했다. 화강암 바위가 부서지기 시작하더니 15분도 되기 전에 100피트 깊이의 우물이 만들어졌다.

"폐하, 이 정도 깊이면 충분하시겠는지요?"

"오냐, 깊구나. 그런데 물이 없지 않느냐?"

"물은 곧 나옵니다." 메니케는 말했다.

메니케는 큰 가죽 주머니에 팔을 넣고는 이끼를 들어낸 호두 껍데기를 꽃으로 가득 찬 샘터에 놓고는 말했다.

"물아 솟아나라, 솟아나!"

꽃들 사이로 조용한 소리를 내면서 물이 솟아나기 시작했다. 물은 정원의 공기를 맑게 해주고 폭포처럼 쏟아져 나오더니 15분이 되자 우물이 꽉 차고 물이 넘쳐나서 남는 물의 물줄기를 열어주는 수로가 필요했다.

메니케는 한쪽 무릎을 땅 위에 꿇으며 말했다.

"폐하, 이제 제게 원하신 모든 것이 이루어졌다고 보시는지요?"

"그렇도다, 메니케 후작. 내 왕국의 반을 너에게 주겠다. 정확히 말하면, 그 절반에 해당하는 것을 내 신하들에게 바치게 하여 네게 줄 것이다. 그들은 자기들의 왕이 좋은 물을 얻게 되었으니 즐거운 마음으로 지불할 것이다. 그러나 내 딸과 결혼만은 시킬 수가 없다. 사실 그런 건 내가 마음대로 할 수 있는 일이 아니기 때문이다." 왕이 대답했다.

"그러면 폐하, 무엇을 더 원하시나요?" 메니케는 발끝으로 서서 한쪽 팔은 허리에 올리고 공주를 정면으로 보면서 물었다.

"메니케 후작, 내일 이야기해 주겠다. 오늘은 우리 왕국에서 제일 좋은 침대에 가서 자도록 하라." 왕이 대답했다.

그러나 메니케는 왕이 떠나자 자기 형들을 찾으러 나갔다. 그 형들은 귀가 잘린 것이 마치 쥐 잡는 강아지들처럼 보였다.

"그것 봐요, 형님들, 뭐든지 알려 하고 물이 어디서 오는지도 확인한 게 잘한 일이잖아요."

"그냥 운이 좋았던 것뿐이야. 행운이라고. 행운은 장님인가 봐, 바보들에게 가는 걸 보니." 파블로는 말했다.

"막내야, 귀가 있든 없든, 넌 참 대단한 일을 했어. 아버지가 여기 와서 너를 보았다면 얼마나 좋았을까?" 페드로가 말했다.

메니케는 형들인 페드로와 파블로를 좋은 침대에 가서 자게 했다.

IV

왕은 그날 밤 잠을 잘 수가 없었다. 감사한 마음 때문이 아니라 자기 딸을 장화 속에나 들어갈 만한 꼬마와 결혼시킨다는 것이 불쾌했기 때문이었다. 언제나 훌륭한 왕이었으나 이번만큼은 자기가 약속한 것이라도 지키고 싶지 않았다. 그런데 그의 귀에서는 메니케 후작이 한 "폐하의 말씀은 신성한 것입니다. 자고로 남자의 말은 곧 법입니다."라는 말이 맴돌고 있었다.

왕은 페드로와 파블로를 불러오라고 했다. 왜냐하면 메니케의 부모는 어떤 사람인지, 메니케가 좋은 성품과 예의는 갖춘 남자인지 이들만큼 잘 말해 줄 수 있는 사람은 없었기 때문이다. 이는 딸을 가진 세상 모든 사람이 사위로부터 바라는 것이었다. 예의 없는 삶은 소태나무나 금작화의 쓰디쓴 즙보다 더 쓰린 것이기 때문이다. 페드로는 메니케에 대해 좋은 이야기를 많이 해주면서 왕의 기분을 언짢게 만들었다. 그러나 파블로는 왕을 흡족하게 했다. 그는 후작이 잘난 체하는 투기꾼이고 콧수염을 단 쓸모없는 인간이며 독약 묻은 손톱에 야심만 가득한 문제아여서 황공하게도 자기들의 귀를 잘라낸 위대한 국왕의 따님과 같은 귀부인과 결혼하기에 전혀 어울리지 않는다고 말했기 때문이다. 파블로는 이어서 이렇게 말했다.

"그 애는 얼마나 허황되었는지 거인과도 싸울 수 있다고 믿고 있습니다. 이 근처 숲에 잔치 때마다 소와 양을 뺏어가면서 시골 농부들을 벌벌 떨게 만드는 자가 하나 있습죠. 그런데 메니케는 그 거인도 하인으로 부릴 수 있다고 계속 큰소리만 치고 있습니다요."

"그래, 그걸 한번 지켜봐야겠구나." 왕은 만족하여 말했다.

그때야 왕은 밤새 자지 못한 밀린 잠을 편안히 즐길 수 있었다. 왕은 자면서 미소를 짓고 있었는데, 마치 뭔가 좋은 꿈을 꾸고 있는 듯했다고 말한다.

해가 뜨자마자, 왕은 궁정 신하들이 모두 모인 가운데 메니케를 불러오게 했다. 불려온 메니케는 아침처럼 청순하고 하늘처럼 맑았으며 한 송이 꽃처럼 말쑥했다.

"사랑하는 사위여, 자네처럼 청렴한 사람은 공주와 같은 부자와 결혼할 수 없네. 큰 집도 있어야 하고, 왕궁에서와 마찬가지로 공주에게 시중을 들어야 하는 하인들도 있어야 하지 않겠느냐. 마침 이 숲에는 키가 20피트에 달하는 거인이 하나 살고 있는데 그는 점심에 황소 한 마리를 통째로 먹고 목이 마르면 밭에 있는 참외를 다 먹어 치운다고 하더구나. 그런데 만약 이 거인이 삼각 모자에 금실로 된 장식품을 단 연미복을 입고 15피트의 가죽 구두를 신는 멋진 하인이 된다면 얼마나 좋겠느냐. 이것이 바로 결혼하기 전에 내 딸이 요구하는 선물이다." 왕이 말했다.

"쉽지 않은 일입니다. 하지만 삼각 모자를 쓰고 금실의 장식품을 단 연미복을 입고 15피트의 가죽 구두를 신은 하인을 그녀에게 선물로 바칠 수 있도록 노력해 보겠습니다." 메니케가 대답했다.

메니케는 부엌에 가서 큰 가죽 주머니에 마법에 걸린 도끼, 신선한 빵, 치즈 한 조각, 그리고 칼 한 자루를 집어넣고 등에 짊어지고는 숲을 향해 떠났다. 페드로는 울고 있었고 파블로는 동생이 거인의 숲에서 돌아오지 못할 것으로 생각하며 웃음을 지었다.

숲에 들어서자 풀이 얼마나 키가 큰지 메니케는 아무것도 볼 수 없었다. 그래서 메니케는 목에 힘을 주어 소리를 지르기 시작했다. "거인아, 거인아, 어디 있느냐? 여기 메니케가 왔다. 죽이든 살리든 내가 너를 데리고 갈 것이다."

"나는 여기 있다." 거인의 대답이 들렸다. 목소리가 얼마나 큰지 주위의 나무들도 놀라서 움츠러들었다.

"내가 여기 너를 한입에 삼켜 버리려고 왔다."

"친구야, 너무 서둘지 말아라. 너와 한 시간은 이야기해야 하니까." 메니케는 날렵한 피리 소리 같은 목소리로 말했다.

거인은 머리를 이리저리 둘러보았지만 누가 자기에게 말하고 있는지 알 수 없었다. 그러다가 우연히 눈길을 아래로 돌렸더니 저 아래 큰 가죽 주머니를 무릎 사이에 끼고 나무 둥치에 앉아 있는 새끼 새보다 작은 메니케가 보였다.

"내 잠을 깨운 게 바로 건방지기 짝이 없는 너 같은 악동이란 말이냐?" 불꽃 같은 눈동자로 그를 잡아 삼킬 기세를 보이며 거인이 말했다.

"그래 나야, 친구여. 나는 너를 내 하인으로 만들기 위해 여기 왔다."

"이 숲에 허락 없이 들어온 벌로, 이 손가락으로 너를 까마귀 둥지로 던져 네 눈알을 빼버리게 하겠다."

"너무 서두르지 말게, 친구여. 이 숲이 네 것이라지만 내 것이기도 하지. 만일 한마디만 더 하면 15분 내에 숲을 무너뜨리겠다."

"그래? 그거 한번 보고 싶구나." 거인이 말했다.

메니케는 도끼를 꺼내 들고 말했다. "잘라라, 도끼야, 잘라라." 그러자 도끼는 나무를 자르고 끌어내리고 분리하고 토막을 냈으며 줄기는 절단해 버리고 뿌리까지 뽑아버렸다. 그리고 나무가 있던 주위의 땅도 말끔히 청소해 놓았다. 그러자 마치 태풍에 우박이 유리창 위로 떨어지듯 나무들이 거인을 덮쳤다.

"그만, 그만 해. 네가 도대체 누군데 내 숲을 없앤다는 것이냐?" 거인이 놀라서 물었다.

"나는 마법의 대왕 메니케다. 내가 한마디만 하면 내 도끼가 너의 머리를 잘라버릴 것이다. 너는 지금 누구를 상대하고 있는지 모르는 거야. 네가 있는 곳에 꼼짝 말고 있어!"

거인은 두 손을 가지런히 한 채 얌전해졌고, 메니케는 큰 가죽 주머니를 열고 치즈와 빵을 먹기 시작했다.

"네가 먹는 하얀색이 무엇이냐?" 한 번도 치즈를 본 적이 없는 거인은 물었다.

"이건 그냥 돌이야. 그래서 내가 너보다 힘이 더 센 것이다. 너는 고기를 먹으니 살이 찌지. 나는 너보다 더 힘이 세다. 너의 집을 한번 보여다오."

강아지처럼 온순해진 거인이 앞장서서 걸었다. 마침내 엄청 큰 집에 도착했는데 대문은 돛이 셋 있는 큰 배가 들어갈 정도였고 발코니는 텅 빈 극장처럼 넓었다.

"나 좀 보게, 거인아. 우리 둘 중 하나는 상대방의 주인이 되어야 해. 그러니 약속을 하나 하자. 네가 할 수 있는 걸 내가 못 하면 내가 너의 하인이 되겠다. 반대로 내가 하는 것을 네가 할 수 없으면 네가 내 하인이 되는 거야." 메니케가 거인에게 말했다.

"좋았어. 너 같은 사람을 하인으로 쓰면 좋겠어. 나는 생각하는 게 피곤하거든. 하지만 네 머리는 두 사람 몫을 하잖아. 그럼, 저기 물통이 두 개 있는데, 가서 물을 좀 길어와라. 내가 밥을 먹어야 하니까." 거인이 말했다.

메니케는 머리를 들어 두 개의 물통을 보았다. 그것들은 마치 높이 10피트와 가로 6피트에 달하는 물탱크처럼 보였다. 거기에 물을 붓다가는 빠져 죽기 십상이었다.

"이봐! 첫 번째는 네가 진 거야. 내가 하는 대로 한번 해봐. 물을 길어와." 거인이 무서운 입을 벌리며 말했다.

"아니, 내가 왜 물을 길어야 하지? 물을 길으려면 네가 짐꾼 짐승이니 너나 해. 나는 개울에 가서 그걸 통째 들고 와서 물통을 채울 거야. 그럼 물을 갖게 될 거야." 메니케가 말했다.

"아니, 아니야. 너는 우리 숲에서 나무를 없애더니 이젠 마실 물까지 없애려고 하는구나. 불을 켜봐. 내가 물을 가져올 테니." 거인이 말했다.

메니케는 불을 켰다. 거인은 천장에 걸려 있는 냄비에 황소 한 마리를 통째로 썰어 넣고 무 한 보따리, 당근 네 바구니, 그리고 50개의 배추도 넣었다. 그런 다음 프라이팬에서 삶고 있는 음식의 김이 나자 틈틈이 맛을 본 다음 소금과 허브향으로 간을 맞추더니 요리를 끝냈다.

"이제 음식이 됐으니 식탁으로 가자. 자 이제 내가 하는 대로 너도 할 수 있나 보자. 나는 황소 한 마리를 통째 먹은 다음 널 후식으로 먹을 거야." 거인이 말했다.

"좋아, 친구야." 메니케는 말했다. 그러나 식탁에 앉기 전에 메니케는 자기 저고리 안쪽으로 자기의 커다란 가죽 주머니 주둥이를 열었다. 그 주둥이는 목덜미에서 발끝까지 연결되는 것이었다.

거인은 먹고 또 먹었다. 메니케도 지지 않았다. 다만 배추, 당근, 무, 소고기 등을 입에 넣은 것이 아니라 큰 가죽 주머니에 넣은 것이었다.

"아, 이제는 더 못 먹겠다. 조끼 저고리 단추 하나를 풀어야겠어." 거인이 말했다.

"그럼 나 좀 봐, 불쌍한 거인아." 메니케가 이렇게 말한 뒤 배추 한 통을 통째 주머니에 털어 넣었다.

"와! 나는 단추 하나를 더 풀어야겠다. 이 조그만 친구는 타조의 배를 가졌나 봐! 그러고 보니 돌을 씹어먹을 만하구나." 거인이 말했다.

"이 게으름뱅이야, 나처럼 먹어보란 말이야." 메니케가 이렇게 말하며 황소의 커다란 고기 한 덩어리를 주머니 속에 넣었다.

"아이고! 단추가 세 개째 뜯어지는구나. 이젠 비계 한 조각도 들어갈 틈이 없네. 마법사 너는 어떠니?" 거인이 말했다.

"나? 뱃속 공간을 내는 것처럼 쉬운 건 없지." 메니케가 대답했다.

그러더니 메니케는 칼을 가지고 저고리와 큰 가죽 주머니를 위에서 아래로 갈랐다.

"이제 네 차례야. 내가 한 것처럼 너도 해봐!" 메니케는 거인에게 말했다.

"고마워. 난 네 하인이 되는 게 좋겠다. 나는 돌을 소화할 수는 없거든." 거인은 말했다.

거인은 존경의 뜻으로 메니케의 손에 입을 맞추었다. 그러고는 자기 오른쪽 어깨에 메니케를 앉히고 왼쪽에는 금화로 가득한 주머니를 걸치고는 왕궁을 향해 길을 나섰다.

V

왕궁에서는 큰 잔치가 벌어지고 있었다. 이미 메니케에 대한 기억은 없었고 물과 햇빛이 그의 덕분이라는 것도 잊고 있었다. 그때 별안간 큰 소리가 울렸다. 마치 무서운 힘을 가진 손이 세상을 잡고 흔드는 듯 궁전의 벽을 떨게 했다. 거인이 나타난 것이다. 그는 자기 몸이 대문에 들어가지 않자 그것을 발로 차서 쓰러뜨렸다. 소리의 원인이 무엇인가 보려고 창문마다 매달렸던 사람들은 메니케가 거인의 어깨 위에 편안히 앉아 있는 모습을 보았다. 거인의 머리가 바로 왕이 있는 발코니에 닿았다. 메니케는 발코니에 뛰어들어 공주 앞에 한쪽 무릎을 꿇고는 이렇게 말했다. "나의 주인이신 공주님, 당신이 하인 하나를 구하기에 여기 두 명의 하인이 당신 발아래 대령했소."

이렇게 멋진 연설은 다음 날 궁정 신문에 게재되었고 왕을 새파랗게 질리게 했다. 그는 메니케에게 자기 딸과 결혼을 못 하게 할 구실을 찾을 수 없었다.

"내 딸아. 국왕인 네 아버지의 약속을 지켜야 하니 네가 희생해 다오." 왕이 낮은 목소리로 말했다.

"왕의 딸이건 농부의 딸이건 간에 여자는 자기 마음에 드는 사람과 결혼해야 합니다. 아버지, 제가 처리하게끔 놓아주세요." 공주가 대답했다.

"메니케. 당신은 용감하고 운이 좋았어요. 그러나 그것으로 여자를 만족시킬 수는 없지요." 공주는 큰 소리로 말을 이었다.

"네, 저도 압니다. 나의 공주, 나의 주인님. 그 마음에 들게 해야 하고 그 변덕에도 복종해야 하지요."

"보아하니 당신은 재주가 많은 사람이에요. 당신이 알아맞히기를 그렇게 잘한다고 하니, 당신과 결혼하기 전에 마지막 시험을 하겠어요. 당신과 나 가운데 누가 더 영리한지 봅시다. 만일 당신이 실패하면 나는 다른 남편감을 찾을 권리가 있어요." 공주는 말했다.

메니케는 공주에게 정중히 인사했다. 궁정의 모든 사람이 시험을 구경하려고 왕관의 방으로 몰려왔다. 그들은 창밖으로 긴 창을 앞에 들고 삼각 모자를 무릎 위에 놓은 채 땅바닥에 앉아 있는 거인을 보았다. 거인의 키가 너무 커서 이 방에 들어갈 수 없었던 것이다. 메니케가 신호를 주니 거인은 등이 천정에 닿고 긴 창은 끌고 가면서 몸을 구부린 채 메니케 있는 곳으로 갔다. 거인은 천재 같은 주인을 모시고 있는 것을 자랑스럽게 생각하며 주인 발아래 엎드렸다.

"그럼 실없는 소리로 시작해 봅시다. 사람들 말로는 여자들이 거짓말을 많이 한다고 하죠. 이제 우리 둘 중에 누가 더 큰 거짓말을 하는지 보지요. 누구든지 '그건 말도 안 돼'라고 말하는 사람이 지는 것이오." 공주가 말했다.

"공주님, 나의 주인님, 내기를 위해 거짓말을 하지만 평생 진실만을 말할 것입니다."

"물론 그렇겠지요. 당신 아버지는 우리 아버지처럼 그렇게 많은 땅을 가지고 있지는 않겠지요? 목동 두 명이 해가 질 무렵 우리 아버지 땅에서 뿔나팔을 불면 두 사람 중 누구도 다른 사람의 나팔 소리를 못 들어요." 공주는 말했다.

"그건 아무것도 아니네요. 우리 아버지 땅이 얼마나 넓은지, 두 달배기 송아지가 한쪽 대문으로 들어와서 다른 쪽 대문으로 나갈 때는 젖 짜는 소가 돼버리죠." 메네케가 말했다.

"별로 놀랍지도 않네요. 당신네 목장에는 우리 목장처럼 큰 황소가 없어요. 두 사람이 그 소의 뿔 위에 앉으면 각자 들고 있는 20피트의 장대가 서로 닿을 수가 없을 정도니까." 공주가 말을 이었다.

"그것도 별거 아니에요. 우리 집 황소 머리는 얼마나 큰지 한 사람이 뿔 하나에 올라타 있으면 다른 쪽에 올라탄 사람이 보이지 않는데요." 메니케가 대꾸했다.

"그것도 별로네. 당신 집 젖소는 우리 집 젖소만큼 우유를 많이 생산하지 못해요. 우리는 매일 아침 스무 통의 우유를 채우고 손으로 한번 우유를 짤 때마다 치즈 덩이가 나오는데 얼마나 큰지 이집트 피라미드만큼이나 높다니까요." 공주는 이렇게 말했다.

"그건 별거 아니죠. 우리 집 우유공장에서 치즈를 만드는데 얼마나 큰지 하루는 암소 한 마리가 반죽 상자에 빠졌는데 찾을 수 없다가 일주일 후에야 찾았다네요. 이 가여운 동물이 척추뼈가 부러져서 소나무 가지를 목덜미에서 꼬리까지 집어넣어 주었더니 새 척추처럼 되었어요. 그런데 어느 날 아침 척추에서 나뭇가지가 살 밖으로 삐져나와 자랐는데 얼마나 크게 자랐는지 내가 그 가지를 타고 올라가 하늘을 만졌지요. 그런데 하늘에서는 하얀 옷을 입은 부인이 바다 거품을 가지고 노끈을 꼬고 있더군요. 내가 그 노끈을 붙잡았는데 그만 노끈이 끊어지면서 쥐들이 사는 동굴로 떨어지고 말았어요. 이 동굴에는 당신 아버지와 우리 어머니가 두 노인네처럼 각자 자기 실패에 실을 감고 있더라고요. 그런데 당신 아버지가 실을 너무 잘못 감으니까 우리 어머니가 당신 아버지의 귀를 잡아당겼는데 그만 당신 아버지 콧수염이 떨어지고 말았죠." 메니케가 말했다.

"그건 말도 안 돼. 감히 국왕인 우리 아버지의 귀를 잡아당긴 사람은 아무도 없소!" 공주가 말했다.

"주인님, 주인님." 거인이 끼어들었다. "공주님이 '그건 말도 안 돼'라고 말했어요. 공주님은 우리 것이에요."

VI

"아직 안 끝났어요." 공주가 얼굴이 빨개지면서 말했다. "내가 내는 수수께끼 세 개를 맞추는지 봐야겠어요. 모두 알아맞히면 결혼하죠. 먼저 첫 문제를 맞혀 봐요. 항상 떨어지면서도 절대 고장 나지 않는 것은 무엇이죠?"

"아 그거! 우리 엄마가 그 얘기를 가지고 자장가를 불러줬죠. 그건 폭포입니다!" 메니케가 대답했다.

"그러면 이건 뭔지 말해 봐요. 매일 같은 길을 가면서 결코 뒤돌아 오지 않는 것은 무엇일까요?" 공주가 잔뜩 겁을 먹고 물었다.

"아! 그것도 우리 엄마가 자장가 부르듯 해준 얘기예요. 그건 태양이죠!" 메니케가 대답했다.

"그래, 태양이 맞아요. 이제 수수께끼 하나만 남았네요. 당신은 생각하지만 나는 생각하지 않고, 나는 생각하지만 당신이 생각하지 않는 것, 그리고 당신과 내가 모두 생각하지 않는 것은 무엇이죠?" 화가 잔뜩 난 공주가 말했다.

메니케는 자신 없는 사람처럼 머리를 숙였다. 그의 얼굴에는 패배의 두려움이 보였다.

"주인님, 그까짓 수수께끼 모르면 너무 생각하지 마세요. 신호만 주시면 제가 공주는 알아서 처리하겠습니다." 거인이 말했다.

"입을 닥쳐라. 이제 너도 알다시피, 힘이 모든 것에 통하는 것은 아니야. 좀 더 생각해 봐야겠어." 메니케가 말했다.

"공주님, 나의 주인님." 빛이 번득이는 순간, 메니케가 말했다. "나의 행복이 거기에 있기에 감히 한번 그대의 수수께끼를 풀어보겠소. 나는 공주님이 내게 하고 싶은 말을 이해한다고 생각해요. 그런데 당신은 내가 그것을 모른다고 생각하죠. 당신은 우아한 공주님으로서 여기 당신의 종이 당신 남편 될 자격이 없다고 생각해요. 나 역시 내가 당신에게 모자라지 않는 사람이라고는 생각지 않아요. 그런데 나나 당신이나 생각하지 못하는 것은 국왕인 당신 아버지와 이 불쌍한 거인이 가진 것이 그토록 가난한…….”

“이제 그만. 여기 당신 부인의 손이 있어요. 메니케 후작님.” 공주가 말했다.

“내가 알고 싶은 게 있는데, 네가 나에 대해 어찌 생각하는지?” 왕이 물었다.

“아버님 그리고 국왕 폐하. 아버지는 왕들 가운데 가장 현왕이시며 남자들 가운데 최고의 남자입니다.” 왕의 품에 안기며 공주가 말했다.

“그래, 알겠다, 알겠어. 그럼 우리 백성을 위해 한 가지 할 일이 있구나. 메니케, 너를 공작으로 임명하노라.” 왕이 말했다.

“나의 주인, 메니케 공작님 만세!” 거인이 외쳤다. 그 목소리에 궁정 신하들이 새파랗게 겁을 먹었고 천장에 바른 회반죽이 떨어졌으며 창문 여섯 개의 유리가 박살 나 버렸다.

VII

공주와 메니케의 결혼식에 대하여는 별로 특별한 것이 없었다. 결혼이라는 것이 시작할 때 이야기는 별것 없으나 계속 살면서 고난이 시작할 때 비로소 부부가 서로 돕고 사랑하는지 또는 반대로 이기주의자에다가 비겁한 사람들인지 평가할 수 있기 때문이다. 그러나 이 이야기를 전하는 사람이 빠트리지 않고 전하고 싶었던 것은 거인이 자기 주인 내외와 무척이나 행복했다는 사실이다. 그는 가는 곳마다 자신의 삼각 모자를 나무 꼭대기에 걸어 놓았고, 진짜 진주로 만들고 비둘기처럼 온순한 네 마리의 말이 끄는 신랑 신부의 마차가 길을 나설 때는 앞장서서 마차와 말들과 모든 것을 이끌었고 달리는 가운데 만세 소리를 드높였으며 마치 엄마가 자기 아기를 요람에 눕히듯이 왕궁 문 앞까지 마차를 안전하게 모신 것이다. 이는 매일 볼 수 있는 일이 아니기에 반드시 말해 놓아야 하는 것이다.

밤이 되면 축하 연설이 줄을 이었고, 시인들은 신랑 신부를 위한 시를 낭독했고, 정원에는 오색 등불이 켜져 있었으며, 특별히 왕의 시종들을 위해 불꽃놀이가 있었고, 많은 화환과 꽃다발이 넘쳐났다. 모두가 노래와 대화를 나누고, 사탕을 먹고, 향기로운 음료수를 마시며, 바이올린 음악에 맞추어 우아하고 정숙한 춤을 추었다. 바이올린 연주자들은 푸른 비단옷을 입고, 연미복 단춧구멍에는 오랑캐꽃 한 송이씩 달려 있었다. 그러나 한쪽 구석에 단 한 사람만이 말도 없고 노래도 부르지 않았는데, 그는 시기심 많고 창백하고 귀도 없는 파블로였다. 결국 그는 자기 동생이 행복한 꼴을 보지 못해, 듣지도 보지도 않기 위해 숲으로 들어갔고 거기서 죽었는데, 어느 어두운 밤에 곰들이 나타나 그를 잡아 먹었기 때문이다.

메니케가 너무나 작아서 처음에 궁정 사람들은 그를 존경심으로 대해야 할지 또는 웃음거리로 삼아야 할지 몰랐다. 그러나 그는 선량함과 예의 바름으로 부인의 사랑을 받았고 궁정 사람들 모두의 존경을 받았다. 왕이 죽자 그가 왕위를 이어받았고 52년 동안 나라를 다스렸다. 알려진 바에 의하면, 얼마나 나라를 잘 다스렸는지 그의 신하들은 어느 왕보다도 메니케를 많이 사랑했다. 메니케는 백성들이 만족한 것을 보아야만 흡족했으며, 다른 왕들처럼 가난한 사람들이 일한 대가로 받은 돈을 빼앗아 자기 게으름뱅이 친구들이나, 이웃 나라 왕들로부터 자신을 보호해 주는 무사들에게 주는 일이 없었다. 진정 메니케와 같이 훌륭한 왕은 없었다고 알려진다.

그러나, 메니케가 단순히 좋은 사람이었다고 말하면 안 된다. 그토록 큰 재능을 가졌으니 좋은 사람이라 할 수 있는 것이다. 바보짓을 하는 사람은 좋은 사람일 수 없고 좋은 사람은 바보가 아니다. 재주가 있는 것은 마음씨가 고운 사람이고, 마음씨 고운 사람은 재주 있는 사람이다. 모든 악당은 바보다. 좋은 사람은 결국 끝에 가서 이기게 된다. 이 이야기에서 더 좋은 교훈을 얻은 사람은 로마에 가서 이 이야기를 해주길 바란다.

모두 자기 맡은 일을*

산과 다람쥐가
말다툼을 하고 있었다.
"저리로 꺼져버려, 허풍쟁이야!"
화가 나서 산이 말했다.

그러자 영리한 다람쥐가 대답했다.
"당신은 참 덩치가 크네요. 아주 크고 멋져요.
하지만, 수다쟁이 부인,
모든 만물과 계절이 있다 해도
그것들이 함께 움직이지 않으면
한 해가 오지 않고 우리 우주가 있을 수 없지요.

---

* 미국 철학자 에머슨(R.W. Emerson)의 새로운 우화.

잘은 몰라도, 내가 이 누추한 자리를 차지한다 해서
아무도 내게 토를 달지는 못할 거예요.

내가 당신처럼 커다란 덩치는
갖고 있지 않아요, 산악 부인.
당신은 나처럼 작지 않아요.
그래서 나처럼 재주 넘는 법도 모르지요.
나는 모르지 않아요,
당신의 아름다운 산기슭이
다람쥐들의 훌륭한 길이라는 걸.

우리의 재주는 때때로 서로 달라요.
내가 숲을 등에 지고 다닐 수 없는 것처럼
부인, 당신은 호두 까는 법을 모르잖아요."

호메로스의 『일리아스』

2,500년 전 그리스에서는 『일리아스』 서사시가 이미 유명했다. 어떤 사람들이 말하기를, 이 시는 호메로스가 썼다고 했다. 이 시인은 장님이 었고 턱수염은 곱슬곱슬했으며 마을에서 마을로 다니면서 자기의 리라 에 맞추어 당시 유행하던 음유시인들처럼 자신의 자작시를 노래하며 다 녔다고 한다. 또 다른 사람들은 말하기를, 그 시는 호메로스가 아니라 여 러 명의 음유시인들이 만들었다고 한다. 그런데 이야기하는 방식이나 생 각하는 방식 그리고 시를 쓰는 방식 등에 일관성이 있음을 볼 때, 같은 시에 여러 사람이 관여한 것 같지는 않다. 게다가 처음부터 끝까지 등장 인물의 성격이 잘 묘사되고 있어서 굳이 이름을 보지 않더라도 특정 말 투와 행동거지를 보면 누구인지 알 수 있다는 점을 보아도 그렇다. 또한 한 나라에 『일리아스』와 같이 수많은 의미와 음악을 가진 시구를 조금 도 모자라거나 넘치는 법 없이 쓸 수 있는 시인들이 그렇게 많다는 것도 흔한 일이 아니다. 그리고 서로 다른 그 많은 음유시인들이 호메로스의

노래가 보여주는 정신과 위대성을 모두 가진다는 것도 흔한 일이 아니다. 작품을 보면 호메로스는 마치 아버지로서 말하는 것 같다.

『일리아스』에서는 당시 트로이를 가리키던 일리온과 그리스 사이의 30년 전쟁이 모두 얘기되는 게 아니다. 작품은 아직 성 밖의 광야에 머물던 그리스인들이 성벽으로 둘러싸인 도시를 공격할 때 일어난 일, 그리고 두 명의 위대한 그리스 장군 아가멤논과 아킬레우스가 질투심으로 인해 서로 싸우는 이야기를 전하고 있다. 사람들로부터 모든 이의 왕이라 불린 아가멤논은 왕 중의 왕으로서 트로이 전쟁에 참전한 그리스의 다른 모든 왕보다 더 큰 지휘권과 권력을 가지고 있었다. 이 전쟁은 트로이의 늙은 국왕 프리아모스의 아들이 아가멤논의 동생이자 그리스 한 왕국의 왕이었던 메넬라오스의 부인을 납치한 사건에서 시작한다. 아킬레우스는 그리스의 여러 왕 가운데 가장 용감했고 성품이 친절하고 교양 있는 남자였으며 리라에 맞추어 옛 영웅들의 노래를 부르고는 했다. 전투에서 승리하여 전리품으로 나누어 갖던 여자 포로 노예들조차 그를 좋아했다.

그런데 한 여자 포로 때문에 왕들 사이에 분쟁이 일어났다. 분쟁의 발단은 아가멤논이 트로이의 사제 크리세스의 딸인 크리세이스를 자기 아버지에게 돌려보낼 것을 거부하면서 비롯되었다. 태양의 신인 아폴론은 아가멤논이 사제의 딸을 포로로 잡고 있자 그리스인들에게 분노했다. 따라서 그리스의 예언자 칼카스의 말대로 당시의 하늘이었던 올림포스를 진정시키기 위해서는 그녀를 돌려보내야 했던 것이다. 아가멤논을 무서워하지 않는 아킬레우스는 다른 모든 사람 가운데 일어나 아가멤논에게 칼카스의 말대로 해야 한다고 압박한다. 그래야만 수많은 그리스 병사들을 죽이고 있는 전염병을 끝낼 수 있다는 것이다. 실제로 죽어 나가는 사람들의 숫자가 너무 많아서 시체를 소각하는 화장장의 연기 때문에 맑은 하늘을 볼 수 없을 정도였다. 아가멤논은 아킬레우스의 포로 여인인 브리세이스를 자기에게 준다면 크리세이스를 돌려보내겠다고 말했다. 그러자 아킬레우스는 아가멤논에게 "술 취한 개 눈과 사슴 가슴"을 가졌다고 욕하면서 칼자루에 은이 박힌 칼을 뽑아 여러 왕 앞에서 그를 죽이려 했다. 그러나 그의 옆에 보이지 않게 서 있던 지혜와 예술의 여신 아테나가 칼을 반쯤 빼드는 아킬레우스의 손을 잡으며 막았다. 아킬레우스는 자신의 금관을 땅에 던지며 주저앉았다. 그리고 그리스의 난쟁이들을 위해서는 더 이상 싸우지 않겠다고 선언하고 자기 숙소로 가버렸다.

『일리아스』에 의하면 이렇게 해서 아킬레우스의 분노가 시작되었다. 이때 시작된 분노는 트로이인들이 자기 친구인 파트로클로스를 죽이고 그리스 배들을 불태우면서 자기들이 전쟁에서 이겼다고 생각함으로써 아킬레우스의 더 큰 분노를 사는 순간까지 지속되었다. 아킬레우스가 방벽에서 트로이를 향해 벼락같이 소리치자 마치 반대 방향의 바람이 파도를 일으키듯 트로이 병사들이 뒤로 밀려났고 트로이 군대의 말들이 무릎을 떨었다. 이 서사시는 전체적으로 아킬레우스가 분노를 일으킨 이후 그리스 군대에 일어난 일을 이야기하는 것으로 되어 있다. 예를 들어, 여러 왕 사이의 분쟁, 올림포스 신들의 회의, 여기서 아킬레우스에 대한 아가멤논의 모욕에 대한 대가로 트로이 군대가 그리스 군대를 이기게 하기로 결정, 프리아모스의 아들 파리스와 헬레네의 남편 메넬라오스의 결투, 양측 군대의 휴전, 트로이의 궁수(弓手)인 판다로스가 그의 화살로 메넬라오스를 공격한 사연 등이다. 이어서 첫날 전투에서, 용감한 디오메데스가 한 번의 돌팔매로 아이네이아스를 사경에 빠지게 하는 것과, 트로이의 영웅인 헥토르가 성벽 위에서 자신이 싸우는 걸 보고 있던 자기 부인 안드로마케를 찾아가는 내용이 나온다. 이어 둘째 날 전투 이후의 얘기가 전개된다. 용감한 디오메데스가 전투용 수레를 타고 승리자 헥토르를 피해 도망. 그리스인들이 아킬레우스에게 사절을 보내 다시 전쟁터에 나와 도와달라고 요청. 아킬레우스가 없는 가운데 트로이 군대에 맞선 그리스 군대의 연이은 패배. 아이아스조차 방어하지 못한 트로이 군대의 그리스 전투 선박 공격. 아킬레우스 갑옷을 입고 대신 싸움터에 나간 파트로클로스의 죽음. 헤파이스토스가 새로 만들어준 갑옷을 마련한 아킬레우스의 전쟁터 복귀. 아킬레우스와 헥토르의 결투와 헥토르의 죽음. 헥토르의 아버지 프리아모스의 간청으로 전사한 헥토르의 시신을 돌려주는 아킬레우스. 트로이 성에서 거행된 엄숙하고 명예로운 헥토르의 화장과 유골의 황금 유골함 안치. 지금까지의 줄거리가 아킬레우스의 분노가 시작되고 끝날 때까지의 전쟁터 이야기다.

이 작품은 아킬레우스를 사람의 아들이 아닌 신의 아들, 즉 바다의 여신인 테티스의 아들로 그리고 있다. 이는 이상한 일이 아니다. 오늘날까지도 왕들은 나라를 다스리는 자신들의 권리가 신한테서 온다고 하면서, 이를 '신성한 왕권'이라 했다. 이는 부족들이 새로 생겨나고 서로 평화롭게 살지 못하던 투쟁의 시대에서 비롯된 오래된 생각에 지나지 않는다. 이는 마치 하늘에 떠 있는 수많은 별이 저마다 빛을 가지고 있는데, 자기 바로 옆의 별이 빛나고 있지만 자기도 역시 빛을 내야만 하는 것과 같다. 그리스인들은 유대인이나 다른 여러 민족과 마찬가지로, 자기들이 창조주에게 제일 사랑받는 민족이며 자기들만이 이 세상에서 유일한 하늘의 자식들이라 믿고 있었다. 인간은 원래 오만하기에 다른 사람이 나보다 더 힘세고 똑똑하다는 것을 고백하기 싫어한다. 따라서 힘이 남보다 세거나 더 영리한 사람이 자기 힘으로 왕이 되면, 사람들은 그가 신의 아들이라 말했다. 그리고 왕들은 사람들이 그렇게 믿는 것을 좋아했다. 또한 사제들도 그것이 사실이라고 거들었다. 이래야만 왕들이 사제들을 고맙

메넬라오스의 초상.

게 생각하고 도와줄 것이기 때문이었다. 이렇게 왕과 사제는 함께 나라를 다스렸다.

모든 왕은 올림포스 신들과 친척 관계였다. 그들은 어떤 신의 아들이거나 조카거나 손자였고, 신들은 사제들의 신전에 바치는 왕의 공물이 많냐 적냐에 따라 그를 보호해 주거나 벌을 주기 위해 하늘에서 내려왔다. 사제는 사원에 바친 선물이 초라하면 신이 화를 내고, 반대로 많은 꿀과 많은 양을 바치면 기뻐한다고 말했다. 이렇게 『일리아스』를 보면, 이 서사시에는 두 개의 이야기가 전개되는 것을 볼 수 있는데, 하나는 지상의, 다른 하나는 하늘의 이야기다. 그런데 이 하늘의 신들은 서로 가족과 같은 관계인데, 그들의 말투를 보면 교양이라곤 없고, 세상 사람들처럼 서로 싸우고 욕하는 모습을 볼 수 있다.

신들의 왕인 제우스는 늘 어찌할 바를 몰랐다. 그의 아들 아폴론은 트로이 사람들을 보호하려 했으나 그의 부인 헤라와 딸인 아테나는 그리스 사람들을 편들었기 때문이다. 하늘의 식사 시간에도 커다란 싸움이 일어나, 제우스는 헤라에게 당장 입을 다물지 않으면 재미없을 거라고 주의를 줬고 올림포스의 현자이며 한쪽 다리를 저는 헤파이스토스는 붉은 머리의 장난꾸러기인 아폴론의 농담과 악행을 비웃는다. 신들은 트로이 사람들과 그리스 사람들의 청원을 제우스에게 전하느라고 분주하게 오르락내리락한다. 또한 신들은 남들이 보지 못하도록 자기들이 좋아하는 영웅들의 전차 안에서 서로 싸우기도 한다. 그런가 하면 자기 편의 영웅이 상대방을 도와주는 신의 개입으로 인해 죽음에 이르지 않도록 하기 위해 그를 품 안에 안고 구름 속으로 날아가기도 한다.

아테나는 늙은 네스토르의 모습을 하고 나타나 꿀처럼 달콤한 말을 하면서 아가멤논에게 트로이를 공격하라고 부추긴다. 아프로디테는 원수인 메넬라오스가 파리스의 투구를 땅으로 끌어 내리려고 하자 투구 끈을 풀어주고 그를 하늘로 데리고 올라간다. 아프로디테 역시 디오메네스에게 참패한 아이네이아스를 자기의 하얀 두 팔에 안아서 데리고 간다. 어떤 싸움에서는 아테나가 그리스 군대의 전차를 이끌고 있고 이에 맞서 아폴론이 상대편인 트로이 전차를 이끌고 있다. 변장한 아테나의 꼬임에 넘어간 판다로스가 메넬라오스에게 화살을 쏘자 그의 무서운 화살이 메넬라오스의 목숨을 끊을 뻔했으나 그의 몸을 스치고 지나가서 떨어진다. 그렇게 화살을 피할 수 있었던 것은 아테나가 그를 옆으로 밀어서 화살을 피하게 했기 때문인데 이는 마치 어머니가 자기 아들의 얼굴에 앉아 있는 파리를 쫓아버리는 것과 같았다.

마치 부모 자식이 함께 있듯이 『일리아스』에는 언제나 신과 사람이 함께 등장한다. 그리고 하늘에서도 땅에서와 똑같은 일들이 일어나고 있는데 그 이유는 인간이 자기와 비슷한 모습으로 신들을 만들다 보니 그런 것이다. 나라마다 각기 다른 자기들만의 하늘을 상상한다. 그리고 자기들처럼 살고 생각하는 신들을 창조한 다음 이들을 사원에 모셔놓고 숭배하고 있다. 그 이유는 인간이 자신을 창조하는 대자연에 비해 자기가 너무 작아서 부득이 힘이 센 무언가에 의지하면서 세상에서 자신을 잘 보살펴 주며 목숨을 빼앗아 가지 말라고 빌기 때문이다.

그리스 사람들의 하늘이 그리스와 매우 닮았듯이, 제우스 역시 왕 중의 왕인 아가멤논과 닮아서 다른 이들보다 권력은 많지만 그렇다고 해서 하고 싶은 걸 모두 할 수 있는 것은 아니다. 즉 아가멤논이 아킬레우스에게 하듯이, 제우스도 다른 신들의 소리를 듣고 그들을 만족시켜 주어야 하는 것이다. 『일리아스』에는, 그렇게 보이지 않지만, 많은 철학, 과학 그리고 정치가 있다. 그리고 신들은 사실 상상력의 산물인 시(詩)에 지나지 않으며, 한 나라의 통치는 독재자의 변덕이 아니라 백성들이 선택한 주요 인물들의 동의와 존중을 통해 이뤄져야 한다는 점을 사람들에게 가르친다. 이를 통해 백성들이 원하는 이상적인 통치 형태를 설명하는 것이다.

그러나 『일리아스』에서 아름다운 것은 세상을 그리는 방식이다. 즉 마치 인간이 이 세상을 처음 본 것처럼 그리고 있다는 점이다. 그리고 하늘을 향해 두 팔을 활짝 벌린 채, 어느 누가 이 모든 것을 창조했는지, 그 창조주는 어디에 있는지, 그리고 어떻게 이렇게 수많은 경이로움을 만들고 유지하고 있는지 물어보면서 사랑의 눈물과 함께 종횡무진 누비는 듯하다는 점이다. 『일리아스』에서 또 다른 아름다움은 말하는 방식에 있다. 보통 시인들이 듣기 좋으라고 과장된 표현을 사용하는 데에 반해, 이 작품은 말을 짧고 강렬하게 한다. 예를 들어, 제우스가 그리스 사람들이 아킬레우스를 모욕한 것을 참회할 때까지 몇몇 전투에서 패배하게 하자는

데 동의할 때를 이렇게 표현한다. "그렇게 하자고 말하자 올림포스산이 진동했다." 호메로스는 보이지 않는 것이 아니라 늘 보이는 것을 통해 비교한다. 이렇게 마치 우리 눈앞에 두고 보는 듯하기 때문에 그의 이야기는 잊히지 않는다. 당시는 전쟁의 시기였고, 남자들은 나라를 지키기 위해, 개인적인 야심 때문에, 또는 질투 때문에 이웃 나라를 공격하는 싸움터에 나섰다. 당시에는 책도 극장도 없었기에 유일한 오락거리라면 서사시인이 리라를 튕기면서 신들의 싸움이나 또는 사람들의 전쟁에 대해 노래하는 걸 듣는 것이었다. 서사시인은 아폴론과 헤파이스토스의 나쁜 짓을 재미있게 전하면서 대중을 웃겨야 했는데 그 이유는 너무 진지한 이야기는 그들에게 싫증을 불러일으키기 때문이었다. 사람들이 주로 흥미롭게 듣는 이야기는 영웅들의 무용담과 전쟁터의 장면들이었다. 여기서 시인은 사람들이 재미있게 듣기 좋아하는 의사나 정치인들 이야기를 하면서 관중들의 돈을 받고 명성을 획득했으며 이 서사시를 통해 어떻게 나라를 통치하고 병을 낫게 하는지도 가르쳐 주었다. 그리스 사람들 사이에 인기가 있었던 또 다른 것이 웅변이었는데, 말을 워낙 잘해서 듣는 사람을 울고 웃게 만들고 탄복하게 하는 사람을 신의 아들이라고 간주했다. 『일리아스』에는 이렇게 전투 장면과 상처를 고쳐주는 모습, 그리고 장황한 연설이 수없이 나온다.

　그리스인들의 초창기에 대해 알려진 모든 것은 『일리아스』에 있다. 그리스에서는 마을에서 마을로 다니며 노래하던 사람들을 음유시인이라 불렀다. 이들은 주로 『일리아스』와 『오뒷세이아』를 불렀는데 『오뒷세이아』는 호메로스가 쓴 또 하나의 서사시로서 오뒷세우스가 고향에 돌아가는 여정을 노래한다. 호메로스는 더 많은 서사시를 쓴 것으로 알려졌는데 일부 사람들은 호메로스가 직접 쓴 것이 아니라고도 한다. 그리스 사람인 헤로도토스는 자기 시대의 모든 이야기를 모아놓았는데 그 가운데 호메로스가 쓴 작품들이 포함된다. 헤로도토스는 호메로스가 생전에 쓴 많은 개별 운문들이 자기 작품에서 가장 좋은 부분이라고 말한다. 다만 헤로도토스가 이 말을 진정으로 한 것인지, 혹은 그의 평소 습관대로 너무 급히 쓰거나 생각 없이 쓴 것은 아닌지 확실치 않다.

문장의 기본과도 같은 『일리아스』의 운문을 읽는 독자들은 마치 거인이 된 기분, 또는 무한한 바다를 발아래 두고 산 정상에 올라가 있는 듯한 느낌을 갖는다. 훌륭한 영어 번역본들이 많이 있는데, 영어를 잘하는 사람은 채프먼(George Chapman)이나 도슬리(James Dodsley), 또는 란도르(Landor)의 번역본을 읽으면 포프(Alexander Pope)의 번역보다 시인 호메로스를 더 가까이 느낄 수 있다. 대신 포프의 번역본은 아주 우아한 작품이다. 만일 독일어를 알면, 볼프(Friedrich August Wolff)의 번역본을 읽기 바란다. 그 번역본은 마치 그리스어로 직접 읽는 느낌을 갖게 한다. 프랑스어를 모른다면 당장 배우기 바란다. 그리하여 르콩트 드 릴(Leconte de Lisle)의 번역본을 읽게 되면 마치 대리석에 새겨진 것 같은 고풍스러운 운문의 아름다움을 즐길 수 있다. 스페인어로는 에르모시야(José Gómez Hermosilla)의 번역본이 있는데 차라리 안 읽는 것이 더 좋겠다. 『일리아스』의 단어들을 옮겨놓기는 했지만 마치 세상의 여명이 밝아오는 듯한 이 서사시의 정열, 역동성, 장엄함 그리고 때때로 느껴지는 신성함 등은 보이지 않기 때문이다. 『일리아스』에서는 마치 떡갈나무나 금강송이 쓰러지듯 사람들이 쓰러지고, 전사인 아이아스는 용감한 트로이 군대의 공격에 맞서 창을 휘두르며 자기 군대의 배를 지킨다. 헥토르는 한 번의 돌팔매질로 요새의 문짝을 쳐부수고 거기서는 불멸의 두 마리 말, 크산토스(Xantos)와 발리오스(Balios)가 주인인 파트로클로스의 죽음을 보고 애타게 울부짖는다. 친구인 두 여신 헤라와 아테나는 수레를 타고 하늘에서 내려오는데, 수레가 한 바퀴 도는 공간이 얼마나 큰지 마치 산 위 바위에 앉아 있는 사람의 시선으로 하늘과 바다가 만나는 곳까지의 거리라고 한다.

『일리아스』에 나오는 장면들이 모두 위와 같다. 아킬레우스가 아가멤논과 논쟁할 때 겁에 질린 다른 왕들이 그를 홀로 내버려두자 아킬레우스는 바닷가에 가서 눈물을 흘리는데, 그곳에는 10만 병력을 태우고 트로이를 공격하러 온 그리스 군대의 배들이 10년 전부터 정박해 있다. 테티스 여신이 아들의 울음소리를 듣고 마치 파도 위로 올라오는 바다 안개처럼 바다 밖으로 나와 제우스를 만나기 위해 하늘로 올라간다. 제우스는 옆에서 헤라가 화를 내고 있음에도 불구하고 그리스의 왕들이 아킬레우스에게 잘못한 것을 참회하지 않는 한 트로이 군대가 그리스 군대에 계속 승리를 거둘 것이라고 약속한다.

그리스에는 위대한 장군들이 있었다. 오뒷세우스는 키가 얼마나 큰지 다른 사람들과 함께 걸으면 마치 양 떼 가운데 대장 숫양같이 보였다. 아이아스는 여덟 겹으로 된 방패를 갖고 있었는데 그중 일곱 겹은 가죽이고 다른 한 겹은 구리였다. 디오메데스는 눈 깜짝할 새에 싸움터에 나타나 마치 양 떼 가운데 나타난 배고픈 사자처럼 휘젓고 다닌다. 이 모든 것에도 불구하고, 아킬레우스가 화가 풀리지 않는 한 승리는 트로이 전사들의 몫이 될 것이다. 프리아모스의 아들 헥토르, 아프로디테 여신의 아들 아이네이아스, 트로이를 돕기 위해 달려온 왕 중에 가장 용감한 사르페돈(Sarpedón) 등이 그들이다. 사르페돈은 파트로클로스의 창에 죽임을 당한 후, 꿈과 죽음의 신의 품에 안겨 하늘로 올라가 자기 아버지인 제우스의 입맞춤을 이마에 받는다. 두 군대가 접근하면서 전투를 치른다. 그리스 군대는 묵묵히 방패와 방패를 맞대며 싸우고, 반면 트로이 군대는 마치 양 떼가 숫양을 쫓아다니며 소리 내듯 요란한 함성을 지르며 돌진한다. 파리스는 메넬라오스와 결투를 벌이지만 곧 뒷걸음질 친다. 이에 미녀 헬레네가 그에게 겁쟁이라고 부르자 뭇 여인들의 마음을 설레게 하는 미남 왕자 파리스는 각자 전차를 타고 창과 검과 방패를 든채 메넬라오스와 싸우는 데 동의한다. 두 군대의 전령들이 모여 철모 하나에 돌 두 개를 던지면서 누가 먼저 창을 던질지 정한다. 파리스가 먼저 던지지만 실패한다. 이번에는 메넬라오스가 파리스의 투구를 잡아끌고 가자 아프로디테가 나타나 파리스의 투구를 벗긴 다음 함께 구름 속으로 사라진다. 다시 휴전이 찾아온다. 그때 아테나가 트로이 사람 안테노르의 아들로 변장해 판다로스에게 와서 메넬라오스에게 활을 쏘라고 부추긴다. 엄청나게 크고 뿔과 금으로 장식된 활을 쏘게 하여 트로이 군대에게 약속을 어긴 배신자 낙인을 찍고 자기가 편들고 있는 그리스 군대의 승리를 돕기 위한 것이었다. 마침내 판다로스는 활을 쏜다. 아가멤논은 막사에서 막사로 뛰어다니며 왕들을 일으킨다. 이렇게 일어난 큰 전투에서 디오메데스가 전쟁의 신인 아레스에게 부상을 입히고, 아레스는 남풍이 불어 구름에서 천둥이 치듯 고통에 울부짖으며 하늘로 올라간다. 그 와중에, 헥토르와 안드로마케는 비장한 대화를 나누고, 어린 아들은 헥토르의 깃털 투구가 무서워 안기려고 하지 않는다. 아들이 이내 투구를 가지고 노는 동안 헥토르는 다시 전쟁터로 향하면서 안드로마케에게 집안일을 부탁한다. 다음 날, 헥토르와 아이아스는 날이 어둑해질 때까지 마치 흉포한 멧돼지들처럼 싸운다. 창도 없고 칼마저 없는 상황이 되자 그들은 돌을 들고 격투를 벌인다. 전령들이 와서 이들 사이를 겨우 떼어놓는다. 돌아서면서 헥토르가 아이아스에게 멋진 손잡이가 있는 칼을 선물하자 아이아스는 헥토르에게 자줏빛 벨트를 선사한다.

그날 밤, 그리스 진영에서는 큰 잔치가 열렸다. 이 잔치에는 꿀로 만든 포도주와 황소 바비큐가 있다. 그러는 동안 디오메데스와 오뒷세우스는 단둘이서 적진에 들어가 트로이의 동태를 염탐한 후 트라키아 왕의 전차와 말을 이끌고 피를 묻힌 채 돌아온다. 아침이 되자 전투는 그리스인들이 자기네 배들이 정박한 해변에 세워놓은 방어벽을 중심으로 벌어진다. 트로이 군대는 들판에서 그리스군을 제압했고, 백 번에 걸친 전투는 쓰러진 영웅들의 유해를 둘러싸고 일어난다. 오뒷세우스가 자신의 방패로 디오메데스의 유해를 지키자 트로이 병사들이 마치 산돼지를 공격하는 사냥개들처럼 그를 덮친다. 성벽에서 그리스의 왕들은 종횡무진 승리를 거두고 있는 헥토르를 향해 창을 던진다. 마치 나무꾼들의 도끼질에 소나무가 쓰러지는 것처럼 그리스와 트로이의 영웅들이 쓰러져 간다. 헥토르는 마치 굶주린 사자처럼 이곳저곳의 성문을 공격한다. 두 사람이 들기도 힘든 뾰족한 바윗덩이를 들어 큰 성문을 부숴버리고 죽은 이들 위로 돌진하며 배들을 공격한다. 트로이 병사들은 그리스 군대의 배에 불을 지르려고 모두 횃불을 들고 있다. 사람을 죽이는 데 지쳐버린 아이아스는 적의 뱃머리 공격을 버티기 어려워 뒤에 있는 큰 돛으로 밀려나면서 싸운다. 화염으로 인해 하늘색마저 붉어졌다.

그런데 아킬레우스는 아직도 동족인 그리스인들을 돕지 않고 있다. 아가멤논의 사절들이 와서 다급히 요청해도 응하지 않는다. 황금 방패를 잡지 않고, 칼을 등에 걸치지도 않으며, 전차에서 날렵하게 뛰지도 않고, 그 누구도 들 수 없는 펠레우스의 창을 건드리지도 않는다. 그러나 친구인 파트로클로스가 간청함에 따라 자기의 갑옷을 입고 나가서 싸우게 하는 데에는 동의한다. 아킬레우스의 무장과 마치 성벽의 돌처럼 많은 뮈르미돈 부족 병사들이 돌격하는 모습을 보고 트로이 군대는 겁에 질려 뒷걸음질 친다. 파트로클로스는 그들 속에 들어가 전차로 한 바퀴 돌 때마다 아홉 명의 영웅들을 죽인다. 위대한 사르페돈이 그의 앞을 막아서지만 파트로클로스의 창이 그 이마를 꿰뚫어 버린다. 그런데 파트로클로스는 성벽에 너무 가까이 가지 말라는 아킬레우스의 당부를 잊어버린다. 무적의 아폴론 신이 그 성벽 아래 기다리고 있다가 전차에 뛰어올라 파트로클로스의 머리에 일격을 가하고는 아킬레우스의 투구를 땅에 던져버린다. 그것은 단 한 번도 땅에 떨어진 적이 없던 투구였다. 아폴론은 또한 파트로클로스의 창을 꺾어버리고 갑옷을 벗겨 헥토르에게 상처를 입히게 한다. 결국 파트로클로스는 쓰러지고 하늘의 말들도 울었다. 아킬레우스는 자기 친구가 죽은 것을 보고는 땅바닥에 엎어져 머리와 얼굴이 온통 모래투성이가 된 채 큰 소리로 절규하며 친구의 금발 머리를 움켜쥔다. 죽은 파트로클로스가 관으로 운구되자 아킬레우스는 오열한다. 아킬레우스의 어머니는 하늘로 올라가 헤파이스토스에게 새로운 방패를 만들어 달라고 부탁한다. 거기에는 하늘과 땅, 바다와 태양, 달과 모든 별, 평화의 도시와 전쟁 중의 도시, 익은 포도를 수확하는 포도밭, 리라에 맞추어 노래하는 소년, 밭을 갈러 가는 소 떼, 목동들의 춤과 음악, 그리고 강과 바다 같은 주변의 자연이 그려져 있다. 그뿐만 아니라 불처럼 빛나는 갑옷과 황금 앞 챙을 두른 투구도 만들어준다. 그가 성벽으로 나와 세 번 함성을 지르니 트로이 사람들은 세 갈래의 파도로 쓰러지고, 놀란 말들은 발굽으로 전차들을 부숴버리고, 남자들과 짐승들은 혼란에 빠져 죽어 나간다. 이 모든 것이 가을 하늘의 태양처럼 머리 위로 불꽃이 빛나는 아킬레우스가 성벽 위에 나타난 걸 보자마자 일어난 일이다. 이미 자신의 행동을 깊이 후회하고 있던 아가멤논은 사절을 통해 아킬레우스에게 브리세이스를 되돌려 보냈다. 브리세이스는 친절하고 좋은 사람이었던 파트로클로스의 죽음을 보고 눈물을 흘린다.

다음 날 동이 트자 트로이 사람들은 마치 불을 피해 도망가는 메뚜기처럼 아킬레우스를 피해 강물로 뛰어들지만 아킬레우스는 낫으로 풀을 베듯 모조리 죽여버린다. 그리고 전차로 한 바퀴 돌아서 올 때마다 열두

아테나 여신과 다섯 영웅(디오메데스, 오뒷세우스, 네스토르, 아킬레우스, 아가멤논)의 초상.

명의 포로를 잡는다. 이제 그는 헥토르와 격돌한다. 그러나 신들이 그들
의 창을 빼앗았기 때문에 싸움은 일어나지 않았다. 강에서는 아킬레우스
가 위대한 황태자와 같이 군림한다. 트로이 사람들은 마치 피라미처럼
그를 피해 도망하며 뿔뿔이 흩어진다. 성벽 위에서는 그의 늙은 아버지
가 헥토르에게 제발 아킬레우스와는 싸우지 말라고 당부한다. 그의 어머
니 역시 간청한다. 아킬레우스가 성벽에 도착하자 헥토르는 피한다. 그
들은 성벽을 따라 쫓고 쫓기며 세 바퀴나 돈다. 트로이의 모든 사람이 성
벽에 올라와 있다. 헥토르의 아버지는 수염을 만지작거리며 안절부절못
하고 그의 어머니는 넋을 잃은 채 울면서 기도한다. 달아나던 헥토르가
멈춰 서서 결투를 준비하며 아킬레우스에게 만일 자기를 이기거든 사체
는 갖고 가지 말아달라고 말한다. 그러나 아킬레우스는 헥토르의 시체를
원한다. 그것을 가져가서 자기 친구 파트로클로스의 장례식 때 태워버리

겠다는 것이다. 마침내 그들이 맞붙는다. 아테나는 아킬레우스 편이어서 아무도 보지 못하는 사이에 그에게 창을 갖다 주며 어디를 공격해야 하는지 알려준다. 이미 창을 빼앗긴 헥토르는 마치 하늘에서 시체를 발견한 독수리가 날카로운 발톱을 가지고 덮치듯이 아킬레우스에게 돌진한다. 아킬레우스는 머리를 숙이고 그를 덮치더니 밤하늘의 별처럼 빛나는 창칼을 들어 헥토르의 목을 겨냥해 던진다. 창은 헥토르의 목을 꿰뚫었고 헥토르는 쓰러져 죽어가면서 아킬레우스에게 자기 시체를 트로이에 돌려달라고 부탁한다. 헥토르의 부모는 성벽 위에서 이 싸움을 지켜보았다. 그리스 사람들이 죽은 이의 몸을 덮쳐 마구 창질을 하고 발로 쳐서 그 몸을 굴리면서 조롱한다. 아킬레우스는 시체의 발목에 구멍을 내어 가죽끈으로 연결한 다음 전차를 타고 땅에 끌고 다닌다.

파트로클로스를 화장하기 위해 통나무를 높이 쌓아 올렸다. 사람들이 파트로클로스의 유해를 운구해 왔고 그리스의 전사들이 자기 머리 댕기를 잘라 그 위에 올려놓았다. 그리고 희생 제물로 전투용 말 세 필과 개 두 마리를 바친다. 아킬레우스는 자기 손으로 열두 명의 포로를 죽여서 장작더미 위로 던지고 헥토르의 시체는 마치 죽은 개 취급하듯 한쪽에 방치했다. 파트로클로스의 시체가 불에 탔다. 사람들은 포도주로 뜨거운 그의 재를 식힌 다음 황금 납골함에 보관했다. 납골함 위로는 흙을 부어 산더미같이 만들었다. 아킬레우스는 매일 아침이면 헥토르의 다리를 전차에 매달고 그 산더미를 세 바퀴씩 돌았다. 그러나 헥토르의 몸은 상하지 않았고 그 늠름함도 사라지지 않았다. 올림포스의 아프로디테와 아폴론이 그의 시신을 돌보고 있었기 때문이다. 곧 장례식이 열렸고 이는 십이 일 동안 지속되었다. 이를 기념해 먼저 전투용 전차 경주가 열렸는데 여기서 승리자는 디오메데스였다. 그다음은 두 사람이 맞붙는 주먹싸움인데, 이 경기는 한 사람이 초주검이 되어 쓰러질 때까지 계속되었다. 다음에는 웃통을 벗고 싸우는 경기인데 여기는 오뒷세우스와 아이아스가 참가했다. 이어 열린 달리기에서는 오뒷세우스가 승리했다. 또한 창과 방패를 가지고 겨루는 것이 있고 화살 쏘기도 있는데 누가 가장 훌륭한 궁수인지를 보는 것이다. 또 누가 창을 가장 멀리 던지나 보는 창술 경연도 있었다.

어느 날 밤, 아킬레우스는 자기 숙소에서 인기척 소리를 들었는데, 눈을 들어보니 헥토르의 아버지인 프리아모스였다. 헤르메스와 함께 아무도 보지 못하게 몰래 온 것이었다. 백발의 머리와 수염을 가진 프리아모스가 아킬레우스 발아래에 무릎을 꿇고 손에 입맞춤을 하고 눈물을 흘리며 헥토르의 시체를 돌려달라고 빌었다. 아킬레우스는 일어나 자기 손으로 프리아모스를 바닥에서 일으킨 다음 헥토르의 유해를 향유로 목욕시키라 명하고 프리아모스가 선물로 가져온 귀한 보물 같은 도포 가운데 하나를 입히라고 말한다. 그리고 밤이 늦도록 프리아모스와 고기를 먹고 포도주를 마셨다. 눈꺼풀이 무거워진 프리아모스는 오랜만에 처음으로 잠을 청하러 갔다. 그때 헤르메스가 나타나 적의 진영에서 잠을 자면 안 된다고 말하며 그리스 사람들이 보지 못하는 사이에 다시 트로이로 데리고 갔다.

트로이 사람들이 헥토르의 장례식을 할 수 있도록 십이 일의 평화가 있었다. 먼저 프리아모스가 헥토르의 시신을 가지고 도착하고 백성들이 그 뒤를 따랐다. 프리아모스는 자기 아들을 죽게 내버려둔 사람들을 비겁하다고 꾸짖었다. 여인들은 눈물을 흘렸고, 시인들은 헥토르가 자기 집에 들어갈 때까지 계속 노래를 불렀다. 사람들은 그를 자기 침대에 눕혔다. 그의 부인 안드로마케가 와서는 그에게 말을 붙였다. 그다음에는 어머니 헤카베가 와서 아들이 훌륭하고 선량한 아들이었다고 칭송했다. 그런 다음 헬레네도 예의 바르고 친절했다고 말하며 그를 기렸다. 프리아모스가 두 손을 하늘로 향하고 수염이 떨리는 가운데 자기 아들에게 다가가자 온 백성들이 울었다. 프리아모스는 통나무를 가져와 화장을 준비하라고 명령했다. 아흐레 동안이나 장작을 쌓아 올리니 트로이 성벽보다 더 높아졌다. 그런 다음 불을 놓았다. 화장이 끝나자 포도주로 불을 끈 다음 헥토르의 재를 황금 납골함에 넣어 보관했다. 그리고 납골함을 자줏빛 천으로 싸서 입관시킨 후 그 위에 많은 양의 흙을 뿌리니 마치 산처럼 보였다. 이후 프리아모스의 왕궁에서 성대한 예식이 있었다. 아킬레우스의 분노에 대한 이야기인 『일리아스』는 이렇게 끝난다.

새로운 놀이와 옛날 놀이들

요즘 미국에 아주 재미있는 놀이가 있는데, 그 이름이 당나귀 놀이다. 한여름에 어떤 집에서 깔깔대고 웃는 소리가 난다면 아마도 당나귀 놀이를 하고 있는 것이다. 어린아이들끼리만 노는 것이 아니라 어른들도 놀이를 한다. 이 놀이는 아주 쉽다. 넓은 종이나 흰 헝겊 조각 위에 개의 크기만 한 당나귀를 그려 놓는다. 목탄으로 그것을 그릴 수 있다. 석탄으로는 그릴 수 없고 목탄으로 그려야 하는데, 목탄은 땅 밑에서 나무 목재가 타서 생기는 것이기 때문이다. 또는 붓에 잉크를 적셔서 당나귀를 그릴 수도 있다. 당나귀 전부를 까맣게 칠하는 것이 아니고 스케치를 해서 윤곽만 그리면 되기 때문이다. 당나귀 몸을 그리되 꼬리는 남겨둔다. 꼬리는 별도로 종잇조각이나 헝겊 조각에 칠한 다음 그것을 다시 잘라 진짜 꼬리처럼 보이게 한다. 여기에 놀이가 있다. 즉 당나귀 꼬리를 제자리에 붙이는 것이다. 이게 보기보다 그리 쉽지 않다. 놀이하는 사람의 눈을 가리기 때문이다. 눈을 가리고 제자리에서 세 바퀴를 돌게 한

다음 걷게 한다. 그러면 걷기는 걷지만 사람들은 웃음을 참을 수 없다. 그러고서 어떤 사람은 꼬리를 발톱에, 또 다른 사람은 옆구리에, 아니면 이마에 붙이기도 한다. 어떤 사람은 당나귀인 줄로 알고 문짝에 붙이기도 한다.

미국에서는 이 놀이가 새로운 것이며 전에는 전혀 이러한 놀이가 없었다고 한다. 그러나 우리에게는 그리 새로운 것이 아니다. 이 놀이는 눈먼 암탉 놀이의 일종인 것이다. 재미있는 것은 오늘날 어린이들이 옛날의 어린이들과 똑같이 논다는 것이다. 다른 마을에 사는 시골 사람들은 전에 서로 본 일이 없는데도 같은 놀이를 한다. 우리는 2,000년 전에 살았던 그리스인들과 로마인들에 대해 많은 이야기를 하고 있는데, 로마 아이들도 우리와 똑같이 구슬 굴리기 놀이를 했고 그리스의 여자애들은 오늘날의 여자 어린이들처럼 가발이 달린 인형을 가지고 놀았다. 그림을 보면 그리스 여자 어린이들이 당시 성녀의 대접을 받았던 아르테미스 동상 앞에 자기 인형들을 바친다. 이는 그리스인들이 하늘에 성녀가 있다고 믿었기 때문에 여자애들이 아르테미스에게 잘살게 해주고 언제나 아름답게 해달라고 비는 것이었다. 여신에게 인형만 바치는 것이 아니었다. 그림에서 꼬마 기사는 마치 황제가 된 것 같은 얼굴로 여신을 바라보면서 나무로 만든 마차 인형을 바친다. 여신이 매일 아침 사냥을 나간다고 하니 그 마차를 타라는 것이다.

물론 아르테미스는 존재하지 않았다. 그리스인들이 아름다운 시와 행렬, 그리고 노래로 빌던 신들도 물론 존재하지 않는다. 새로 형성된 모든 민족이 그렇듯이, 그리스인들도 마치 어린이들과 같은 믿음으로 자기들이 세계의 주인이라고 믿었다. 그들은 하늘에서 햇빛과 빗물이 내려오고 땅은 밀과 옥수수를 주며 산에는 새들과 동물들이 있어 잡아먹기 좋으므로, 땅과 비와 산과 태양을 향해 빌면서 남자와 여자의 이름을 붙였고 그들을 사람의 모습으로 그렸다. 왜냐하면 자기들과 똑같이 생각하고 똑같은 것을 좋아하며, 자기들과 똑같은 모습을 하고 있다고 믿었기 때문이다. 아르테미스는 산의 여신이었다. 파리 루브르 박물관에는 아르테미스가 사냥개를 데리고 사냥하러 가는 모습의 매우 아름다운 석상이 있는데, 너무 실감 나서 정말 걸어가는 것처럼 보인다. 다만 다리는 남자의 다리처럼 보이는데 이는 많이 걷는 여신으로 보이기 위함이다. 그리스의 여자 어린이들은 얼마나 자기 인형을 좋아하는지 죽을 때는 인형과 함께 묻어주기도 했다.

모든 놀이가 구슬 굴리기, 인형 놀이, 크리켓, 공 던지기, 그네, 말타기처럼 오래된 놀이는 아니다. 눈먼 암탉 놀이도, 약 1,000년 전 프랑스에서 있었던 놀이라고는 하지만, 그리 오래된 것은 아니다. 아이들은 이 놀이에서 눈을 가리는데 이것이 옛날 프랑스의 한 용감한 기사에게서 유래했다는 사실을 모른다. 이 기사는 전투에서 장님이 되었으나 칼을 내려놓지 않았고 치료를 원하지도 않은 채 끝까지 싸우다가 죽었다. 그의 이름은 콜랭 마야르(Colin-Maillard)이다. 그 후 프랑스 왕은 결투 시합을 할 때면 기사 한 명이 눈을 가리고 싸우게 했는데 이는 용감한 기사의 용기를 기억하게 하기 위한 것이다. 여기에서 눈먼 암탉 놀이가 나온 것이다.

그런데 전혀 사람의 일로는 보이지 않는 놀이가 하나 있는데 그것은 엔리케 3세의 친구들이 놀았던 것이다. 그도 역시 프랑스의 국왕이었으나 그를 잇는 나바라 왕국의 엔리케 4세처럼 용감하고 관대한 왕은 아니었다. 그는 우스꽝스러운 인품에 여자들처럼 머리 빗는 일과 얼굴에 분 바르는 일에 빠져 있었고 턱수염이나 깎는 데 신경을 쓰는 사람이었다. 왕의 친구들 역시 이렇게 시간을 보내면서 카드놀이를 하거나 궁정 광대들을 시기해 싸움질을 했다. 광대들이 게으름뱅이인 이들을 미워했고

공놀이를 하고 있는 엔리케 3세와 광대들.

이를 면전에 대고 노골적으로 말했기 때문이다. 당시 가련한 프랑스는
비참한 상태에 빠져 있었고 부지런히 일하는 백성들은 왕과 그 친구들
이 황금 손잡이 칼과 비단옷을 가질 수 있게 많은 세금을 바쳤다. 당시에
는 이런 실정을 알려주는 신문이 없었다. 당시 신문의 역할을 비슷하게
담당했던 사람들이 궁중의 광대들이다. 왕이 궁정에 광대를 거느린 것
은 자기에게 웃음을 주는 것뿐만 아니라 세상 돌아가는 일을 알아보고
궁정 사람들에게 알리게 하는 목적도 있었다. 광대들은 세상사를 재담으
로 엮어 귀족들과 왕에게도 재미있게 전해 주었다. 광대들은 대개 못생
기고, 삐쩍 말랐거나 뚱보였으며 또는 꼽추였다. 세상에서 가장 슬픈 그
림 가운데 하나는 스페인 화가 사마꼬이스(Eduardo Zamacois)가 그린 광
대 그림이다. 이 불쌍한 광대들은 원숭이나 까치 모양 비슷한 뾰족한 모
자와 종을 매단 옷을 입고 왕이 웃기라고 부를 때까지 기다리는 존재다.

다음 페이지 그림을 보면 벌거벗은 상태에서 돛대 줄에 거꾸로 매달려 춤을 추면서 행복해하는 흑인들이 있다. 사람들은 아이들처럼 때때로 뛰거나, 많이 웃거나, 소리를 지르거나 또는 도약하는 것이 필요하다. 살다 보면 언제나 하고 싶은 일만 할 수는 없다. 하고 싶은 일을 못 하고 이래저래 시간이 가다 보면 갑자기 미친 짓이 나올 수도 있다. 무어인들이 '환상'이라 부르는 말들의 축제가 있다. 스페인 화가 한 사람이 이 축제를 잘 그려 놓았다. 그 이름은 「불쌍한 포르투니」다. 그림을 보면 무어인들이 날뛰는 말들을 이끌고 빠른 속도로 도시에 들어간다. 그들은 하늘에 대고 장총을 발사하는 가운데, 타고 가는 말에 바짝 엎드리고 그 목에 입을 맞추며 고삐를 조이면서 경주를 멈추지 않은 채 말에서 뛰어 내렸다 올라탔다 반복한다. 그들은 마치 가슴이 뚫린 것처럼 함성을 지른다. 그 먼지로 인해 거리가 어두워진다. 국적을 불문하고 백인이든 흑인이든, 일본인이든 인도인이든 뭔가 위험하고 박력을 가진 멋지고 대담한 무언가를 필요로 한다. 그건 마치 뉴질랜드 흑인들의 돛대 춤과 같다. 뉴질랜드는 매우 더운 날씨에다가 그곳 흑인들은 많이 걸어서 신체가 억세고 또한 자기 땅을 지키기 위하여 싸워야 하므로 돛대 춤을 추는 용감한 기질의 사람들이다. 그들은 밧줄을 타고 오르내리고 밧줄에 몸을 감아서 밧줄의 반까지 올라갔다가 풀면서 떨어진다. 마치 그네처럼 밧줄을 위로 날리면서, 한 손으로 또는 이빨로 물고, 아니면 발이나 무릎으로 받치면서 그들은 마치 공처럼 기둥에서 튕겨 나온다. 그리고 서로 함성을 지르고 포옹한다.

멕시코 원주민들도 스페인 사람들이 왔을 때 돛대 춤 같은 것이 있었다. 멕시코의 원주민들은 아주 아름다운 놀이를 가지고 있었다. 그들은 매우 세련되고 부지런했다. 그들은 스페인 코르테스의 군대처럼 화약이나 총알 같은 것을 몰랐다. 그러나 그들의 도시는 은으로 되어 있었다. 이

뉴질랜드의 돛대 춤.

들은 은을 가지고 어찌나 세공을 잘했던지 도시 전체가 마치 훌륭한 보석상과도 같았다. 그들은 놀이 문화에서도 대단히 경쾌하고 독특했다. 돛대 춤은 원주민들 사이에 매우 민첩하면서도 대담한 놀이였다. 왜냐하면 약 20미터에 달하는 기둥 꼭대기에서 밧줄 하나만 잡고 기계체조를 하듯이 공중에서 빙글빙글 돌면서 내려오기 때문이다. 그들은 이 밧줄을 매우 섬세하면서도 강하게 만들었는데 이를 맷돌이라고 불렀다. 사람들은 그들의 대담성을 보고 벌벌 떨었다고 한다. 옛날 책을 보면, 그것이 "얼마나 무섭고 놀랍던지, 그 놀이를 보면 고통과 두려움을 준다"고 했다.

영국인들은 돛대 놀이가 자기들 것이라고 믿고 있다. 그들은 축제 때에 몽둥이의 한쪽 끝이나 중간을 잡고 민첩함을 과시하는데, 몽둥이 대신 곤봉을 가지고도 아주 잘한다. 카나리아 군도의 섬사람들은 기운이 센 사람들인데 이들은 돛대 놀이가 영국이 아니라 자기들 섬에서 나온 것이라고 믿는다. 이는 이곳 사람들이 기둥에 매달려 얼마나 몸 회전을 잘하는지 보면 알 수 있다. 카나리아에서는 학교에서 아이들에게 씨름을 가르치는 것처럼 리본이 달린 돛대 춤을 가르치는데, 이 춤은 매우 힘들다. 사람마다 다른 색깔의 리본을 가지고 기둥을 중심으로 돌면서 감고 풀면서 매듭을 만들고 재미있는 모양을 만드는데 절대로 실수 없이 해야 한다. 그러나 멕시코의 원주민들은 돛대 놀이를 금발의 영국인들이나 어깨 넓은 카나리아인들보다 더 잘한다. 더 나아가 돛대 놀이를 그냥 잘하는 데에 그치지 않고 일본 사람들이나 재주 좋은 무어인들처럼 막대기들을 가지고 균형 잡는 곡예까지 한다. 그러니까 5개국 사람들이 원주민과 같은 놀이를 하는 것이다. 이들은 뉴질랜드, 영국, 카나리아, 일본, 그리고 무어인들이다. 세계 어느 나라 사람이든 다 하는 공놀이는 말할 필요도 없다. 특히 원주민들은 공놀이에 열광적이다. 이들은 공놀이를 잘하는 사람은 하늘에서 내려온 사람이라고 믿을 정도이다. 그리스의 신들과 달리 멕시코의 신들은 하늘에서 내려와 공을 어떻게 던지고 받아야 하는지 가르쳐 준다는 것이다. 공놀이도 매우 흥미로운 얘깃거리지만 다음 기회로 미루어야겠다.

여기서는 아메리카 원주민들이 하는 돛대 놀이와 균형잡기 놀이에 관해 이야기하자. 이들 놀이는 대단히 어려운 것들이다. 원주민들은 구슬치기나 기둥 쌓기 놀이를 하는 일본인 서커스 단원들처럼 땅바닥에 누웠다. 그리고 돛대 놀이에서는 발바닥으로 버티면서 최대한 네 사람까지 지탱하고 있어야 한다. 이는 무어족들보다 더 무거운 것이다. 왜냐하면 무어인들은 가장 힘센 사람이 발바닥이 아니라 어깨로 받치고 있기 때문이다. 이 놀이는 짜아(Tzaá)라고 불리는데, 먼저 두 명의 원주민이 돛대 기둥 위로 올라간다. 그다음 두 사람이 먼저 올라간 두 사람의 위로 올라간다. 이 네 사람이 떨어지지 않으며 빙빙 도는 재주를 보인다. 원주민들은 장기 놀이도 갖고 있었다. 그리고 장기를 두는 사람들은 불타는 양털을 태워서 먹은 다음 코에 뿌렸다. 그러나 여기에 대해서는 공놀이와 마찬가지로 다음에 하기로 하자. 옛날이야기는 과테말라의 예쁜 소녀 치차(Chichá)가 말하는 것처럼 해야 하기 때문이다.

"치차야, 왜 너는 올리브를 그리 천천히 먹니?"

"너무 맛있기 때문이죠."

베베와 폼포소 선생님

베베는 훌륭한 어린이로 나이는 다섯 살이다. 머리는 금발인데 긴 곱슬머리는 어깨까지 내려와서 마치 「에드워드 왕의 아들들」 그림에 나오는 왕자 같다. 악당인 글로세스터 공작은 왕의 자리를 빼앗기 위해 그를 런던탑에서 죽게 만든다. 베베에게는 마치 소공자처럼 옷을 입혔는데 그는 길에서 가난한 아이들과 이야기하는 자신을 사람들이 보아도 부끄러워하지 않았다. 사람들은 그에게 허리에 꼭 맞는 짧은 바지를 입히고, 바지 같은 흰색 데님의 선원 칼라 상의, 붉은색의 긴 양말, 그리고 낮은 굽의 구두를 신겼다. 많은 사람이 그를 좋아하는 만큼 그도 많은 사람을 좋아한다. 그렇다고 성인이라고 할 수는 없다. 물론 아니지! 프랑스인 하녀가 사탕을 더 주지 않을 때는 눈을 흘기고, 한번은 어떤 집에 방문해서 두 다리를 꼬며 앉기도 했고 또 한번은 고양이를 쫓아가다가 아름다운 화병을 깨 먹기도 했으니까. 그러나 베베는 신발도 못 신은 아이를 보면 가지고 있는 모든 걸 주고 싶어 했고 자기 말에게 주려고 매일 아침 사탕을 가지고 나갔으며 그 말을 "내 마음의 말"이라고 불렀다. 그리고 늙은 하인들과는 몇 시간이고 얘기하며 아프리카의 고향 땅 이야기를 들었는데, 그들이 왕이나 왕자로서 소와 코끼리를 많이 가지고 있을 때의 이야기였다. 베베는 엄마를 볼 때마다 허리를 껴안거나 소파의 엄마 옆에 앉아, 꽃은 어떻게 자라는지, 빛이 어디서 와서 태양으로 가는지, 바느질하는 바늘은 무엇으로 만들었는지, 또한 자기가 입고 있는 비단옷은 누에가 만드는 게 맞는지, 그리고 어제 거실에서 안경 만드는 사람이 얘기해 준 것처럼 누에는 흙을 만드는지 따위를 쉴 새 없이 말해 달라고 한다. 그리고 어머니는 그 애에게 말한다. 그렇단다, 누에는 비단 집을 길고 둥그렇게 만드는데 그 집을 누에고치라고 한단다. 자 이제 누에가 나비가 되어 나올 때까지 누에고치에 잠자러 가는 것처럼 너도 잘 때가 됐구나.

잘 때가 되면 베베는 정말로 예쁘다. 발목까지 내려온 양말을 신고, 목욕을 많이 한 어린이들이 그렇듯이 뽀얀 장밋빛 살이 되어 잠옷을 입은 모습은 마치 그림 속에 나오는 천사, 그러니까 날개 없는 천사. 베베는 엄마를 꼭 안는다. 고개를 숙이고 엄마를 꽉 껴안아서 마치 엄마의 마음속에 들어가고 싶은가 보다. 그러고는 아기 양처럼 깡충거리고 두 손을 쳐들고 이불 위에서 팔짝팔짝 뛰면서 마치 천장에 그려진 파란 나비를 손으로 잡을 수 있는지 보는 것 같다. 또 마치 목욕탕에 있는 것처럼 수영하는 동작을 하고, 목수가 되겠다는 꿈대로, 침대 옆 손잡이를 솔질하듯 쓰다듬는다. 또는 헝클어진 금발의 곱슬머리와 빨간 양말이 한 데 섞이면서 침대 위에서 실패처럼 몸을 굴린다. 그러나 오늘 밤 베베는 아주 진지한 표정이다. 매일 밤처럼 몸을 뒤척거리지도 않고 엄마 보고 가지 말라고 목에 매달리지도 않으며 프랑스인 하녀 루이사에게 멜론 한 개를 먹고 죽은 먹보 아저씨 얘기를 해달라고 조르지도 않는다. 베베는 눈을 감지만 잠든 것은 아니다. 베베는 생각하고 있다.

사실 베베는 생각할 것이 많다. 매년 프랑스 파리로 여행을 떠나야 하기 때문이다. 파리에 가서는 좋은 의사로부터 엄마 기침을 멎게 할 약을 처방받기 위한 것이다. 베베는 엄마의 나쁜 기침 소리가 싫다. 엄마의 기침 소리만 들어도 베베의 눈에는 눈물이 고인다. 그럴수록 베베는 엄마를 아주 아주 꼭 안는다. 마치 꼼짝 못 하게 하려는 것처럼. 이번에는 베베가 파리에 혼자 가지 않는다. 멜론 아저씨처럼 혼자서는 아무것도 하고 싶어 하지 않기 때문이다. 그래서 이번에는 사촌 꼬마와 같이 간다. 그는 엄마가 없다. 사촌 꼬마인 라울은 베베와 함께 파리에 간다. 거기 가서 새들과 얘기하는 사람도 보고, 아이들에게 고무풍선을 선물하는 루브르 가게에도 가고, 인형극을 하는 기뇰 극장에도 가고, 도둑놈을 잡아서 좋은 사람이 나쁜 사람의 머리를 쥐여박는 경찰서에도 갈 것이다. 라울은 베베와 함께 파리에 간다. 그들 둘은 토요일에 굴뚝이 세 개나 있는 큰 증기선을 타고 간다. 그 배의 방에 라울은 베베와 같이 있다. 그러나 가엾은 라울은 금발의 머리도 아니고, 공작의 아이가 입는 옷차림도 아니고 붉은색의 비단 양말도 없다.

베베와 라울은 오늘 많은 곳을 방문했다. 이들은 엄마와 함께 맹인들을 보러 갔는데 맹인들은 글자가 튀어나와 있는 책들을 손가락으로 읽는다. 이들은 그다음에 신문 거리로 갔다. 그곳에는 잘 집도 없는 가난한 아이들이 신문을 많이 사가지고 그 신문을 팔아서 자기들 집세를 낸다. 그들은 한 고급 호텔로 갔는데 그곳에서 푸른 유니폼과 노란 바지를 입은 하인들과 함께 매우 마르고 근엄한 엄마의 아저씨 폼포소 선생님을 만났다. 베베는 폼포소 선생님의 방문에 대해 생각하고 있다. 베베는 생각하고 있다.

눈을 감고 그는 생각한다. 그는 모든 것을 기억한다. 어떻게 그렇게 길까. 엄마의 아저씨는 전봇대처럼 크다! 회중시계 줄은 또 얼마나 크고 날렵한지 줄넘기 같다! 그런데 너무도 못생겨서 유리 조각 같아. 넥타이를 맨 추남! 그는 엄마를 꼼짝 못 하게 하고 등 뒤에 베개를 놓고는 두 발 밑에는 발받침을 받쳐주었다. 그는 엄마에게 마치 여왕님에게 말하듯 공손하게 말했다. 베베는 늙은 하인이 하는 말을 기억한다. 사람들이 엄마에게 공손하게 말하는 것은 엄마가 매우 부자이기 때문이라고, 그런데 엄마는 좋은 사람이기 때문에 그런 말투를 싫어한다고.

　베베는 방문 중에 일어났던 일을 다시 생각한다. 방에 들어서자, 폼포소 선생님은 베베에게 손을 내밀고 악수를 청하는데 마치 사람들이 자기 아빠에게 하는 것처럼 했다. 모자는 침대 위에 놓았는데 마치 귀중한 물건을 놓듯이 했다. 그다음 내게 많은 입맞춤을 해 주었는데 마치 얼굴에 뭔가 묻는 것 같아서 싫었다. 그리고 아 불쌍한 라울! 라울에게는 인사도 안 하고 모자를 벗겨 주지도 않고 입맞춤도 없었다. 라울은 모자를 벗어들고 큰 눈을 뜨고 안락의자에 파묻힌 듯 앉아 있었다. 폼포소 선생님은 붉은 소파에서 일어나 말했다. "베베야 이것 좀 보아라, 너를 위해 보관하고 있던 것을! 이건 아주 비싼 것이야, 이는 네 아저씨를 많이 사랑해 달라는 뜻이란다." 그러더니 주머니에서 서른 개의 열쇠가 달린 열쇠고리를 꺼내 들고는 서랍 하나를 열었는데 마치 루이사의 화장대 같은 냄새가 났고, 그곳에서 황금색 칼을 꺼내 베베에게 주었다. "아, 얼마나 아름다운 칼인가! 얼마나 멋진 칼이냐!" 그리고 베베에게 에나멜 혁대를 허리에 채워줬는데, "얼마나 멋있는 허리띠인가!"라고 감탄하더니 이렇게 말했다. "베베야, 한번 거울을 보거라! 너무나 멋진 칼이지? 이건 베베에게만 주는 것이야." 베베는 만족해서 라울이 있는 곳으로 머리를 돌렸다. 그는 눈을 크게 뜨고 계속 칼만 보고 또 보았다. 그러고는 마치 죽으러 가는 것처럼 슬픈 얼굴을 하고 있었다. 베베는 갑자기 이런 생각

잘 자거라, 베베야.

이 든다. "칼이 보기 싫어, 너무 싫어! 아저씨도 너무 나빠!" 이렇게 베베
는 생각에 잠긴다.

칼은 화장대 위에 있다. 베베는 루이사가 듣지 못하게 고개를 살짝 들
면서 마치 햇빛을 받은 듯 빛나고 있는 칼집을 본다. 그것은 등불이 칼집
을 비추고 있었기 때문이다. 군대가 행진할 때 장군들이 차고 나오는 칼
이 바로 이렇게 생겼다. 그도 크면, 장군이 되어 흰 바지에 깃털 달린 모
자를 쓰고 뒤로는 많은 군인들을 거느리고 마치 주교의 옷과 같은 색깔
의 검붉은 말을 타고 행진할 것이라고 생각했다. 그는 한 번도 검붉은 말
을 본 적은 없지만 없으면 만들라고 명령할 것이다. 그런데 라울은? 누가
말을 만들어 주지? 아무도, 아무도 없어. 라울은 공작 도련님의 옷도 사
줄 엄마도 없다. 라울은 칼을 사줄 키 큰 아저씨들도 없다. 베베는 조금
씩 머리를 든다. 라울은 잠이 들어 있다. 루이사는 화장하려고 자기 방으
로 갔다. 베베는 침대에서 빠져나와 발뒤꿈치를 들고 살금살금 소리 안
나게 화장대로 걸어가서 칼을 조용히 들어본다. 베베가 뭘 하는 거지? 이
장난꾸러기는 미소를 지으며 웃음기를 머금고 라울이 누워 있는 베개로
간다. 그리고 이 황금 칼을 그의 베개 위에 놓아둔다.

마지막 페이지

오늘은 이만 『황금시대』 친구들과 작별해야겠다. 『황금시대』의 필자가 쓰다 보니 너무 길게 써버리고 말았다. 마치 사랑하는 사람에게 연애편지를 쓰는 것처럼 쓰다 보니 정해진 32페이지를 넘어서는 일이 벌어졌다. 사실 32페이지는 사랑하는 어린이들과 이야기하기 위해서는 너무 적은 분량이다. 어린이들은 장래에 메니케처럼 재주가 많을 것이고, 볼리바르처럼 용감한 사람이 될 것이다. 그러나 호메로스와 같은 시인이 되기는 어렵다. 오늘날은 옛날과 다르기 때문이다. 오늘날의 서사시인들은 나라와 나라 사이의 야만적인 전쟁에서 누가 더 잘 싸우는지, 또는 사람과 사람 사이의 결투에서 누가 더 힘이 센지 노래해서는 안 된다. 오늘날의 시인들이 해야 하는 것은 사람들끼리 서로 사랑하도록 권장하는 일이고, 또한 세상의 모든 아름다움을 그림처럼 그려진 시를 통해 볼 수 있도록 그리는 것이고, 사람들의 자유를 빼앗으려는 자와 얄궂은 법을 만들어 돈을 갈취하는 자, 혹은 자기 국민이 양처럼 온순하게 강아지처럼 자신의 손바닥을 핥게 만들려고 하는 자를 시를 통하여 채찍질로 응징하는 일이다. 시는 기쁘다 슬프다 하는 것을 말하는 것이 아니고 세상에 유익해야 하며 자연은 아름답다는 것을 가르치고 산다는 것은 하나의 의무이며 죽음은 나쁜 것이 아니라는 것도 가르쳐야 한다. 그리고 서점에 책이 있고 하늘에 빛이 있으며 친구가 있고 어머니가 있는 한 아무도 슬퍼하거나 비겁해지지 말아야 한다. 고통을 지닌 사람은 플루타르코스의 『영웅전(Vidas paralelas)』을 읽어 보라. 그러면 책에 나오는 옛사람들처럼 되고자 하는, 아니 더 훌륭한 사람이 되고 싶은 열망이 생기는데, 이는 이 세계가 더 오랜 세월을 지냈기에 더 많은 사랑과 섬세함을 지닌 사람이 될 수 있기 때문이다. 전에는 모든 것을 주먹으로 해결했다. 그러나 오늘날의 힘은 주먹이 아니라 지식에 있다. 물론 지금도 자기 방어를 하는 법을 배워두면 좋다. 세상에는 아직도 짐승 같은 사람들이 많이 있기 때문이다. 더구나 힘은 건강을 주며, 만일 도둑 같은 사람들이 우리 국민의 것을 훔치러 올 때는 싸워야 하기 때문이다. 그러므로 신체가 건장한 것이 좋다. 그러나 그 밖의 세상을 위해서는 메니케가 말하듯 힘은 많은 지식에 있다. 호메로스의 시대에도 방어망을 뚫고 트로이로 진입할 수 있던 것이 아이아스의 방패도 아니고 아킬레우스의 창도 아니며 디오메데스의 전차도 아니었다. 그것은 꾀 많은 오뒷세우스 덕분이었다. 남들에게 떠오르지 않는 아이디어를 생각해 내서 시기심만 가득한 사람들을 조용하게 만들어버렸던 것이다.

　이렇게 첫 번째로 발행되는 『황금시대』를 마무리하면서 말해 주고 싶은 것이 있다. 이번 호에 어린이들의 친구가 하고 싶었던 모든 말을 포함시킬 수 없었다는 사실이다. 그래서 다음 8월호에는 이번 호에 포함하지 못한 「사는 집을 통해서 본 인간의 역사」 이야기를 해주려고 한다. 즉 사람이 지구에 살면서 마련한 최초의 거처였던 산의 동굴로부터 오늘날 살고 있는 궁궐 같은 곳에 이르기까지 사람이 어떻게 살아왔는지 흥미로운 이야기를 해줄 것이다. 이번 호에는 수저 세트를 만드는 방식에 대한 자세한 설명도 실을 수 없었다. 어린이들은 자신이 설명할 수 없는 것에 대해서는 보지도, 만지지도 말고, 생각도 하지 않을 필요가 있기 때문이다. 그러기에 『황금시대』를 발간하는 것이다. 무엇이든지 묻고 싶은 것이 있다면 여기 어린이들의 친구가 있다.

이 마지막 페이지들은 마치 가족처럼 허물없이 이야기를 나누는 『황금시대』의 편안한 안방 같은 공간이다. 우리는 여기에 어린 친구들의 편지를 실어주려고 하고, 어린이들의 질문에 답변해 줄 것이다. 우리는 여기 우표 주머니를 둘 것이다. 우표를 붙일 편지가 있을 때, 우표를 사고 싶을 때, 우표 수집을 할 때, 또는 관심 있는 우표에 대해 궁금한 게 있을 때, 그것이 무엇이든 편지를 보내면 즉시 답을 얻을 수 있을 것이다. 그리고 때로는 안드레스 할아버지(Abuelo Andrés)가 우리를 찾아올 터인데, 그 할아버지는 온갖 진기한 물건이 있는 요술 상자를 갖고 있어서 우리에게 그 요술 상자에 있는 것을 전부 보여주실 것이다.

황금시대

아메리카 어린이들을 위한 오락과 교육의 월간 간행물
발행인: 다코스타 고메스
편집인: 호세 마르티
사무실: 윌리엄 스트리트 77, 뉴욕

매월 초하루에 뉴욕에서 『황금시대』 잡지가 발간될 것이다. 여기에는 완벽하게 작성된 기사들이 수록되고 모두 아메리카 대륙의 스페인어 사용국이 필요로 하는 것으로, 우리 어린이들을 조리 있게 교육하는 내용이 실려 있는데, 다른 여러 나라 어린이들을 위한 산만한 번역은 포함되지 않았다.

『황금시대』 잡지는 아메리카 어린이들의 손에 책을 쥐여주어 읽히면서 즐겁고 힘들지 않게 가르치고, 지난 일과 현재의 일들을 화려하게 요약해 이야기해준다. 이 책을 통해 정신적인 것과 신체적인 것을 조화롭게 단련하도록 유도하고 감상적인 것이 아닌 순수한 느낌을 사랑하고, 아직 유행하고 있는 병적이고 수사학적인 시 대신 세상의 지식으로부터 나오는 건전하고 유익한 시로 바꾸려는 것이다. 또한 우리 이름에 걸맞은 영광을 위해 삶이 필요로 하는 일을 해야 하는 이 땅의 역사와 규율을 우선적으로 배우게 하려는 것이다.

매호마다 과학, 산업, 예술, 역사 및 문학에 관해 충실히 요약한 내용을 가진 흥미로운 이야기와 기사가 게재될 것이다. 또한 여행, 전기, 놀이 설명, 풍습, 우화, 그리고 시도 게재된다. 선택된 내용들이 아무리 많은 이론을 가진 것이라도 어린 독자들에게 과학적인 제목이나 어려운 단어를 나열하면서 겁을 먹게 하지는 않을 것이다.

『황금시대』의 기사는 그림이 함께 실리는데, 그림은 훌륭한 삽화가가 가장 좋은 방법으로 사실에 근거하여 그린 것으로, 기사 내용을 잘 보완하여 글의 가르침이 쉽고 오래 기억되도록 했다. 이 잡지를 매우 정성스럽게 인쇄함으로써 어린이를 초대해 읽힐 만큼 깨끗하고 잘 정돈되었으며 예술적인 것이 되게끔 했다.

잡지는 2단 32페이지로 구성되었고 섬세한 인쇄와 훌륭한 용지를 사용했으며 훌륭한 삽화가에게 많은 그림을 그리게 했다. 그림을 통해 풍속, 놀이, 여행, 유명 그림, 유명 인사 초상화, 오늘날 산업과 과학에서 사용하는 훌륭한 기계 등이 소개된다.

잡지는 신문 판매소나 각국의 서점에서 팔리는데 가격은 25센트다. 주문은 분기별로 사무실에서 받는데 주소는 뉴욕, 윌리엄 스트리트(William Street) 77번지이며 주문 시 잡지 대금을 같이 보내주면 된다. 이는 서점이 없는 곳에 살거나, 서점이 있어도 『황금시대』를 팔지 않는 곳에 사는 사람들의 편의를 위한 것이다.

황금시대(La Edad de Oro)

아메리카 어린이를 위한 오락과 교육 월간지

편집인: 호세 마르티(José Martí)

발행인: 다 코스타 고메스(Da Costa Gómez)

윌리엄 스트리트 77, 뉴욕

제2호

1889년 8월

사는 집을 통해서 본 인간의 역사

지금은 사람들이 큰집에 살고 집에는 문도 있고 창문도 있으며 블록을 깐 정원도 있고 두 기둥에 붙은 현관도 있다. 그러나 몇천 년 전에는 사람들이 이런 곳에서 살지 않았고 오늘날처럼 6천만 명이나 되는 인구를 가진 나라도 없었다. 옛날에는 여러 가지 일에 관하여 이야기해 주는 책도 없었다. 우리는 돌, 뼈, 조개껍데기, 작업 도구 등으로 미루어 옛사람들이 어떻게 살았는지 알 수 있다. 이 시대를 석기 시대라고 부른다. 그때는 사람들이 거의 벌거벗거나 가죽옷을 입었고 산속의 굴에 숨어 숲속 짐승들과 싸우면서 살았다. 이들은 구리나 쇠가 있는지도 몰랐는데 이런 시대를 구석기 시대라고 부른다. 스페인어로 구석기라는 긴 단어가 '팔레오리티코스'이다. '팔레오'는 구식 또는 고대라는 뜻이고 '리티코'는 돌을 뜻한다. 그 당시 사람들은 이 돌을 자를 줄도 몰랐다. 시간이 흘러, 끝이 뾰족한 돌을 갈아서 도끼로 사용하게 된다. 이때를 신석기 시대라고 부른다. 새롭다는 의미의 '네오'와 돌을 뜻하는 '리티코'가

결합해 이 시대를 '네오리티코'라고 한다. 사람들은 짐승들이 근접하지 못하는 산의 굴속에서 살았다. 또는 땅에 구멍을 파고 입구를 나뭇가지로 막거나, 바위의 돌이 갈라져 두 개로 되어 있을 때 나뭇가지로 지붕을 만들기도 했고, 세 개의 뾰족한 말뚝을 땅에 박고 사냥한 짐승들의 가죽으로 그 위를 덮기도 했다. 당시의 짐승들은 산더미처럼 큰 것도 있었다.

그런데 당시 아메리카 대륙의 사람들은 그렇게 살지 않았던 것 같다. 그들은 하나의 부족끼리 함께 다녔지 가족 단위로 뿔뿔이 흩어져 다니지는 않았다. 아직도 '제방을 쌓는 사람들'이라 불리는 사람들의 폐허가 발견된다. 사람들은 원형이나 삼각형 또는 사각형의 벽을 흙으로 빚어 만들었고, 네 개의 둥근 벽을 서로 다른 벽 안에 넣기도 했다. 일부 원주민들은 돌로 만든 집에서 살았는데 이 집들이 마을을 이루었다. 그래서 원주민들은 이러한 집들을 마을-집이라고 했다. 그 안에는 무려 1천여 개의 가정이 한데 모여 살았기 때문이다. 이들은 집으로 들어갈 때 문으로 들어가는 것이 아니라 천정으로 들어갔는데 아직도 오늘날의 수니스(zuñis) 원주민 부족이 그렇게 산다. 또 다른 곳에서는 바위 구멍 속의 돌집이 있다. 바위의 깨진 곳을 이용해 마치 계단처럼 올라가서 들어가는 집이다. 모든 지역에서 각 가정은 한데 어울려 살면서 외적에 대해 방어를 했다. 또 다른 곳에는 바위 속에 도시를 만들거나 또는 호수 한가운데 만드는 호반 도시도 있다. 이들은 호수 한가운데 있는 큰 나무줄기에 기둥을 깊이 박고 그 밑에는 무거운 돌로 움직이지 못하게 해놓았다. 그리하여 그 무게로 집이 물 위에 떠 있게 했다. 이들은 대들보로 집과 집을 한데 묶어놓고 주변 담장을 만들기도 했는데, 이는 외적이나 짐승들이 공격해 오면 방어하기 위한 것이었다. 이들의 침대는 마른 풀로 만들었고 물잔은 나무로, 그리고 식탁과 의자는 통나무를 이용했다. 어떤 사람들은 숲속에 큰 돌 세 개와 넓적한 돌을 그 위에 천장처럼 올려놓고 주변에 돌로 담장을 둘렀는데, 돌멘(Dólmen, 고인돌)이라 부르는 이것은 사람이 살려고 만든 게 아니고 죽은 사람의 무덤으로 사용하기 위한 것이었다.

한편, 계절이 바뀐다든가 전쟁이 났다든가 왕을 선출하는 일이 있다든가 등의 중요한 행사가 있을 때는 노인들이나 현자들에게 가서 이야기를 들었고 이렇게 중요한 일을 기억하기 위해 큰 바위를 마치 기둥처럼 세웠는데 이를 유럽에서는 멘히르(Menhir, 선돌)라고 부른다. 아메리카의 마야 원주민들은 이를 카툰(Katún)이라고 불렀다. 멕시코 유카탄의 마야 원주민들이 바다 너머 갈리아족이 사는 오늘날의 프랑스, 혹은 게르만족이 사는 오늘날 독일의 존재는 몰랐지만 하는 활동은 같았던 것이다. 공부를 하면 이러한 것들을 알 수 있다. 즉 사람들은 어디에 있든 똑같이 행동하고 생각한다. 다만 사는 땅에 따라 다를 뿐이다. 즉 나무와 꽃이 만발한 곳에 태어나는 사람은 아름다운 것과 꾸미는 것에 대해 더 생각할 것이고 할 이야기도 더 많을 것이다. 반면에, 추운 고장에서 태어난 사람은 바위틈의 동굴에 살면서 항상 어두운 하늘을 보았을 것이다. 우리가 알 수 있는 또 다른 점은, 원시인이 사는 땅에서 태어나면, 세계에 수많은 부족이 있다는 것을 모른 채, 수천 년 전의 사람들이 살던 대로 살게 된다는 점이다.

스페인 사라고사 근처에는 산속에 땅을 파서 구멍 속에 사는 가족 단위의 사람들이 있다. 미국 다코타 주에는 앞으로 나라를 열어갈 사람들이 나뭇가지로 지붕을 덮은 동굴 속에서 마치 신석기 시대처럼 살고 있다. 남아메리카의 오리노코강 가에는 원주민들이 호수에 세운 도시에서 살고 있는데 이는 유럽 스위스의 호수에서 수천 년 전 사람들이 살았던 방식이다. 북미의 원주민들은 타고 다니는 말에 가죽 천막을 만드는 말뚝 세 개를 매달고 다니는데, 이는 신석기 사람들이 사막에서 천막을 세

호수 위의 집.

우던 방식과 똑같다. 아프리카의 흑인은 집을 만들 때 벽은 흙으로 만들고 천장은 나뭇가지로 덮는다. 이러한 집은 옛 게르만족과 마찬가지로 기둥은 높이 만들었는데 이는 뱀이 넘어 들어오지 못하게 하기 위한 것이었다. 석기 시대라고 하여 모든 사람이 다 똑같이 살았다는 것은 아니다. 그다음에는 청동이 나와서 사람들은 금속을 가지고 일하기 시작했고 곧 철기 시대가 도래했다. 이제는 구름 속으로 들어가는 프랑스의 에펠탑에서 볼 수 있듯이 철기 시대의 가장 아름다움을 누리고 사는 국민이 있다. 그런가 하면 인디오들처럼 아직도 석기 시대에 살면서 사는 집을 나뭇가지로 엮어 만들고 부싯돌 같은 것으로 창을 만들어 숲속의 새를 잡으러 가며 때로는 강물 위로 뛰어오르는 물고기들을 작살을 던져서 잡기도 한다. 그러나 오늘날의 사람들은 더 빨리 성장한다. 더 나이 든 사람들과 함께 살면서 모르던 것을 배우기 때문인데, 이는 모든 것을 스스로 조금씩 깨우쳐 가면서 더디게 배웠던 이전과 다른 점이다. 석기 시대에 사람들은 짐승들을 피하며 유목민으로 살기 시작했다. 그리하여 오늘은 여기서, 내일은 저기서 살면서 땅에서 나오는 곡물을 먹는 것이 좋다는 점도 알지 못했다. 그러다가 사람들은 부싯돌보다 연한 구리를 발견했고, 구리보다 연한 주석을 발견했다. 그들은 불을 이용해 바위에서 금속을 추출했고, 주석과 구리를 합치면 새로운 금속이 만들어진다는 사실을 알았다. 이 새로운 금속은 매우 강해서 도끼와 창과 칼을 만들 수 있었고 돌도 자를 수가 있었다. 사람들이 금속을 사용하는 법을 알기 시작하고 구리와 주석을 합성하는 법을 알면서 청동기 시대에 진입한다. 어떤 사람들은 청동기 시대를 거치지 않고 철기 시대로 바로 들어갔는데 그 이유는 자기 땅에서 철이 생산됨으로써 구리와 주석이 있다는 사실도 모른 채 바로 철을 사용하기 시작했기 때문이다.

유럽 사람들이 청동기 시대에 살 때, 더 좋은 집을 짓고 살았지만 아메리카의 페루와 멕시코 사람들 것처럼 세련되고 완벽한 것은 아니었다. 페루와 멕시코 사람들은 항상 두 시대를 함께 살았는데, 이들은 변함없이 부싯돌을 사용하는 가운데 금광을 가지고 하늘을 상징하는 황금 태양의 신전을 가지고 있었다. 또한 페루 잉카의 무덤에는 죽은 사람과 함께 그가 생전에 사용하던 패물과 항아리 등을 함께 묻었다. 페루 원주민의 집은 석조 건물이고 이층으로 되어 있다. 창문은 아주 높게 해서 달고 문은 아래쪽이 더 넓은데 윗부분의 처마는 세밀한 작업을 요하는 돌 장식으로 만들었다. 멕시코 사람들은 튼튼하기보다는 장식이 많은 집을 지었는데 나무와 새가 많은 나라다웠다. 천장에는 계단의 형태로 성인들 형상을 새겨놓았는데, 이는 오늘날 은으로 된 팔과 다리를 가진 어린아이들의 모습을 제단에 장식하는 것과 같은 것이다. 그들은 또한 돌 조각품이나, 염주나 격자무늬의 실 모양의 장식으로 벽을 꾸몄는데, 마치 그리스 여인들이 입는 가운을 두른 술 장식을 닮았다. 집 안의 방에는 대들보 머리에 자기 신들과 동물, 혹은 자기 영웅들의 모습을 새겨 넣었고, 밖으로는 모퉁이마다 재미있는 모습의 배수구를 마치 깃털처럼 만들어 놓았다. 멀리서 보면 집들이 햇살에 비쳐 마치 은으로 만든 것 같았다.

유럽의 시골로 가면, 세 시대가 공존하고 있는 것을 잘 볼 수 있다. 특히 북쪽으로 갈수록 이 현상은 더 잘 보인다. 당시 이곳 사람들은 모두가 자기 고장에서만 몇 세기에 걸쳐 살았는데 같은 시기에 살기 시작하다 보니 비록 서로 교류가 없었어도 같은 양상으로 발전해 나갔다. 땅은 세월이 감에 따라 서로 다른 지층을 형성하게 된다. 그래서 땅은 마치 파이처럼 포개지는 많은 지층을 갖게 되었다. 이 지층은 단단한 바위로 형성되어 있고, 때에 따라서는 땅속 깊숙한 곳에서 바윗덩어리가 다른 지층을 파괴하면서 밖으로 튀어나와 마치 심술궂은 거인처럼, 혹은 성난 짐승처럼 분화구를 통해 연기와 불꽃을 내뿜으면서 산이 생기고 화산도 만들어진다. 이러한 지층을 통해 우리는 사람들이 살아온 흔적을 찾을 수 있다. 왜냐하면 각각의 지층마다 당시 사람들의 뼈와 동물들 잔해, 당시의 나무들, 그리고 그릇과 도끼가 묻혀 있기 때문이다. 한 지역의 지층과 다른 지역의 지층을 비교해 보면 사람들이 같은 지질 시대에는 어디에 살았든 거의 비슷한 방식으로 살았다는 사실을 알 수 있다. 다만, 땅이 한 시대에서 다른 시대로 넘어가는 시간과 새로운 지층이 형성되는 시간이 워낙 오래 걸리기 때문에 같은 율리우스 카이사르 황제 시대에 살았던 로마인과 영국 브리타니아 사람들을 보면, 로마인들이 황금 동상을 가진 대리석 궁전을 세우고 섬세한 모직 의복을 입고 살았는 데 반해, 브리타니아 사람들은 동굴에 살면서 짐승 가죽을 걸치고 단단한 나무로 만든 망치를 들고 싸웠다.

그러한 옛 마을의 흔적을 보면 우리는 인간이 어떻게 발전해 갔는지를 알 수 있다. 석기 시대의 지층에서 우리가 볼 수 있는 것이라고는 돌

밖에 없지만 이후에 청동기 시대의 지층을 보면 구리와 주석을 섞어서 만든 많은 물건들이 나타난다. 그리고 가장 최근의 윗부분 지층은 철을 불에 녹이면 부드러워진다는 것을 알게 되는 철기 시대의 것이다. 사람들은 철을 녹여서 바위를 깨는 망치, 싸움을 위한 창, 그리고 땅을 일구기 위한 곡괭이와 칼을 만들 수 있었다. 이때가 되면 돌과 나무를 재료로 하고 안마당과 여러 개의 방을 가진 집도 볼 수 있다. 하나도 겹치지 않게 층층이 포개져 있는 바위 집들이나 사막과 광야에 짐승 가죽으로 만든 천막을 만들기도 했다. 여기서 알 수 있는 것은 사람들이 세상에 나오자마자 보이는 것들을 똑같이 따라 그리는 것을 좋아했다는 점이다. 그리하여 고대인들의 가족이 살던 어두운 굴속에서도 어떠한 모습을 따라 바위에 새겨놓거나 그림을 그려놓은 것을 볼 수 있다. 산속이나 강가에도 손이나 이상한 기호, 그리고 짐승들의 모습을 그려놓았는데, 이는 지금 사람들이 사는 그곳에 오랜 세월 이전부터 사람들이 와서 살고 있었음을 말해 준다. 또한 모든 사람은 죽은 사람 묻는 일을 존경심을 갖고 매우 신중하게 했다는 것과, 마치 오늘날 탑을 만드는 것처럼 당시 사람들이 하늘에 더 가까이 접근하기 위해 높은 기념물을 지었다는 것을 알 수 있다. 사람들은 흙으로 산을 만들어 거기에 시신을 매장했다. 멕시코인들은 매우 높은 피라미드 꼭대기에 제단을 만들었다. 페루인들은 많은 돌을 모아 장례용 탑인 출파(chulpa)를 만들었는데, 이는 윗부분이 넓은 지팡이 같은 것이었다. 사르데냐 섬에는 누르하그(nuraghe)라 불리는 많은 탑이 있는데 어떤 부족의 것인지 아는 사람은 없다. 이집트 사람들은 큰 돌을 가지고 피라미드를 지었고, 석영반암(石英斑巖)으로 오벨리스크를 만들어서 상형문자라 불리는 기호로 자기들 역사를 새겨놓았다.

　이집트 시대에 와서 처음으로 '역사 시대'라 불리기 시작했다. 왜냐하면 그들에 대해 알고 있는 사실을 중심으로 역사를 쓸 수 있기 때문이다.

케추아족의 집.

반면에 그 이전 시대의 사람들을 '선사 시대' 사람들, 즉 역사 이전의 사
람들 혹은 원시인들이라고 부른다. 그러나, 역사 시대 사람들이라고 하
면서도 선사 시대의 것들 역시 너무 많이 존재한다는 것이 사실이다. 그
들이 어디에서 왔고 또 어떻게 왔는지 추측할 수밖에 없기 때문이다. 페
루의 케추아 사람들이 수로와 도로, 그리고 포장도로를 언제 만들어 놓
았는지 누구도 모른다. 콜롬비아의 칩차 부족이 장식물과 금 항아리를
언제 만들었는지도 모른다. 스페인 사람들이 발견한 마야족 이전에 유
카탄에 어떤 부족이 살았는지, 북아메리카의 제방과 촌락을 세운 미지
의 부족은 어디서 왔는지도 모른다. 이는 유럽의 부족들도 마찬가지다.
다만 유럽에서는 상당히 많은 곳에서 사람들이 마치 땅에서 솟아나듯이
한꺼번에 나타난다는 점이 다르다. 사람들이 처음 살았던 땅은 덜 춥고

다른 지역보다 더 높은 곳이었다. 그렇게 살면서 그곳에 대해 빨리 알게 되었고 금속을 발견하고 만들면서 거기서 전쟁도 하게 되었으며 홍수를 겪기도 했다. 그리고 더 넓은 세상을 보고 싶어 사람들은 더 낮은 땅과 바닷가로 내려왔다. 그 대륙의 가장 높고 비옥한 지역은 대서양 건너 사람들이 문명화한 최초의 곳이었다.

우리 아메리카의 사정도 비슷했다. 멕시코와 페루의 고원 지대, 높은 계곡, 그리고 비옥한 땅이 아메리카 원주민이 선택한 최고의 장소였다. 대서양 건너 대륙에서 가장 오래된 민족은 이집트인들이다. 그곳을 떠난 사람들은 자유와 새로움을 찾아 오늘날 페르시아와 소아시아라고 알려진 곳을 통해 그리스로 흘러 들어갔다. 그리고 그리스에서 이들은 세계에서 가장 완벽한 건물들을 지었고 잘 구성된 아름다운 책들을 썼다. 이들 나라에는 거기서 태어나 자란 사람들이 있었지만, 더 오랜 역사를 가진 곳으로부터 온 사람들이 아는 것이 더 많아서 전쟁에서 그들을 굴복시키고 아는 것을 전수하면서 함께 어울려 살았다. 유럽의 북쪽으로부터는 짐승과 싸우고 추위를 이겨낸 더 강인한 사람들이 내려왔다. 그리고 오늘날 우리가 힌두스탄이라 부르는 곳으로부터 산악 지대 사람들이 큰 전쟁을 치르고 난 다음 피난을 나왔는데, 이들은 북유럽의 추운 땅에서 내려온 유럽인들과 합쳐졌다. 이들은 한때 자기들의 자유를 빼앗으려 했던 로마인들을 상대로 싸웠다. 이들은 가난하고 난폭했기 때문에, 현명하고 부유해서 마치 그리스 문명의 딸과 같았던 로마를 시기했다. 이렇게 사람들은 마치 물줄기가 바다로 흐르듯이 그리고 공기가 바람에 실려 가듯이 세상을 돌아다녔다.

이집트는 대서양 건너편 대륙의 아버지와 같은 나라다. 모든 '고전적인' 나라들 가운데서도 가장 오래된 나라다. 이집트인의 집은 자기 나라가 그렇듯이 우아하고 아름답다. 이집트는 매우 풍요로웠다. 위대한 나

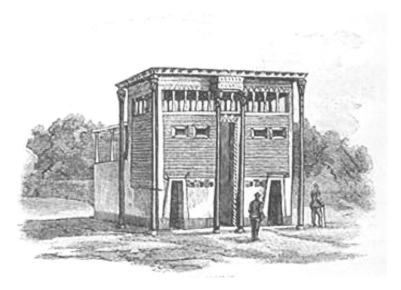
이집트의 집.

일강은 매년 불어서 넘쳤는데 수위가 내려가고 남은 진흙 밭은 농사에
매우 좋은 토양이 되었다. 이러한 환경으로 인해 집은 홍수를 피하여 높
은 지대에 지었다. 그 고장에는 종려나무가 많이 있었는데, 집을 지을 때
세운 기둥들은 마치 야자수처럼 날씬하고 높았다. 이층 위에는 또 다른
층이 있었는데, 여기에는 벽이 없고 천정은 평평해서 오후에는 신선한
바람을 쐬며 나일강을 감상했다. 강에는 사람들과 짐을 싣고 오가는 배
들로 가득 찼고 오후의 하늘은 황금색과 분홍색으로 물들었다. 벽과 천
정은 자기 나라의 역사와 종교에 대한 그림으로 가득 채워져 있었다. 이
사람들은 색깔을 좋아하여 바닥을 덮는 돗자리에도 여러 가지 색으로
된 것을 사용했다.

　유대인들은 오랜 시간 이집트에서 노예처럼 살았다. 그런데 이들은 누
구보다도 벽돌을 잘 만들었다. 이들이 자유를 회복하면서 마치 우리가

사용하는 토담과 같은 흙벽돌을 가지고 집을 지었다. 그리고 천정은 그들이 좋아하는 무화과 가로나무로 만들었다. 천장에는 테라스 같은 곳을 만들어 놓았다. 더울 때면 올라가서 잘 수 있게 하기 위한 것이다. 법령에 따라, 천정에는 담을 둘러서 사람들이 떨어지지 않게 했다. 그들은 집을 지을 때 마치 그들의 솔로몬 대왕이 사원을 지을 때처럼 했다. 즉 집은 사각형으로 지었고, 문을 만들 때는 아래쪽은 넓게, 위의 처마 부분은 좁게, 그리고 문 옆에는 두 개의 기둥을 세웠다.

그 근방에는 아시리아 사람들도 살고 있었다. 이들은 매우 호전적이었다. 그들은 집을 지을 때 탑을 세워서 멀리 있는 적의 동태를 살폈다. 그리고 탑에는 창살을 만들어서 언제고 화살을 쏠 수 있게 했다. 창문을 만드는 대신 천정으로부터 들어오는 햇빛을 이용했다. 문짝 위에는 신비로운 모습을 한 돌조각을 올려놓았는데, 사람 머리를 한 황소나 날개가 달린 머리 같은 것이었다.

페니키아 사람들은 에트루리아 사람들이 했던 것처럼 집을 짓고 기념물을 세울 때 손질하지 않은 돌을 하나씩 포개놓는 방식을 사용했다. 그러나 이들은 배를 타고 교역을 주업으로 삼았던 사람들이었기 때문에 유대인이나 이집트인들, 그리고 페니키아 전쟁에서 자기들을 정복한 페르시아인들의 집 등 자기들이 본 민족들의 집을 모방하기 시작했다. 이렇게 하여 입구는 유대인들 양식이고 상층부는 이집트나 페르시아의 집과 유사한 집들이 지어졌다.

페르시아 사람들은 많은 권력을 소유했던 사람들이다. 한때는 페르시아 근방에 있는 민족들을 거의 모두 노예로 거느리고 살았다. 페르시아는 보석의 땅이다. 사람들의 옷, 말을 위한 담요, 그리고 칼집은 보석 장식으로 가득 차 있었다. 그들은 초록색, 빨간색 그리고 노란색을 좋아했다. 또한 매우 빛나고 세공을 한 여러 색깔의 것을 좋아했다. 그들은 분

페르시아 궁전.

수, 정원, 은실로 짠 면사포 그리고 섬세한 보석류를 좋아했다. 오늘날에
도 페르시아 사람들은 그런 것들을 좋아한다. 당시 페르시아 사람들의
집은 색깔이 있는 벽돌로 만들었다. 그러나 천정은 이집트나 유대인들처
럼 낮지 않게, 마치 하늘의 궁륭을 모방하듯, 둥근 돔을 만들었다. 안뜰에
는 화장실이 있는데 그곳에서는 향기로운 냄새를 발산했다. 부유한 집에
는 네모난 안뜰이 있고 많은 기둥이 서 있고 그 가운데 꽃병 사이로 물을
내려보내는 분수대가 있었다. 기둥들은 색색깔의 그림이 그려진 여러 개
의 조각으로 되었고, 벨트 모양의 장식과 홈통이 있었으며, 녹색의 가슴
과 장식 머리를 한 동물 모양의 기둥머리를 가지고 있었다.

  페르시아 옆에는 힌두스탄이 있다. 이는 세계에서 가장 오래된 민족
의 땅이다. 거기에는 황금 사원이 있는데 금은 세공으로 만든 것이었고,
산속에 바위를 파서 지은 사원도 있었다. 그들은 자기들이 모시는 부처
의 상을 바위산에 새겨놓았다. 그들의 사원, 무덤, 궁전, 집들은 마치 상
아 위에 다채로운 색깔로 쓰인 시와 같고 꽃잎과 꽃잎 사이로 사물을 노

그리스의 집.

래한다. 힌두스탄에는 마치 탄자부르의 파고다처럼 14층 사원이 있는데 바닥부터 천장까지 세밀하게 공을 들인 세공 장식이 되어 있다. 예전에 인도 사람들이 살던 집은 라호르 혹은 카슈미르의 파고다처럼 장식이 잘 되어 있고 굽이치는 천정과 발코니가 있었으며 입구에는 손잡이가 없는 여러 층의 돌계단이 있었다. 또 다른 집들은 모퉁이에 탑을 가지고 있고 마치 이집트인들처럼 연속적으로 펼쳐져 있는 테라스에는 탑이 없었다. 인도의 집들이 아름다운 것은 환상적인 장식 때문인데, 꽃과 깃털을 끝없이 서로 꼬아놓은 것 같았다.

이와 달리, 그리스에는 이러한 다채로운 장식이 없었고 모든 것이 희고 단순했다. 그리스 사람들의 집에는 창문이 없었다. 왜냐하면 그들에게 집이란 신성한 곳이어서 외부인들이 들여다보아서는 안 되기 때문이었다. 그들의 집은 기념탑과 마찬가지로 작았으나 예쁘고 날렵했으며 문앞에는 장미꽃과 석상이 있었다. 그리고 가족들은 기둥과 기둥 사이의 회랑에서 하루를 보내고 밤이 되면 작고 어두운 방으로 들어가 잤다. 식당과 회랑에 가구를 놓았는데 그것도 아주 단출한 것이었다. 벽에는 공간을 만들어서 아름다운 화병을 올려놓았고, 의자에는 줄무늬를 조각해 놓았는데 대문에도 똑같은 조각을 하곤 했다. 대문은 아래쪽이 넓고 윗부분의 처마에는 덩굴과 종려나무 모양의 조각이 되어 있었다. 사람들은 세상에서 가장 아름다운 건물이 파르테논이라고 말한다. 여기에는 장식을 위한 장식이 없다. 그것은 대개 무식한 사람들이 자기 집이나 옷에 하는 짓이다. 아름다움이란 들리는 것이 아니라 느껴지는 음악과 같은 것이다. 규모는 색채와 잘 어울려야만 비로소 계산 가능하고, 간결하지 않은 사물은 없으며 장식은 사람들에게 방해가 되지 않아야 한다. 그리스의 돌은 마치 영혼을 지니고 있는 듯하다. 마치 자신들을 바라보는 이들의 친구처럼 겸손하며 마음을 열고 친구처럼 내게 들어온다. 마치 나에게 말을 건네는 것 같다.

에트루리아 사람들은 이탈리아 북쪽의 유명한 열두 개의 도시에서 살았다. 그들은 자기 정부와 종교를 가진 독자적인 민족이었고, 풍자와 과장이 더 많기는 했지만, 그리스인들과 비슷한 예술을 향유했고 다채로운 색채를 사용했다. 그들은 페르시아 사람들처럼 모든 것을 그려서 무덤의 벽에도 머리가 노랗고 꼬리가 푸른 말의 그림을 남겼다. 자유로운 공화국 시절, 에트루리아 사람들은 행복하게 살았다. 그들은 훌륭한 의사와 천문학자들을 가지고 있었고, 삶의 의무와 세상의 이치를 잘 설명해 주는 대가들과 함께 살았다. 에트루리아는 이렇게 현명한 학자들로 유명했고 여러 형상이 조각되어 있는 검은 진흙으로 만든 주전자, 동상과 구운 흙으로 만든 관, 그리고 벽화와 금속 제품으로 유명했다. 그러나 노예제와 함께, 자신들을 지배하는 로마인들과 마찬가지로 나쁜 습관에 빠지고 부유해졌다. 그들은 예전처럼 자기 집에서 살지 않고 궁전에서 살았으며

에트루리아의 집.

그들의 취미는 하루 종일 누워서 먹는 일뿐이었다. 그들이 예전에 살던 집은 단층집에 베란다 테라스가 있었고 지붕에는 급한 경사의 추녀가 늘어져 있었다. 그들은 벽에 잔치나 행사 장면을 그리면서 초상화와 캐리커처를 남겼는데, 그림의 형상들이 마치 살아 움직이는 것처럼 그리는 재주가 있었다.

로마인들의 집은 처음에는 에트루리아 사람들 것과 비슷했다. 그러나 그리스 문화를 접하고 나서 로마인들은 모든 면에서 그리스의 집을 모방했다. 처음에는 앞마당에 집 전체가 있었다. 이후에 앞마당은 현관의 역할만 했고 거기서 복도를 통해 기둥으로 둘러싸인 안뜰로 들어갈 수 있었다. 집주인의 아름다운 방들이 이 안뜰을 향해 있었는데 그 용도가 모두 달랐다. 식당은 응접실과 가족 방과 마찬가지로 복도로 연결되었고 복도 건너편에는 정원이 있었다. 그들은 벽에 화려한 색의 그림과 형상을 그려 놓았고 모퉁이에는 여러 개의 선반에 화병과 조각상들을 올려놓았다. 만일 사람들의 왕래가 많은 길가에 집이 있을 때는 길을 향해 여러 개의 방을 만들어 가게 자리로 만든 다음 세를 받기도 했다. 방의 문이 열리면 집 내부의 정원이 보였다. 많은 집에 정원, 안뜰, 그리고 현관 주위에는 아치가 있었다. 로마는 금방 주변 모든 나라를 거느린 지배자가 되었는데, 너무 많다 보니 제대로 통치할 수 없을 지경이었다. 이런 민족은 자유롭게 살았고 나라 전체에서 가장 강력한 전사를 왕으로 선출했다. 그들은 당시 전란의 시대에 '귀족'이라 불리던 모든 사람과 함께 성탑과 성문을 가진 성안에서 살았다. 반면 노동 계층은 성 주변의 누추한 오두막에서 살았다. 그러나 로마의 힘이 대단히 커서 로마뿐만 아니라 제국의 모든 곳에 다리와 아치와 수로와 사원을 건설했다. 그러나 이미 많은 성이 있던 프랑스 쪽으로는 새로운 건물들을 많이 지었는데, 특히 요새와 사원의 역할을 동시에 할 수 있는 교회를 많이 세웠다. 이들의 양식을 가리켜 '로마네스크 건축'이라고 한다. 한편 로마인들은 오늘날 튀르키예가 있는 페르시아와 아랍 쪽으로 그들의 기념비 같은 건축물들을 얼마나 값비싸고 화려하게 만들어 놓았는지 그 장대함과 찬란함이 마치 황금으로 만든 동굴 교회 같았다. 따라서 프랑스 쪽의 새로운 부족들이 도시를 건설하면서 지은 집들은 검은색의 대문과 뾰족한 지붕들을 가진 로마네스크 양식인 데 반해, 튀르키예 쪽에는 값비싼 돌기둥과 다채로운 색깔의 돌들이 깔려 있는 바닥, 황금색 바탕의 벽화, 그리고 색색깔의 유리창을 가진 궁궐과 같은 집들이 지어졌다. 비잔틴 양식의 집들에는 모든 금속의 혼합물로 만든 베란다가 있어서 마치 불꽃처럼 빛났는데, 지나친 장식 때문에 보기도 싫고 지루하기까지 했다. 이제는 텅 비어 있는 그곳은 마치 허영심 많은 사람의 무덤 같다.

　스페인 역시 로마인들이 지배했다. 그러나 곧 무어족이 침입하여 정복했고 메스키타라 불리는 그들의 이슬람 사원을 세웠다. 그 사원들은 마치 이 세상이 아니라 세공 장식과 꽃으로 만들어진 꿈속의 다른 세계에 사는 듯한 느낌을 주는 궁전이다. 문들은 작았지만 아주 많은 아치가 있어서 전체적으로는 커 보였다. 홀쭉한 기둥들은 말발굽 모양의 아치를 지탱하고 있고 뾰족한 봉우리로 끝나면서 마치 하늘로 가는 길을 여는 것처럼 보였다. 천장은 섬세한 나무로 만들었는데 모두가 무어인들의 문자와 말 머리들로 조각되어 있었다. 벽들도 마치 양탄자처럼 그림으로 가득 차 있었다. 대리석이 깔린 안뜰에는 월계수와 분수가 있고, 발코니들은 면사포처럼 보였다.

때로는 싸우고 때로는 친하게 지내면서 여러 민족이 합쳐져 갔다. 이제 왕은 성안에 사는 귀족들보다 더 강력한 존재가 되었고 모든 사람이 그리스도의 새로운 세상을 믿기 시작했다. 뾰족한 아치와 지붕, 하늘을 찌를 듯한 첨탑, 많은 장식이 덮인 현관, 그리고 스테인드글라스를 가진 고딕 교회가 지어지기 시작했다. 교회의 탑은 점점 높아졌는데, 이는 다른 교회보다 더 높게 지으려는 욕심 때문이었다. 일반 주택과 가구들도 더 높게 만들려고 했다. 그러나 장식이 너무 많아졌고 그리스도교도들은 예전보다 믿음이 약해지기 시작했다. 많은 사람이 위대했던 로마에 대해 말했고 그리스 예술의 단순미를 기렸다. 사람들은 이제 교회는 너무 많이 지었다고 말하면서 세속의 왕궁을 짓는 새로운 방법을 모색했다. 여기서 옛 그리스 양식과 비슷한 것이 나타났는데 사람들은 이를 가리켜 '르네상스' 건축이라 부른다. 그러나 첨두 아치를 가진 고딕 예술이 매우 아름다웠음을 기억하고 있었기에 너무 단순한 양식으로 집을 짓는 일은 다시는 없었다. 그 대신 고딕 예술을 본떠서 아름다운 모서리 장식을 하고, 높은 창문과 우아한 발코니를 만들었다. 당시는 예술과 풍요의 시대였다. 많은 정복 전쟁이 있었고 이에 따라 궁전 같은 집을 가진 많은 귀

일본의 집.

족과 상인들이 있었다. 사람들은 그렇게 아름다운 집에서 그 이전에도, 그리고 그 이후에도 살아보지 못했다. 다른 인종의 민족들은 유럽에 대해 잘 몰랐고 자기들끼리 싸우거나 친구가 되면서 서로의 독특한 예술을 배웠다. 이에 따라 인도의 파고다를 아시아 전역에서 볼 수 있으며, 라호르 궁전의 뾰족탑과 같은 것이 일본인들의 집에서도 보인다. 거기에는 얇은 난간이 있는 회랑과 버들가지나 밀짚으로 되어 있는 벽들이 있어서 공기로 만든 마법의 작품이거나 소꿉장난 같기도 하다. 심지어 슬라브족과 러시아 사람들의 집에도 곡선미가 넘치고 뾰족한 지붕을 가진 인도 마을의 모습이 보인다. 우리 아메리카의 집에서는 주로 로마와 무어인들의 영향이 보인다. 그들이 아메리카를 지배한 스페인 민족을 이루고 있기 때문이다. 그들은 원주민들의 집을 모두 파괴하고 말았다. 스페인 정복자들은 원주민들의 뿌리를 파괴했고, 그들의 사원, 천문대, 관측소, 가정집 등 원주민과 관계된 모든 것을 불태우고 파괴했다. 그러나 도로는 그냥 두었다. 원주민들과는 달리 돌을 운반하는 법을 몰랐기 때문이다. 수로 역시 그냥 두었다. 자기들이 마실 물을 날라 주었기 때문이다.

오늘날 세계 모든 민족은 서로 더 잘 알게 되었고 더 많이 서로를 방문한다. 민족들마다 그 인종에 따라, 혹은 춥거나 더운 날씨에 따라 물건 만드는 방식도 다르다. 그러나 오늘날 도시에서 새롭게 보이는 점은 집을 짓는 고유의 방식이 아니다. 우리 도시에는 아랍, 그리스, 고딕, 비잔틴, 그리고 일본 등 모든 양식이 존재한다. 사람들이 서로를 친구로 대하며 서로 화합해 가고 있는 행복한 시대가 시작되고 있는 것 같다.

두 명의 왕자*

궁궐이 상중(喪中)에 있다.
　왕좌의 국왕이 울고 있고,
여왕도 울고 있다.
보이지 않은 곳에서.
엷은 삼베 손수건에 파묻혀
여왕과 국왕이 운다
궁궐의 신하들도
모두 울고 있다.
말들은 깃털 장식과 안장에
검은 리본을 달았다
말들은 아무것도 먹지 않았다,
그들은 아무것도 먹으려 하지 않는다.
큰 뜰의 월계수는

---

* 미국 시인 헬렌 헌트 잭슨(Helen Hunt Jackson)의 작품.

이제 잎사귀 하나 없다
모든 사람은 월계관을 쓰고
장례를 치르러 떠났다.
왕의 아들이 죽었다!
왕이 아들을 잃었다!

산속 백양나무 숲에.
목동의 집이 있다.
목동의 아내가 말한다.
"햇님은 왜 빛을 가지고 있을까?"
양들이 고개를 숙이고
모두 문을 향해 다가온다.
목동은 길고 깊은 상자에
뚜껑을 덮는다!
강아지 한 마리 슬프게 들락날락한다.
저 안에서 목소리 하나가 노래한다
"새야, 나는 미쳤어,
그 애가 날아간 곳으로 나를 데려다주렴!"
목동은 울면서
삽과 곡괭이를 잡는다
땅에 구덩이 하나를 판다
구덩이에 꽃 한 송이 뿌린다
목동이 아들을 잃었다!
목동의 아들이 죽었다!

장난꾸러기 네네

네네와 같은 소녀가 이 세상 어디에 또 있을까! 아는 것이 많은 한 노인네가 세상 여자아이들은 모두 네네 같다고 말한다. 네네는 집으로 오는 선생님과 산수 공부 하는 것보다, 자기 인형과 함께 엄마 놀이나 가게 놀이, 또는 사탕 만드는 놀이를 더 좋아한다. 네네는 엄마가 없다. 엄마는 세상을 떠났다. 그래서 네네에게 선생님이 오신다. 네네는 놀이 가운데 사탕 만드는 놀이를 제일 좋아한다. 왜 그럴까? 누군들 알겠어! 아마도 사탕 만드는 놀이를 하면 진짜 설탕을 주기 때문일 것이다. 사실은 사탕을 만들 때 첫 번째에 성공하는 일이 없다. 사탕은 만들기가 너무 힘들다! 그래서 언제나 설탕을 두 번 달라고 해야 한다. 네네가 자기 친구들에게 일거리를 잘 안 주려고 하는 것은 잘 알려져 있다. 산보놀이 할 때, 물건 사는 놀이나 놀러 가는 놀이를 할 때 네네는 항상 자기 친구들을 부른다. 그러나 사탕을 만들 때는 안 부른다. 한번은 네네에게 아주 이상한 일이 있었다. 네네는 새 연필을 사겠다고 아빠에게 2센타보를 달라고 했다. 그런데 가는 길에 연필 사는 것을 잊어버렸다. 마치 연필 사는 것을 한 번도 생각해 보지 않은 것처럼 완전히 잊어버렸다. 그 대신 가서 산 것은 딸기 과자였다. 친구들이 이 사실을 다 알게 됐다. 그때부터 친구들은 네네 대신 '딸기 과자'라고 부르기 시작했다.

아빠는 네네를 무척 사랑했다. 사람들은 그가 아침에 딸내미를 보지 않고 출근하면 일을 제대로 못 했다고 전한다. 아빠는 딸에게 '네네'라고 부르지 않고 '공주님'이라고 불렀다. 아빠가 일하고 집에 오면 네네는 마치 새가 날기 위해 날개를 펴듯이 두 팔을 활짝 벌리고 나와 맞이했다. 그리고 아빠는 장미밭에서 장미꽃 한 송이를 집어 올리듯 네네를 높이 들어 올리곤 했다. 네네는 아빠를 마치 무언가 물어볼 것처럼 사랑스럽게 쳐다보았고, 아빠는 마치 울음을 터트릴 것처럼 애틋한 눈길로 그녀를 바라보았다. 그러나 아빠는 곧 즐거운 기분으로 네네를 번쩍 들어 어깨에 태우고는 국가를 부르며 집 안으로 들어가곤 했다. 네네 아빠는 나갔다가 돌아올 때마다 언제나 새 책을 한 권씩 가지고 왔다. 책에 그림이 있을 때는 꼭 그것을 보여주었다. 아빠가 가지고 오는 책을 네네는 무척 좋아했다. 그 책에는 별들이 그려져 있고 별마다 이름과 색깔이 따로 있었다. 거기서는 빨간색 별의 이름, 노란색 별의 이름, 그리고 파란색 별의 이름을 말해 주었고, 빛은 일곱 가지 색을 지니고 있었다. 별들은 하늘을 돌아다니며 산책을 하는데, 이는 마치 여자아이들이 정원에서 뛰어노는 것 같았다. 그런데 사실은 그렇지 않다. 똑같이 노는 것이 아니다. 여자아이들이 정원에서 바람에 밀려 여기저기 날아다니는 꽃잎처럼 뛰어다니는 반면, 별들은 하늘에서 자기가 가고 싶은 길로 가는 게 아니라 항상 똑같은 길로만 다닌다. 혹시 알아? 마치 세상에서 꼬마 아가씨들을 챙겨주는 아빠들이 있듯이, 저 하늘 높은 곳에도 별님을 보살펴 주는 누군가 있는지 말이다. 물론 별들은 여자아이들이 아니고, 지구에서 보이듯

이 빛이 나는 꽃도 아니다. 별들은 이 지구만큼이나 크다. 별에도 여기처럼 나무도 있고 물도 있고 사람들도 산다고 한다. 아빠는 어떤 책에서 사람이 죽으면 별에 가서 산다는 말을 했다고 한다.

"그럼, 아빠." 네네가 묻는다.

"왜 죽은 사람들 집에 가면 슬퍼해요? 만일 내가 죽으면 아무도 울지 말고 대신 음악을 들려주면 좋겠어요. 나는 푸른 별에 가서 살 거니까요."

"하지만, 혼자, 너 혼자, 이 불쌍한 아빠도 없이 살겠다고?" 아빠가 묻자 네네가 대답했다.

"아빠 바보, 그 말을 믿다니!"

그날 밤, 네네는 일찍 자러 가지 않고 결국 아빠 품 안에서 잠이 들었다.

"아빠들은 집에서 엄마가 죽으면 매우 슬퍼한다! 엄마가 죽으면 아이들은 아빠를 더 많이, 무척이나 사랑할 수밖에 없다!"

별에 대하여 말하던 날 밤, 네네 아빠는 큰 책을 한 권 가지고 왔다. 아, 얼마나 책이 무거웠는지! 네네는 이 책을 옮기려고 했지만 책 밑에 깔리고 말았다. 책에 깔려서 한쪽으로는 금발 머리만 보였고, 다른 쪽으로는 까만 신발만 나왔다. 아빠는 뛰어와서 책에 깔린 네네를 꺼내주면서 웃음을 참지 못했다. 아직 여섯 살도 채 안 된 네네가 백 년이나 된 책을 옮기려고 한 것이었다. 책이 백 년이나 되었는데 수염도 안 났다니! 네네는 예전에 백 살이 된 노인을 본 적이 있는데 그는 턱수염이 얼마나 긴지 허리까지 내려왔다. 책에서 말하는 것을 보면, 좋은 책도 꼭 노인네와 같다고 한다. "좋은 책은 오랜 친구와 같다."라고 말하는 것이다. 네네는 그

책을 생각하면서 아무 말 없이 잠자리에 들었다. 아빠가 손을 못 대게 한 그 책은 어떤 책일까? 잠에서 깨어나서도 네네는 그 생각밖에 나지 않았다. 네네는 그 책이 어떤 책인지 알고 싶다. 네네는 백 년이나 되면서 수염이 나지 않은 그 책이 속으로는 어떻게 생겼는지 알고 싶다.

그의 아빠는 자기 딸을 위하여 집에서 멀리, 아주 먼 곳에서 일하고 있다. 자기 딸이 좋은 집에서 살면서 일요일마다 맛있는 과자를 사 먹고 새하얀 옷과 푸른 리본도 사며 돈도 조금 모아서 아빠가 죽으면 세상에 아무것도 없이 혼자 남지 않게 하기 위해서다. 이렇게 가엾은 아빠는 집에서 멀리 떨어진 곳에서 자기 '공주님'을 위하여 일하고 있다. 하녀는 집에서 목욕물을 데우고 있다. 네네의 인기척이 들리지 않는다. 본 사람도 없다. 아빠는 언제나 책이 있는 방문을 열어 놓는다. 거기에는 네네의 탁자가 있어서 네네는 밤에 책상에 앉아 자기 아빠가 일하는 모습을 본다.

다섯, 여섯, 일곱 걸음…… 네네가 문 앞에 다가와, 문을 열고 들어온다. 무슨 일이 벌어졌을까! 마치 네네가 오기를 기다렸다는 듯이 그녀의 탁자 위에 그 오래된 책이 활짝 펼쳐져 놓여 있다. 생각을 많이 할 때면 양손을 뒷짐 지고 걷듯이, 네네는 아주 신중하게 한발 두발 다가간다. 하지만 네네는 절대로 책을 만져보지 않았다. 단지 보기만 할 뿐이었다. 아빠가 절대로 손대지 말라고 말했기 때문이다.

이 책에는 수염이 없다. 다만 페이지 사이사이에는 리본과 책갈피가 많다. 하지만 그것들은 수염이 아니다. 진짜 수염이 많은 사람이 나오긴 하는데 바로 책에 그려진 거인이다! 그림은 여러 가지 색으로 되어 있다. 그 색은 빛을 내는 칠보 색깔로 아빠가 네네에게 선사한 팔찌 같다. 요즘에는 이렇게 색칠하지 않는다! 그 거인은 산꼭대기에 앉아 있고, 머리에는 하늘의 구름과 같은 것이 감기어 있다. 눈은 코 위에 하나뿐이고, 마치 목동들의 작업복 같은 옷을 입고 있는데 그 색깔도 초원과 똑같은 초록색이고 거기에는 금색과 은색의 별들이 그려져 있다. 그의 수염은 너무너무 길어서 산기슭까지 닿는다. 그리고 수염의 털끝마다 하나씩 붙잡고 사람이 올라간다. 마치 서커스에서 사람이 공중그네를 타기 위해 줄을 타고 오르는 것 같다. 아, 이는 멀리서는 잘 보이지 않는다! 네네는 책을 탁자에서 내려놓아야 한다. 이 골치 아픈 책이 얼마나 무거운지 모른다! 이제 책이 전부 잘 보인다. 책이 바닥에 있으니까.

수염을 타고 오르는 사람은 다섯 명이다. 하나는 백인인데 잠바와 구두를 신고 있고 수염도 있다. 이 그림을 그린 사람은 턱수염을 아주 좋아하는 것 같다! 또 한 명은 원주민, 그래 원주민 같은데, 새 깃털 모자를 쓰고 등에는 화살통을 메고 있다. 또 한 명은 중국 사람인데 꼭 식당 요리사 같다. 그러나 입고 있는 건 꽃무늬 많은 여성 옷 같다. 또 다른 사람도 중국인 같은데 마치 카이저수염 같은 삼각 모자를 쓰고 있다. 또 한 사람

은 아주 잘생긴 흑인인데 몸에 아무것도 걸치지 않았다. 이건 아니지, 옷을 입지 않다니! 이래서 아빠가 네네에게 책을 건드리지 못하게 한 것이군. 안 되지. 그 페이지는 다시 보지 말아야지. 안 그러면 아빠가 화를 내실 거야. 이 오래된 책은 참 멋지다! 네네는 마치 이 책과 귓속말을 나눴던 것처럼 책을 베고 거의 잠이 들어 버렸다.

까딱하면 그 페이지를 찢을 뻔했다! 하지만 아니야. 찢어지진 않았다. 반 장 정도만 찢어졌을 뿐이다. 네네의 아빠는 잘 못 본다. 아무도 그걸 보진 못할 것이다. 자, 지금 보면 책이 참 좋다! 노아의 방주보다 더 좋은 책이다. 여기에는 세계의 모든 동물들이 그려져 있다. 더욱이 그 거인처럼 천연색으로 말이다! 그래, 이것은 기린이 달을 먹고 있는 모습이다. 그래, 이건 코끼리, 코끼리인데 의자에는 새끼들이 가득 앉아 있다. 아, 강아지들, 이 강아지는 얼마나 잘 뛰는지 모르겠다! 이리 와 봐, 강아지야! 오지 않으면 때려줄 거야! 그러자 네네는 그 페이지를 뜯어 버린다. 이제 우리 네네 부인은 무엇을 볼까? 다음 그림은 원숭이들의 세계다. 두 페이지 전체가 원숭이들로 가득 찼다. 붉은색 원숭이는 초록색 원숭이와 어울려 논다. 수염 난 원숭이가 마치 사람처럼 막대기를 한 손에 들고 있는 커다란 원숭이 꼬리를 문다. 까만 원숭이 한 마리는 풀밭에서 노란 원숭이와 놀고 있다. 저기, 저기 나무에 있는 원숭이들은 새끼들이다! 얼마나 귀엽고 잘 노는지! 꼬리를 흔드는 걸 보면 그네를 타는 것 같네! 또 얼마나 잘 뛰어오르는지! 하나, 둘, 셋, 다섯, 여덟, 열여섯, 마흔아홉 마리 원숭이가 꼬리로 매달려 있다! 이제 강으로 뛰어들려고 하네! 와우! 저기 모두 몰려가네! 네네는 너무 재미있어, 두 페이지를 또 뜯어낸다. 그런데, 누가 부르네, 누가 네네를 부르지? 아빠가, 네네의 아빠가 문에서 네네를 보고 있다.

네네는 보지 못하고 듣지도 못했다. 네네가 보기에는 아빠가 커지고, 엄청 커지면서 키가 천장에 닿을 듯하다. 아빠는 산에 사는 거인보다 더 커서, 마치 산이 되어 자기를 덮치는 것 같다. 네네는 아무 말 없이 눈을 감은 채 머리를 푹 숙이고 있고 늘어진 두 팔에는 뜯어낸 종이들이 있다. 아빠가 말한다.

"네네야, 그 책에 손대지 말라고 했지? 네네야, 그 책이 내 것이 아니고 책값도 아주 비싸다는 것을 모르겠니? 네네야, 그 책값을 내려면 아빠는 일 년 내내 일해야 한다는 걸 몰라?"

네네는 얼굴이 백지장처럼 되어서 바닥에서 일어나 고개를 숙인 채 아빠 무릎에 기댔다.

"아빠, 사랑하는 우리 아빠! 내가 우리 좋은 아빠를 화나게 했어요! 난 나쁜 아이야! 이제 나는 죽어서 푸른 별에도 가지 못할 거야!" 네네가 말했다.

무어 여인의 진주

트리폴리의 무어 여인
장밋빛 진주를 가지고 있었다. 아주 큰 진주였다.
하루는 무심하게 그것을 바다에 던져버렸다.
"언제나 똑같아! 이제는 보기도 싫어!"
몇 년 후, 트리폴리의 바위 옆에서
사람들이 진주를 발견하고 운다!
정신 나간 무어 여인이 바다에 외친다.
"바다야, 바다야! 내 진주를 돌려다오!"

원주민 유적

아마도 아메리카 역사에 나오는 것보다 더 슬프고 아름다운 시는 없을 것이다. 양피지로 된 훌륭한 옛 역사책은 원주민들이 살았던 아메리카 땅과 도시들, 축제들 그리고 매력적인 예술과 아름다운 풍습에 대한 것으로 눈물겨움 없이는, 그리고 공기 속에 떠다니는 꽃송이와 새의 깃털 보듯이 하지 않으면 읽어 내려갈 수 없다. 어떤 사람들은 마치 태어난 지 얼마 되지 않은 사람들처럼 외진 곳에서 옷도 없고 생활필수품도 없이 소박하게 살았다. 이들은 숲에서 떨어진 강가 바위에 이상한 그림을 그리기 시작했는데, 오늘날 세계의 불가사의 가운데 하나로 꼽힌다. 또 어떤 사람들은 더 오래된 부족으로 무리를 지어 살면서 수수와 흙벽돌로 집을 지은 촌락을 이루었고, 사냥과 낚시로 먹을 것을 해결했으며 이웃 부족들과 싸움도 벌였다. 또 다른 사람들은 이미 잘 정착한 부족으로서, 14만 가구와 황금 그림으로 장식된 궁전이 있는 도시에서 살았다. 거리와 장터에는 커다란 장이 섰고 자기 신들의 거대한 조각상을 모신 대리석 사원도 있었다. 그들의 작품은, 마치 사람들이 모두 제각기 다르듯이, 다른 부족의 작품과 전혀 닮은 데가 없었다. 그들은 순진무구했고 미신을 믿었으며 또한 난폭하기도 했다. 그들은 자신들의 정부, 종교, 예술, 전쟁, 건축, 산업, 시를 상상해 냈다. 그들의 모든 것은 재미있고 대담하며 새로웠다. 그들은 예술적이고 지적이며 청결했다. 멕시코의 나우아틀과 마야, 콜롬비아의 칩차, 베네수엘라의 쿠마나고토, 페루의 케추아, 볼리비아의 아이마라, 우루과이의 차루아, 그리고 칠레의 아라우카노 민족 등의 역사는 마치 소설처럼 읽힌다.

켓찰(quetzal)은 과테말라의 아름다운 새다. 긴 깃털을 가진 윤기 나는 초록색 새인데, 사로잡히거나 꼬리의 깃털이 부러지거나 다치면 고통 속에 죽어간다. 이 새는 햇빛을 받으면 빛이 나는데, 마치 콜리브리(colibrí)*의 머리처럼 귀금속이나 무지갯빛의 보석 같아서, 한편으로 보면 연수정 같고, 또 한편으로 보면 오팔이나 자수정 같기도 하다. 마야의 공주 아라의 사랑의 이야기를 담은 르 플롱존**의 여행기를 보면, 아악 왕자는 아라 공주와의 사랑을 위해 자기 형제인 차악 왕자를 살해했는데, 이 때문에 아라 공주는 아악 왕자를 사랑하지 않았다고 한다. 원주민 익스틀리쇼치틀(Ixtlilxochitl)의 이야기를 보면, 멕시코의 왕국 도시들, 테노치티틀란, 그리고 텍스코코에서 사람들이 우아하고 부유하게 살았다는 것을 알 수 있다. 탐험대장 푸엔테스의 『플로리다 회고록』, 후아로스(Juarros)의 연대기, 정복자 베르날 디아스 델 카스티요(Bernal Díaz del Castillo)의

---

* 아메리카 대륙에 서식하는 세계에서 가장 작은 새. 벌새(hummingbird)라고도 불린다.
** 르 플롱존(Augustus Le Plongeon, 1825-1908): 영국계 미국 사진 작가이자 고고학자로서 마야 문명이 아틀란티스(바다에 가라앉았다는 전설상의 섬)를 통해 이집트 문명에서 유래했다고 주장했다.

이야기, 혹은 영국인 토마스 게이지(Tomás Gage)의 여행기를 보면, 흰옷을 입고 아이들 손을 잡고 산보하며, 시를 낭독하고 건물을 세우는 도시의 사람들이 마치 눈앞에서 활보하는 것 같다. 치첸의 원로 현인들, 욱스말의 세도가들, 툴란의 장사꾼들, 테노치티틀란의 예능인들, 촐룰라의 사제들, 우타틀란의 정다운 선생들과 착한 아이들도 있다. 태양을 숭배하고 살면서 돌로 만든 집 대문을 닫지 않고 살았던 고상한 인종의 이야기도 있다. 이를 읽으면 이 글자가 저 글자 같고 형식을 중요시했던 노란 종이의 책을 읽는 것이 아니라 마치 자기 꼬리가 다친 것을 보고 마지막 비명을 지르며 죽어가는 켓찰을 눈앞에서 보는 것 같다. 상상력은 눈으로 볼 수 없는 것을 보여준다.

그 책들을 읽으면서 우리는 그들과 친구가 된다. 거기에는 영웅들, 성인들, 연인들, 시인들 그리고 사제들이 있다. 거기에는 이집트보다 더 큰 피라미드에 대하여 설명하고, 괴물을 때려눕히는 거인들의 모험, 거인과 인간의 싸움, 바람을 타고 다니며 이 세상에 민족의 씨앗을 뿌리는 신들, 공주를 납치해 죽도록 싸움을 벌이는 사람들, 믿을 수 없는 용기를 보여주는 격렬한 결투, 북쪽 땅에서 내려온 강력한 부족에 맞서는 타락한 도시 이야기도 있다. 또한 서커스와 사원, 수로와 공장, 법원과 시장 등 다채롭고 훈훈하며 부지런한 일상생활도 볼 수 있다. 왕들 가운데는 치치메카의 네사우알필리(Netzahualpilli)와 같은 왕도 있었는데, 그는 법을 안 지켰다고 자기 아들들을 죽인 사람이다. 마치 로마의 브루투스가 자기 아들을 죽인 이야기 같다. 틀락스칼라(Tlaxcala)의 웅변가인 시코텐카틀은 스페인 사람들이 발을 못 붙이게 해야 한다고 자기 부족 사람들에게 눈물로 호소했는데, 이는 그리스의 웅변가 데모스테네스가 그리스인들에게 마케도니아의 필리포스를 들어오게 하면 안 된다고 호소한 이야기와 비슷하다. 네사우알코요틀처럼 정의로운 왕들도 있었는데, 그는 치치메카의 위대한 시인왕으로서 이스라엘의 왕 솔로몬처럼 세상의 창조주를 위하여 화려한 사원을 건설하고 아버지의 영혼을 통해 백성들에게 정의를 베풀었던 것과 같다. 보이지 않는 하늘의 신들을 위해 아름다운 젊은이들을 희생시킨 이야기도 그리스와 비슷하다. 그리스에서는 얼마나 희생자들이 많았는지 어떨 때는 새로운 제의를 위한 제단을 만들 필요도 없었다고 한다. 마지막 제사의 화장터 재가 산더미 같아 희생물을 그냥 위에 올려놓으면 됐기 때문이다. 사람을 하늘에 바친 사례로는 유대인 아브라함 이야기도 있다. 그는 자기 손으로 아들 이삭을 묶어서 장작불 위에 올려놓고 죽이려 했다. 아브라함은 칼로 자기 아들을 찔러 죽이라는 하늘의 명령을 들었다고 믿었고 이 피가 하느님을 만족시킨다고 생각했기 때문이다. 대량 학살도 있었다. 마드리드의 마요르 광장에서는 스페인 종교재판소가 왕과 주교들 앞에서 장작더미와 행렬을 통해 사람을 산 채로 불태워 죽였고, 마드리드의 귀부인들은 이를 발코니에서 구경거리로 지켜보았다. 미신과 무지는 어느 나라 사람이건 야만스럽게 만든다. 이 점과 관련해, 정복자였던 스페인 사람들은 원주민들에 대해 정확히 이야기하지 않았다. 그들은 피정복민의 결점을 과장하거나 꾸며내서 원주민들에 대한 잔인한 대우가 옳고 필요했다는 점을 세상에 알리려고 한 것이다. 원주민들의 희생에 대해서는 스페인 군인 베르날 디아스와 신부인 바르톨로메 데 라스 카사스가 말하는 것을 동시에 읽어봐야 한다. 특히 바르톨로메 데 라스 카사스의 이름은 마치 형제의 이름처럼 가슴 깊이 간직해 놓아야 한다. 바르톨로메 데 라스 카사스는 못생긴 데다가 말랐고 말하는 것도 산만하고 성급했으며 매우 큰 코를 가지고 있었다. 그러나 그의 깨끗하고 활활 타는 눈동자에서는 고상한 영혼을 볼 수 있었다.

여기 나온 그림에서 알 수 있듯이, 오늘은 멕시코에 대해 말해 보겠다.

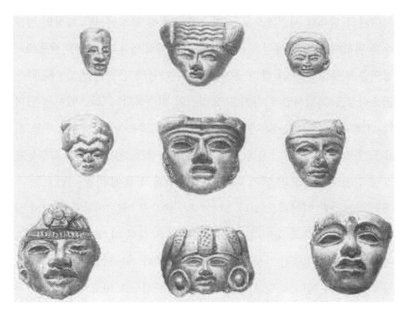

인디오 가면.

멕시코에는 먼저 용감한 톨테카 부족이 정착해 살았다. 그들은 수수로 만든 방패를 높이 들고 금관 방패를 지닌 대장을 따르던 사람들이었다. 그러나 그들은 사치에 빠져들었고, 이후 짐승 가죽을 걸친 야만족 치치메카 부족이 무서운 기세로 북쪽에서 내려와 그 땅에 정착했다. 그들에겐 지혜로운 왕들이 있었다. 이후 그 주변의 자유로운 부족들이 영리한 아스테카 부족을 중심으로 힘을 합쳐 이미 무질서하고 타락해 버린 치치메카 왕국을 무너트렸다. 아스테카는 마치 장사꾼처럼 통치하여, 부를 쌓는 동시에 국민을 탄압했다. 스페인 정복자 코르테스가 군대를 거느리고 오는 길에, 아스테카의 억압을 받던 인접 지역의 인디오 전사들 10만 명이 합류하여 그의 아스테카 정복을 도왔다.

총포와 철제 갑옷을 입은 스페인 군대는 인디오 영웅들을 떨게 하지 못했다. 그러나 광신적인 백성들이 자기 영웅들에게 복종하기를 거부했다. 이 백성들은 폭정 아래 신음하는 자신들을 해방시켜 주려고 켓살코아틀 신이 돌아올 것이라는 사제들의 이야기를 들었고, 스페인 군대가 켓살코아틀의 군대라고 믿었다. 코르테스는 원주민들 사이의 적대 관계를 잘 알고 있어서, 서로 증오하는 사람들을 망하게 하고, 지배층에 겁을 먹고 있는 사람들은 부족으로부터 떼어내고, 약한 사람들에게는 선물로 환심을 사거나 협박을 해서 겁먹게 하고, 분별력이 있고 용감한 사람들은 감방에 처넣든가 살해했다. 군대를 따라 들어온 스페인 신부들은 원주민들의 신전을 무너트리고 그 위에 자기들의 교회를 세웠다.

스페인 정복자 코르테스가 멕시코에 도착하여 아스테카의 수도 테노치티틀란을 보았다. 얼마나 아름다운 도시인가! 하루 종일 신선한 아침에 머무는 것 같고, 항상 장날인 것 같다. 거리는 한쪽으로는 물이 지나가고 다른 한쪽에는 길이 나 있었다. 널찍한 광장들도 많이 있고 그 주변에는 큰 나무들이 심겨 있었다. 운하도 많았는데, 그리로는 마치 똑똑한 지능을 가진 것처럼 날쌔고 날렵한 카누가 지나다녔다. 카누가 얼마나 많았던지 때로는 마치 육지처럼 그것들을 밟고 지나갈 수도 있었다. 어떤 배는 과일을, 다른 배는 꽃을 싣고 다녔고, 또 어떤 배들은 항아리나 물잔 등을, 또 다른 배들은 도자기 제품들을 싣고 다녔다. 시장에는 사람들이 넘쳤는데 이곳저곳에서 서로 다정하게 인사하기도 하고 여기저기 둘러보고 물건도 팔면서 국왕을 칭송하든가 욕을 하기도 했다. 집들은 흙벽돌로 되어 있었는데, 만일 집주인이 부자라면 불에 구운 것이 아니라 돌을 재료로 썼다. 그들의 5층 피라미드로는 도시 전체를 내려다 볼 수 있게 높이 쌓고, 주변에 40여 개의 작은 사원을 거느린 우이칠로포치틀리 대신전이 있었다. 대신전은 흑단과 하얀 대리석으로 만들었는데, 구름처럼 보이는 대리석은 삼나무 향기를 내뿜고 있었고 꼭대기에 있는 600개

화로에서 피어오르는 불길은 꺼지는 법이 없었다. 아래 거리에는 사람들이 오가고 있었는데 희거나 컬러의, 혹은 희거나 자수를 놓은 소매 없는 짧은 저고리를 입고 다녔고 풍성한 신발은 마치 장화 샌들 같았다. 골목길에서는 어린아이들 한 떼가 과일 씨앗을 날려 보내는 입화살을 쏘면서, 또는 진흙으로 빚은 피리를 박자에 맞춰 불면서 뛰어나와 학교로 향했다. 학교에서는 일하는 기술, 무용, 그리고 노래를 가르치는가 하면, 동시에 창 던지기와 활쏘기, 그리고 씨 뿌리는 법과 재배법을 가르치기도 했다. 왜냐하면 모든 남자가 들판에서 일하는 법을 배우고, 자기 손으로 물건 만드는 법을 배우고, 또 스스로 방어하는 법을 배워야 했기 때문이다.

새 깃털 장식을 한 긴 망토를 걸치고 옆에는 시종이 따라다니는 어떤 세도가가 지금 막 그린 그림책을 사서 접고 있었다. 어떤 모습이나 기호를 그린 부분이 안쪽으로 들어가, 다 접었을 때 글씨가 쓰인 부분이 드러나지 않게 하려는 것이었다. 이 양반 뒤에는 세 명의 전사가 나무로 된 투구를 쓰고 있었는데, 하나는 뱀의 머리, 다른 하나는 늑대 그리고 또 하나는 호랑이 모습을 한 것이었다. 투구 바깥은 가죽으로 만들었는데, 그것을 쓰면 귀 위로 용맹의 상징으로 그려놓은 세 줄이 보이게 했다. 그의 하인 한 명은 물 갈대로 만든 새장에 황금색 새 한 마리를 가지고 다니는데, 이는 왕을 위한 새장이었다. 국왕은 새장에 많은 새를 키우고 있었고, 정원의 미로에 숨겨진 대리석 어항에는 은빛과 붉은색의 많은 물고기를 기르고 있었다. 거리 저편에서는 어떤 사람이 큰 소리로 대사님들이 지나가니 길을 비키라고 외치고 있었다. 대사들은 왼쪽 팔에 방패를 들고 화살촉은 땅을 보게 해놓은 채 공물을 바치는 부족들에게 포로를 요구하려고 나선 길이었다. 어떤 집 기둥 옆에서는 한 목수가 노래를 부르며 아주 좋은 솜씨로 독수리 모양의 의자를 고치고 있었는데 그 의자는 사슴 가죽 털과 금색 장식물이 떨어져 나갔던 것이다. 또 어떤 사람들은 염색한 가죽을 메고 집마다 돌아다니며 붉은색이나 푸른 가죽을 팔러 다녔는데, 당시 사람들은 이 가죽을 오늘날의 그림처럼 거실 장식용으로 사용하던 것이었다. 한 과부는 하인을 거느리고 시장을 보고 들어오는 길인데, 그의 손에는 촐룰라와 과테말라의 물병들이 가득 들려 있었다. 그뿐만이 아니었다. 마치 종이처럼 얇은 초록색의 흑요석으로 만든 칼, 윤이 나도록 갈아서 수정으로 볼 때보다 얼굴을 더 부드럽게 보이게 하는 돌로 만든 거울, 색감이 전혀 바래지 않는 오밀조밀한 입자의 천, 흩어져 있는 것처럼 보이는 금과 은비늘을 가진 물고기, 주둥이와 날개를 계속 움직이고 있는 칠보 가공한 구리색의 잉꼬새 주둥이도 있었다.

거리 한 곳에서는 사람들이 몰려서서 지금 막 결혼식을 올린 한 쌍의 신랑 신부를 구경하고 있었다. 신랑의 옷을 실로 꿰어 신부의 옷에 연결해 놓았는데, 이는 두 사람이 이 세상을 마칠 때까지 함께하리라는 것을 선전하는 듯했다. 그 뒤에는 한 꼬마가 장난감 달구지를 끌면서 뛰어가고 있었다. 또 다른 무리는 사포테카(Zapoteca)의 험난한 지역을 보고 온 여행객의 이야기를 듣고 있었다. 사포테카에는 한 명의 왕이 사원과 왕궁에서 세상을 통치했는데 밖으로 나올 때는 절대 걸어 나오지 않고 사제들의 어깨를 타고 나와 백성들의 소원을 듣는다. 백성들은 자기들 소원을 왕을 통해 하늘에서 이 세상을 다스리는 신에게 전달했고, 왕궁에 있는 왕들과 사제들의 등에 타고 다니는 다른 왕들에게도 소원을 빌었다. 그 무리의 옆에 있던 다른 사람들은 전날에 있었던 한 전사의 장례 이야기를 들려준 사제의 연설이 좋았다고 이야기를 나누고 있었다. 그들은 그 전사가 승리를 거두었던 전투의 깃발이 나부끼고, 전사가 좋아했던 음식을 하인들이 여덟 가지 다른 색깔의 금속 쟁반에 내왔던 장례식이 훌륭했다고 말했다. 거리에서 이야기를 나누는 소음 속에는 안뜰 나무들의 속삭임과 줄을 다듬고 망치를 때리는 소리도 섞여 들렸다. 그렇게 만들어진 위대한 작품들 가운데 오늘날 박물관에 남아 있는 것이라고는 금잔 몇 개와 돌로 만든 멍에, 잘 다듬은 흑요석, 그리고 잘 세공된 반지 몇 개 정도다! 테노치티틀란은 이제 존재하지 않는다. 큰 장이 서던 도시인 툴란도 존재하지 않는다. 왕궁이 많은 민족인 텍스코코도 존재하지 않는다. 오늘날 원주민들은 이러한 유적을 지나칠 때면 머리를 숙이고 무엇인가 말하는 듯 입술을 움직인다. 그리고 남아 있는 유적이 거의 없지만 그 앞에서 모자를 쓰지 않는다. 같은 언어와 하나의 핏줄을 나누던 그 모든 부족이 거주하면서 태평양 해안의 중심부까지 그 세력을 넓혀 나가던 나우아틀 지역의 멕시코에는 정복당한 이후 단 하나의 도시나 사원도 온전히 남아 있는 것이 없다.

사원이 많기로 유명하고 정복자 코르테스를 놀라게 했던 촐룰라(Cholula)에도 남아 있는 것이라고는 4층 피라미드의 유적뿐인데, 이 피라미드는 유명한 이집트 쿠푸(Khufu) 피라미드의 두 배에 달한다. 소치칼코(Xochicalco)에는 터널과 아치로 이어진 언덕 위에 화강암을 깎아 만든 사원이 서 있는데 엄청나게 큰 돌들이 틈이 보이지 않을 정도로 너무도 치밀하게 결합되어 있어서, 그렇게 큰 돌을 무엇으로 잘랐으며 무슨 기계로 그 언덕 위로 올려놓았는지 알 수가 없다. 센틀라(Centla)에는 옛 요새들이 흙으로 뒤덮여 남아 있는 것이 보인다. 프랑스 사람인 샤흐네(Charnay)는 얼마 전 툴라(Tula)에서 스물네 개의 방과 매우 아름답고 기발한 열다섯 개의 계단이 있는 집을 발굴했는데, '실로 매혹적인 관심을 끄는 작품'이라고 평가된다. 케마다(Quemada)에는 요새의 식량과 성벽의 잔해, 그리고 아직 남아 있는 많은 돌기둥이 '건물의 언덕(Cerro de los Edificios)이라 불리는 산을 덮고 있다. 미틀라(mitla)는 사포테카의 도시였다. 미틀라에는 아직도 왕궁의 성벽이 빼어난 아름다움을 뽐내고 있다. 이 왕궁에서는 사람들이 항상 어깨에 태워 모시고 다니는 왕자가 국왕을 찾아와서 자기 자신을 만든 신, 피타오 코사나가 하늘에서 내려보낸 명령을 전하곤 했다. 주초(柱礎)도 주두(柱頭)도 없이 지붕을 받치고 있는 조각 가득한 기둥들은 아직 무너지지 않은 채, 미틀라가 위치한 울창한 계곡을 둘러싸고 있는 산들의 장엄한 고독에 빠져 있는 듯하다. 나무보다 더 크게 자란 잡초들 사이로는 너무도 아름다운 성벽의 모습이 드러나는데, 거기에는 곡선 하나 없이 매우 우아하고 위엄 있게 그려진 직선과 여러 각도들을 통한 매우 섬세한 번개 무늬와 그림들이 가득 차 있다.

그러나 사실 멕시코에서 제일 아름다운 유적은 그곳이 아니라 마야 민족이 살던 고장에 있다. 그들은 호전적이고 강력한 힘을 가진 사람들로서 바다 너머의 부족들이 보내는 사절단 인사를 받고 있었다. 유명한 도시 팔렝케(Palenque)는 오아하카 마야인들의 도시다. 이 도시에는 조각된 돌로 뒤덮인 견고한 성벽이 있는데, 그 조각은 뾰족한 머리에 입을 삐죽 내밀고 엄청난 장식을 한 옷과 새 깃털의 관모를 머리에 쓰고 있는 사람들을 묘사하고 있다. 왕궁의 입구는 웅장하다. 열네 개의 대문이 있으며 문과 문 사이에는 엄청나게 큰 바위가 있다. 안팎으로는 인조 대리석이 성벽을 덮고 있는데 거기에는 빨강, 파랑, 검정, 그리고 하얀색의 그림이 가득 차 있다. 왕궁 안에는 기둥으로 둘러싸인 안뜰이 있다. 거기에는 십자가의 사원이 있는데, 그렇게 부르는 이유는 돌판 가운데 하나에 사제로 보이는 두 사람이 마주 보고 서 있고 그 사이에 그들의 키와 비슷한 십자가 형태의 기둥이 있기 때문이다. 물론 그 십자가는 그리스도교와 관계없는 것이다. 불교에도 그들만의 십자가 형태가 있는 것과 마찬가지라고 생각할 수 있다. 그런데 이 팔렝케 유적조차도 훨씬 더 신기하고 아름다운 유카탄 반도의 유적과는 비교할 수가 없다.

유카탄에는 마야 왕자들이 지배하는 제국이 있었다. 그들은 넓은 광대뼈를 가지고 있고, 이마는 요즘 백인들과 비슷했다. 유카탄에는 사일(Sayil) 유적이 있다. 이것은 3층으로 지어지고 폭이 10미터에 달하는 계단을 가진 큰 건물이다. 라브나(Labná)에는 재미있는 건물이 있는데 두개골 모양의 돌이 지붕 도리를 이룬다. 또 다른 유적을 보면 두 사람이 이 세상을 떠받치고 있는데, 한 사람은 선 채로, 다른 사람은 무릎을 꿇고 있다. 유카탄에는 이사말(Izamal)도 있는데 거기엔 사람 키만 한 거대한 얼굴 조각이 있다. 한편 카바(Kabah)라는 곳에는 윗부분이 파괴된 아치가 하나 있는데 그것을 보면 우아함과 고귀함의 감정이 저절로 든다. 그러나 미국인 스티븐스(John L.Stephens), 브라쇠르 드 부르부르(Charles-Etienne Brasseur de Bourbourg), 샤르네이(Charnay), 르 플롱존과 그의 대담한 부인, 그리고 프랑스인 나다약(Marquis de Nadaillac)이 쓴 책들에서 이구동성으로 찬사를 보내는 마야의 도시는 바로 욱스말(Uxmal)과 치첸-이트사(Chichén-Itzá)이다. 이 도시들에는 화려한 그림이 그려진 왕궁, 옷에 수를 놓듯이 꾸며놓은 집들, 깊은 우물, 그리고 웅장한 사원들이 있다.

욱스말은 지금의 메리다 시에서 약 60킬로미터 정도 떨어져 있는데 아름다운 용설란밭이 펼쳐져 있는 곳으로 유명하고 외지인들을 마치 형제처럼 맞아들이는 좋은 사람들이 사는 도시다. 욱스말에는 대단한 유적들이 무척 많은데, 멕시코 모두가 그렇듯이, 이들은 모두 피라미드 정상에 있다. 이들은 마치 가벼운 재질의 건축물들은 모두 땅에 떨어진 가운데, 변함없이 자리를 지키고 있는 귀중한 건물들인 듯하다. 제일 눈에 띄는 집은 여러 책에서 '통치자의 것'이라 불리는 집인데, 집 전체가 투박한 돌로 되어 있고 정면은 약 100미터, 폭은 약 12미터의 규모이며 나무로 만든 문들은 아주 정교한 세공 장식이 들어가 있다. 또 다른 집은 거

카바의 유적.

북이 집이라고 부르는데, 정말 재미있는 것은 돌을 가지고 마치 울타리처럼 조각해 놓았고 일정한 거리마다 거북이 조각을 만들어 놓았다는 점이다. 여승의 집(Casa de las Monjas)은 정말 아름답다. 집은 하나가 아니고 네 채인데 모두 피라미드 위에 건설되었다. 그 가운데 한 집의 이름은 뱀이다. 왜냐하면 깊이 뿌리박은 돌에 거대한 뱀을 조각해 집 전체의 외벽을 여러 겹 둘러싸게 만들어 놓았기 때문이다. 또 한 집은 벽 꼭대기 근처에 영웅들의 머리로 된 왕관이 있는데 그 머리들이 모두 서로 다르고 풍부한 표정을 짓고 있다. 이를 한데 모아놓으니 매우 예술적인데, 마치 서로 우연히 놓여 있는 것처럼 보인다. 또 다른 집은 원래 가지고 있던 열일곱 개의 탑 가운데 아직 네 개가 남아 있는데, 탑 밑으로는 지붕의 기부(基部)가 마치 어금니 빠진 사람 얼굴의 모습을 하고 있다. 욱스말에는 아직도 점쟁이 집이 있는데 여러 색으로 칠해져 있다. 그리고 난쟁이 집은 마치 중국 상자처럼 작고 예쁘게 조각되어 있다. 그 집에는 나무에 수백 개의 형상들을 조각해 놓았는데 너무 재미있어서 여행객들은 '예술과 우아함의 걸작'이라고 부른다. 또 어떤 사람은 "이 난쟁이 집은 마치 보석처럼 예쁘다"라고 말하기도 한다.

치첸 이트사는 도시 전체가 마치 난쟁이 집같이 생겼다. 이 도시는 돌로 만든 책 같다. 책은 파손되었고 종이들은 땅바닥에 날리거나 잡초 무성한 곳에 찢어진 채 진흙투성이가 되어 있다. 땅에는 500개의 기둥이 있다. 쓰러져 가는 담벽 아래에는 머리 없는 동상들이 서 있고, 거리는 수백 년 동안 자란 잡초로 덮여 있다. 그러나 아직도 남아서 눈에 보이고 만질 수 있는 것들 가운데 아름다운 곡선미의 훌륭한 그림이나 우뚝 솟은 코와 긴 턱수염을 가진 고상한 조각품이 없는 것이 없다. 벽에는 아라 공주를 누가 차지하느냐를 가지고 광적인 두 형제가 싸웠던 유명한 이야기를 그린 벽화가 있다. 거기에는 사제들, 전사들, 서로 바라보며 알아보는 듯한 동물들, 뱃머리가 두 개 있는 배, 검은 턱수염을 가진 사람들, 그리고 곱슬머리를 가진 흑인들의 행렬이 있다. 모두 단호한 옆모습을 보이고 있고, 색채는 너무 선명하고 밝아서 이를 만든 예술가들의 핏줄에는 아직 피가 도는 것 같다. 이들은 중앙아메리카 전체의 해안과 강에

욱스말 통치자의 집 입구.

배를 띄워서, 태평양을 통해서는 아시아를, 대서양을 통해서는 아프리카를 알았던 자기 부족의 역사를 상형문자나 그림으로 남겨 놓았다. 서 있는 한 사람이 반쯤 연 입술을 통해 앉아 있는 다른 사람에게 광선 같은 것을 보내는 것이 새겨진 돌이 있다. 란다(Landa) 주교의 불완전한 원주민 알파벳으로는 읽을 수 없는 언어로 시르코(Circo), 카스티요(Castillo), 여승의 집, 카라콜(Caracol), 희생제의 우물 등을 건설한 부족의 비밀을 말해 주고 있는 듯한 도표나 상징들이 있다. 그 우물 깊은 곳에는 아름다운 처녀들의 몸에서 나온 딱딱해진 재일지도 모르는 하얀 돌이 가득 차 있다. 마치 로마의 원형 경기장에서 야훼신을 위해 죽어간 그리스도교도 처녀들이나, 화관을 쓰고 사람들이 따라가는 가운데 자기들 신을 위해 나일강물에 희생된 아름다운 이집트 처녀들처럼, 그들 역시 웃고 노래하는 가운데 자기들 신에게 제물이 되어 죽어간 처녀들이다. 마치 레이스 같은 치첸 이트사의 동상들은 누가 만들었을까? 카라콜의 둥근 집을 고안해 낸 용감하고 유쾌한 부족은 어디로, 대체 어디로 갔을까? 욱스말에 있는 난쟁이 집의 조각과 여승의 집의 거대한 뱀을 만든 사람은 또 어디로 갔을까? 아메리카의 역사는 마치 소설처럼 아름답다!

음악가, 시인 그리고 화가들

세상에는 노인보다 젊은이가 더 많다. 인류 대다수는 젊은이와 어린이다. 젊음은 성장과 발전, 활동과 생기, 상상과 용기의 연령대다. 젊은 나이에 마음과 정신 개발을 소홀히 한 사람은 노후에 가서 외로움과 슬픔을 걱정해야 할 것이다. 영국 시인 사우디(Robert Southey)는 인생의 첫 20년이 한 사람의 성격 형성에 가장 큰 영향을 준다고 말했는데 그것은 옳은 말이다. 사람은 누구나 이상적인 인간상을 지니고 있다. 이는 마치 모든 대리석 덩어리가 그리스의 프락시텔레스(Praxiteles)가 만든 아폴론 신의 아름다운 조각을 원석 안에 품고 있는 것과 같다. 교육은 태어나면서부터 시작되고 죽기 전에는 끝나지 않는다. 사람의 신체는 항상 똑같다. 그리고 나이가 들면서 쇠퇴한다. 정신은 쉴 새 없이 변하며 나이가 들면서 풍요로워지고 완벽해진다. 그러나 한 사람의 성격의 본질적인 자질, 그 특징과 기력은 어린 시절의 한 가지 행동, 한 가지 생각 또는 하나의 시선에서 이미 나타난다.

사람은 보통 좁은 마음과 위대한 재능을 함께 지니고 있다. 그러나 모든 사람은 자기 자신과 세계를 위하여 지성을 개발할 의무를 지니고 있다. 일반적으로 사람이 자기 삶에서 불변의 평안함을 누리려면 결코 지치지 말고 끊임없는 인내심과 선량한 마음을 오래도록 간직하고 기다려야 한다. 선량한 존재는 기분을 좋게 하며 사람을 강하고 행복하게 만든다. 미국의 에머슨(Ralph Waldo Emerson)은 "사실 이 세상의 진짜 소설은 인간 생활에 있다. 자신의 의무를 완수한 용감한 인간보다 더 큰 상상력을 만들어내는 우화나 서사시는 없다"라고 말한다.

재능이 꽃피는 나이는 사람마다 다르다는 점을 알아야 한다. 영국의 베이컨(Francis Bacon)은 이렇게 말했다. "어떤 사람은 자기 나이보다 훨씬 빨리 성숙해지는데, 그렇게 빨리 성숙해진 만큼 빨리 사라진다." 로마의 수사학자인 퀸틸리아누스(Marco Fabio Quintiliano)도 이와 비슷한 이야기를 우아한 라틴어로 말한 적이 있다. 이른 나이에 놀라운 지식을 보여주는 조숙한 아이들이 많이 보이는데 나이를 먹어가면서 빛이 바래고 만다. 뤼벡이라는 독일의 옛 도시에 살던 하이네켄이라는 소년은 두 살 때 성경책을 거의 다 외웠고 세 살 때는 라틴어와 프랑스어를 말할 줄 알았고 네 살 때는 그리스도교 역사를 전부 공부했지만 다섯 살 때 죽었다. 이 불쌍한 아이에 대해 베이컨은 이렇게 말했다. "파에톤*의 달구지는 하루밖에 달리지 못했다."

어떤 아이들은 조숙한 어린 시절의 재능을 잘 살려서 나이를 먹은 후에 더 큰 영광을 누리기도 한다. 음악가들 가운데 이런 경향이 자주 나타난다. 왜냐하면 예술적 충동은 자연스럽고 건전한 것이며 그 충동을 느끼는 영혼은 그것을 억누르는 것보다 외부로 발산하려 하기 때문이다.

---

* 파에톤(Faeton): 그리스의 신으로 우아하고 편리함의 상징.

헨델(Handel)은 열 살 때 소나타 모음집을 작곡했다. 아버지는 그가 변호사가 되기를 원하여 악기 연주를 금지했지만 아이는 몰래 소리 안 나는 클라비코드를 잡았고 밤이면 어두운 데에서 소리 나지 않는 건반을 쳤다. 작센 바이센펠스 공작이 여러 차례 간청해서 아버지는 그 끈질긴 천재에게 마침내 음악 공부를 허락했고, 헨델은 열여섯 살에 오페라 「알미라(Almira)」를 작곡했다. 헨델은 쉰일곱 살 때 23일 만에 걸작 「메시아(El Mesías)」를 작곡했고 일흔네 살에 세상을 떠나는 날까지 오페라와 오라토리오를 작곡했다.

하이든(Franz Joseph Haydn)도 거의 헨델만큼 조숙했다. 그는 열세 살에 이미 미사곡을 작곡했다. 그러나 그의 최고 걸작은 「천지창조」인데 이것을 작곡했을 때 나이가 예순다섯 살이었다. 제바스티안 바흐(Johann Sebastian Bach)도 마치 헨델만큼이나 음악 공부를 시작하기 힘들었다. 왜냐하면 오르간 연주자인 형 크리스토발이 제바스티안을 시기해서 클라비코드의 대가들이 쓴 대표작들이 실린 책을 감추어 버렸기 때문이다. 그러나 제바스티안은 벽장에서 그 책을 찾아내 자기 방에 가져가서는 비교적 밝은 여름 하늘빛과 달빛 아래 밤새 베껴 쓰기 시작했다. 형이 이를 발견하고 자기 책과 책을 베낀 종이까지 몽땅 빼앗아 가져갔지만 동생을 당할 수는 없었다. 제바스티안은 열여덟 살에 이미 바이마르의 유명 궁전의 음악가가 되었고 헨델 외에는 오르간 연주의 적수가 없었기 때문이다.

그러나 음악 예술에서 뛰어났던 모든 아이 가운데 가장 유명했던 사람은 모차르트(Volfgang Amadeus Mozart)였다. 그는 선생도 필요하지 않은 것처럼 보였다. 아직 글씨도 쓰지 못하는 네 살 때 노래를 작곡했고, 여섯 살 때 피아노를 위한 협주곡을 편곡했으며, 열두 살 때는 이미 피아

모차르트의 초상.

니스트로서 그를 능가할 사람이 없었다. 그리고 첫 번째 오페라인 「어리석은 아가씨(Finta Semplice)」를 작곡했다. 당시의 저명한 음악 선생들은 자기 아버지 지팡이를 갖고 말놀이 장난을 하던 어린이가 어떻게 알지도 못하는 주제에 대해 그 어려운 푸가를 즉흥적으로 전개해 가는지 도무지 설명할 방법을 찾지 못했다. 그의 아버지는 왕자님처럼 꾸민 아들을 데리고 유럽의 주요 도시를 순회했는데 검정 연미복을 입고 우단으로 된 각반과 버클 달린 구두를 신었으며, 머리는 곱슬머리로 길게 길러 마치 가발처럼 뒤로 묶고 다녔다. 사실 아이는 건강이 좋지 않았지만 그 아버지는 꼬마 피아니스트의 건강에 대해서는 별로 신경을 안 쓰고 아이가 벌어오는 돈만 챙겼다. 그러나 천성적으로 명랑한 성격이 모차르트의 건강 문제를 극복하게 했다. 그는 음악에서는 대가였지만, 다른 모든 면에서는 다른 어린아이와 똑같았다. 모차르트는 열네 살 되던 해에 오페라 「미트리다테(Mitridate)」를 작곡했는데 이 작품은 20일 연속 공연되었다. 쉴 틈 없는 격동의 삶과 무질서한 작업으로 인해 진이 빠진 모차르트는 서른여섯 살에 죽어가던 침대에서 「레퀴엠」을 작곡했다. 이 곡은 그의 가장 완벽한 작품들 가운데 하나다.

베토벤(Ludwig van Beethoven)의 아버지는 아들을 유명인으로 만들겠다는 일념으로 때리고 벌을 주면서 음악을 가르쳤다. 그 결과 열세 살에 처음 대중 앞에서 연주했고 세 개의 소나타를 작곡했다. 그러나 그는 스물한 살 때까지 훌륭한 작품을 만들어 내지 못했다. 어렸을 때 장난꾸러기였던 베버(Carl Maria von Weber)는 열두 살에 처음 여섯 개의 푸가를 작곡했고 열네 살에 오페라 「숲속의 여섯 요정」을 만들었으며 서른여섯 살 때 유명한 「마탄의 사수」를 작곡했다. 멘델스존(Ludwig Felix Mendelssohn)은 말을 배우기도 전에 피아노를 쳤으며 열두 살 때 피아노, 바이올린, 콘트라베이스를 위한 세 개의 사중주를 작곡했다. 열여섯 살에 첫 오페라 「카마초의 결혼」을 작곡했다. 열여덟 살 되던 해에 소나타 B 단조를 작곡했고 스무 살이 되기 전에 「한여름 밤의 꿈」을, 스물두 살 때 교향곡 「종교개혁」을 작곡했으며, 서른여덟 살에 세상을 떠날 때까지 쉬지 않고 심오하고 난해한 작품을 썼다. 마이어베어(Giacomo Meyerbeer)는 아홉 살에 이미 훌륭한 피아노 연주자였고 열여덟 살에 뮌헨에서 오페라 「입다의 맹세(La hija de Jephté)」를 무대에 올렸다. 그러나 서른일곱에 그랑 오페라 「악마 로베르」가 성공할 때까지 큰 명성을 얻지 못했다.

영국의 칼라일은 다니엘 슈바트(Daniel Schubart)가 쓴 「시인 쉴러(Schiller)

의 생애」에서 그가 시인이자 음악가이자 선교사지만, 솔직히 말하면 아무것도 되지 못했다고 말한다. 그는 모든 것을 미친 듯이 해냈지만 곧 모든 일에 싫증을 느꼈다. 공부도, 게으름 피는 것도, 그리고 자신의 무질서한 생활도 싫증이 났다. 그는 많은 능력을 지니고 있었는데, 뛰어난 음악가이자 웅변적인 선교사이자 재주 있는 언론인이었다. 그러나 그가 쉰둘에 세상을 떠난 후 그의 부인과 아들은 빈곤을 면치 못했다.

반면에, 비엔나의 경이로운 소년이었던 프란츠 슈베르트(Franz Schubert)는 훨씬 더 행복한 삶은 아니었지만 또 다른 방식으로 살았다. 그는 자기 키보다 더 큰 바이올린을 연주했는데, 그건 피아노와 오르간도 마찬가지였다. 그는 가사를 한 번만 읽어도 바로 아름다운 음악을 만들어 냈으며, 그 음악은 마치 형형 색깔의 공기처럼 꿈과 같고 기발했다. 그는 500개 이상의 곡을 썼으며, 그 밖에도 오페라, 미사곡, 소나타, 교향곡, 사중주곡을 작곡했다. 그는 서른한 살에 가난하게 죽었다. 이탈리아 음악인들 가운데에도 역시 조숙한 예가 많다. 구두 수선공의 아들인 치마로사(Cimarosa)도 열아홉 살에 「스트람바의 남작부인」을 작곡했다. 파가니니(Paganini)는 여덟 살 때 바이올린으로 자신의 소나타를 연주했다. 로시니(Gioacchino Antonio Rossini)의 아버지는 유랑극단에서 트롬본을 연주했고 그의 어머니는 그곳에서 노래를 불렀다. 로시니는 열 살 때 아버지 조수로 따라다녔다. 그 이후에는 합창단에서 노래를 했는데 너무 과도하게 해서 목소리가 안 나오게 되었고, 스물한 살에 유명한 오페라 「탄크레디(Tancredi)」의 작곡가가 되었다.

화가와 조각가들 가운데서도 많은 이들이 어릴 때부터 재능을 나타냈다. 그중에서도 특히 뛰어났던 인물이 미켈란젤로(Michelangelo di Lodovico Buonarroti Simoni)다. 그는 태어나자마자 시골의 한 석공 부인에게 보내져서 성장했다. 그래서 그는 훗날 자신이 어머니의 젖과 함께 조각에 대한 사랑을 먹으면서 자랐다고 회고했다. 그는 연필 잡는 법을 배우자마자 석공의 담벼락을 그림으로 채웠고 피렌체로 돌아와서는 아버지 집 마당을 거인과 사자 그림으로 채워 놓았다. 학교에 들어가서 학업 성적은 지지부진했지만 자기 손에서 연필은 놓을 줄 몰랐다. 그리고 툭하면 화가들의 집에 가서 강제로 그를 끌고 나와야만 했다. 당시 그림이나 조각은 낮은 신분의 직업이었기에 귀족 출신인 그의 아버지는 아들에게 비천한 석공이 되면 안 된다고 설득도 하고 매도 들었지만 허사였다. 그러나 아들이 원하는 것은 오로지 하나, 석공이 되는 것이었다. 결국 아들의 뜻을 꺾지 못한 아버지는 그를 화가 기를란다요의 화실에 집어넣었다. 기를란다요는 그 견습생이 너무도 뛰어난 재능을 보이자 오히려 매달 그에게 일정 금액을 지불하기로 했다. 얼마 되지 않아 학생은 자기 선생보다도 그림을 더 잘 그리게 되었다. 그는 로렌초 데 메디치의 유명한 정원에 있는 조각품들을 보고는 작품의 색깔을 붓으로 열심히 바꿔놓았다. 특히 그의 조각 실력은 빠르게 발전하여 열여덟 살에 조각한 부조(浮彫) 「켄타우로스의 전투」는 모든 피렌체 사람들을 매료시켰다. 20세에는 「잠든 사랑」을 만들었고 곧이어 유명한 「다비드」상을 만들었다. 그는 이후에 계속해서 놀랍고도 빼어난 그림들을 그렸다. 장식 분야의 창조적 천재라고 알려진 벤베누토 첼리니는 미켈란젤로가 그린 작품 가운데 그 어떤 작품도 그가 스물아홉 살에 그린 작품 「카시나 전투」를 능가하지 못한다고 말한다. 거기에는 목욕을 하는 도중 기습당한 피사 원정 군인들이 적에게 맞서기 위해 물에서 뛰쳐나오는 모습이 그려져 있다.

라파엘로(Raffaello Sanzio da Urbino) 역시 대단히 놀라우리만큼 조숙한 화가였다. 그의 아버지는 아들의 뜻을 반대하지 않고 오히려 그의 예술적 열정을 격려해 주었다. 라파엘로는 열일곱 살 때 이미 유명한 화가였다. 사람들은 라파엘로가 식스티나 성당에 그린 미켈란젤로의 걸작을 보고 경탄했으며 그 뛰어난 천재와 같은 시대에 태어난 것을 하느님께 감사한다고 큰 소리로 외쳤다고 한다. 라파엘로는 자신의 작품 「아테네 학당」을 스물다섯 살에 그렸다. 그리고 「그리스도의 변모」는 서른일곱 살 때에 그렸다. 이 작품을 끝낼 무렵 그는 세상을 떠난다. 로마 시민들은 화가의 장례식 때에 이 작품을 판테온으로 가져갔다. 어떤 이들은 미완성 상태의 「그리스도의 변모」가 세상에서 가장 아름다운 그림이라고 생각한다.

레오나르도 다 빈치(Leonardo da Vinci)는 어릴 때부터 수학, 음악 그리고 그림에 두각을 나타냈다. 그가 자기 선생 베로키오의 그림에 천사 하나를 그려 넣었는데 그것이 너무도 아름다워 제자보다 떨어지는 것에 낙담한 선생이 다시는 붓을 잡지 않았다고 한다. 레오나르도가 어른이 되었을 때 그는 건축가와 공학도로서, 그리고 음악가이자 화가로서의 능력 덕분에 모든 사람의 찬사를 한 몸에 받았다. 게르치노(Guercino)는 열 살 때 자기 집 정면을 섬세한 성모상으로 장식했다. 틴토레토(Tintoretto)는 제자들 가운데 너무나도 뛰어난 재능을 보여서 질투를 느낀 그의 스승 티치아노는 그를 쫓아내 버렸다. 그러나 틴토레토는 기가 죽는 대신 더욱 분발해서 그림을 그렸는데 얼마나 빨리 그리는지 그를 가리켜 '광란의 사람'이라고 불렀다. 조각가인 카노바는 네 살 때 버터로 된 빵으로 사자를 만들어 냈다. 덴마크의 토르발센(Thorwaldsen)은 열세 살에 나무 조각가였던 아버지 화실에서 배에서 사용할 뱃머리 조각을 만들었다. 그리고 열다섯 살에는 부조 작품 「휴식하는 사랑(Amor en Reposo)」으로 코펜하겐의 메달을 받았다.

시인들도 역시 일찍이 예술적 자질을 드러낸다. 특히 호기심이 많고 예민하며 정열적인 정신을 가진 사람들이 그렇다. 단테(Durante degli Alighieri)는 아홉 살 때 여덟 살 소녀에게 시를 써 보냈다고 그의 『새로운 인생』에서 말하고 있다. 타소(Tasso)는 열 살 때 자기 어머니와 여동생과 헤어지는 슬픔을 시로 읊으면서, 이를 마치 슬픈 아스카니우스가 자기 아버지 아이네이아스의 등에 업혀 트로이에서 도망치는 것과 비교했다. 그는 스물다섯 살에 시작한 시 「예루살렘」의 마지막 8행시를 서른한 살에 완성했다. 메타스타시오(Metastasio)는 이미 열 살 때에 로마 시내를 걸으며 즉흥시를 만들었고, 장난기 많은 골도니(Carlo Osvaldo Goldoni)는 여덟 살 때 첫 희곡을 썼다. 그는 자주 학교를 빠져나와 유랑극단 꽁무니를 쫓아다니곤 했다. 가족은 그를 설득하여 법을 공부하게 했고 몇 해 안 가서 그는 유명한 변호사가 되었다. 그러나 그는 결국 법정을 뒤로하고 유명한 희극 시인이 되었다.

알피에리(Alfieri)는 젊어서부터 뛰어난 재능을 보여주었다. 어릴 때는 다른 많은 조숙한 시인들처럼 매우 허약했고 극도로 사색적이며 예민했다. 여덟 살 때는 슬픔에 빠져 독초로 보이는 풀을 먹고 음독자살하려 했다. 그러나 그 풀은 설사만 일으켰을 뿐이었다. 집에서는 그를 방에 가두어 놓았고, 참회하는 뜻으로 취침용 모자를 씌워서 교회에 보냈다. 그가 처음 바다를 보았을 때 신비로운 욕구를 느꼈고, 자기 속에 시인이 있다는 것을 발견했다. 부유한 그의 부모는 아들 교육에 대해 별로 신경을 쓰지 않았다. 알피에리는 자기 머리 속에 끓어오르는 생각을 말로 표현할 수 없었다. 그는 공부하고 여행하고 무질서한 생활을 영위했으며 광적으로 한 여인을 사랑했다. 그러나 그 여인은 그를 사랑하지 않자 자살을 결심했지만 하인이 그를 살렸다. 회복한 후 그는 다시 그녀에게 사랑을 구했지만 또다시 무시당한다. 그러자 그는 머리를 삭발한 채 방에 틀어박혀 필연적인 고독 속에 시를 쓰기 시작했다. 그는 스물여섯 살에 비극 「클레오파트라」를 무대에 올렸고, 이후 7년 동안 14개의 비극을 썼다.

세르반테스(Miguel de Cervantes Saavedra)는 시를 먼저 쓰기 시작했고, 이후 이탈리아식 목가소설과 서정시를 썼을 때 아직 턱수염이 다 자란 상태도 아니었다. 독일 시인 빌란트(Wieland)는 세 살 때 벌써 글을 유창하게 읽었고, 일곱 살 때 코르넬리우스 네포스의 글을 라틴어에서 번역했으며, 열여섯 살 때는 그의 첫 교훈적인 시 「완벽한 세상」을 썼다. 클로프슈토크(Klopstock)는 어릴 때부터 저돌적이고 정열적이었는데 스무 살 때 「메시아」라는 시를 썼다. 쉴러(Schiller)는 태어날 때부터 시에 대한 정열이 대단했다. 사람들이 말하기를 태풍이 몰아치는 어느 날, 나무 위에 올라가 있는 그를 발견했는데 "번개가 너무도 아름다워서, 그것이 어디서 오는지 보려고" 올라갔다고 한다. 쉴러는 열네 살 때 클로프슈토크의 「메시아」를 읽었고 이어 모세에 대한 종교시를 썼다. 괴테(Johann Wolfgang von Goethe)는 여덟 살이 되기 전에 독일어, 프랑스어, 이탈리아어, 라틴어, 그리고 그리스어로 글을 썼다. 또한 종교에 대하여 깊은 관심을 가진 나머지 '대자연의 위대한 신'의 존재를 상상했으며 숭배의 뜻으로 불을 피우기도 했다고 한다. 그는 똑같은 열정을 가지고 음악과 그림, 나아가 모든 종류의 과학을 공부했다. 용맹한 시인 쾨르너(Theodor Koerner)는 스무 살 때 세상을 떠났는데 자신이 원하던 대로 조국을 지키다가 죽었다. 그는 어렸을 때 병약했지만 그 무엇도 자신의 시에서 찬양하고 있는 고귀한 이상에 대한 사랑을 말릴 수 없었다. 그는 죽기 두 시간 전에 「칼의 노래」를 썼다.

토마스 무어(Thomas Moore)는 「아일랜드 멜로디」를 쓴 시인이다. 그

몰리에르의 초상.

는 거의 모든 좋은 희극과 많은 유명한 비극들이 젊을 때 쓰인 작품이라고 말한다. 로페 데 베가(Lope de Vega)와 칼데론(Calderón de la Barca)은 누구보다도 많은 희곡을 쓴 작가들이다. 두 작가는 일찍이, 즉 로페는 열두 살에 그리고 칼데론은 열세 살에 글을 쓰기 시작했다. 로페는 자기가 쓴 시를 동급반 친구들의 장난감이나 그림과 바꾸기도 했다. 그는 이미 열두 살 때 드라마와 희곡을 썼고, 열여덟 살에는 목동들을 주인공으로 하는 목가시 「아르카디아」를 썼다. 그는 스물여섯 살 때에 영국을 공격한 스페인 무적함대를 탔는데, 그 항해 중에 여러 편의 시를 썼다. 그러나 그의 유명한 수백 편의 희곡들은 그가 스페인으로 돌아온 다음 사제 생활을 할 때 쓴 것이다. 칼데론은 최소한 400편의 희곡을 썼다. 그는 열세 살에 첫 작품인 「하늘의 전차」를 썼다. 그는 쉰 살에 로페와 마찬가지로 신부가 되었고 그 이후에는 종교적인 작품 외에는 쓰지 않았다. 이 스페인 시인들은 그들의 주요 작품을 나이 들기 전에 썼다. 반면 더 북쪽의 시인들에게 재능은 좀 더 늦게 찾아온다. 몰리에르(Molière)는 독학을 해야만 했고 서른한 살에 「경망스러운 사람」을 썼다. 볼테르(Voltaire)는 열두 살 때 자기가 공부하고 있던 예수회 학교의 신부들에 대한 풍자시를 썼다. 그의 아버지는 아들이 법학 공부하기를 희망했다. 그러나 아들이 파리의 노는 사람들과 함께 시를 낭독하고 다니는 것을 보고 실망했다. 스무 살 때 볼테르는 당시 프랑스를 통치하던 부도덕한 왕을 풍자하는 시를 썼다는 죄목으로 바스티유 감옥에 투옥되었다. 그는 감옥에서 비극 「오이디푸스」를 수정했고, 이어서 서사시 「라 앙리아드」를 쓰기 시작했다.

독일의 코체부(August von Kotzebue)는 또 하나의 조숙한 천재 극작가였다. 일곱 살 때 희극 작품 하나를 한 쪽짜리 운문으로 썼다. 그는 무슨 수를 써서라도 바이마르 극장에 들어간 다음, 돈이 없을 때는 공연이 시작하기 전까지 큰 북 뒤에 숨어 있었다. 그는 장난감 극장을 돌아다니며 인형들을 무대 위에서 조종하는 것을 제일 좋아했다. 그는 열여덟 살 때 자신의 첫 비극 작품을 친구의 극장에서 공연했다. 빅토르 위고(Victor Hugo)가 첫 비극 작품을 썼을 때 그는 열다섯 살에 지나지 않았다. 그는 백일장에서 세 번이나 연속해서 상을 탔다. 스무 살 때는 소설 「뷔그 자르갈」을 썼고, 1년 후에는 또 다른 소설 「아이슬란드의 한스」를, 그리고 그의 첫 「송가와 발라드」를 썼다. 당시 프랑스 거의 모든 시인은 매우 젊었다. 평론가 모로(Moreau)는 조롱하는 뜻으로 "프랑스에서는 이제 열여덟 살 이상이 되면 아무도 작가로서 존경하지 않는다."라고 말했다.

영국의 콩그리브(William Congreve)는 열아홉 때 소설 「인코그니타」

를 썼으며 나머지 모든 희극은 스물다섯 살 전에 썼다. 셰리던(Richard Sheridan)은 스승으로부터 '교정하기 불가능한 나귀'라는 말을 들었지만 스물여섯 살에 희곡 「스캔들 학교」를 썼다. 옛 영국 시인들 가운데는 어려서부터 조숙한 면을 보인 사람들이 거의 없다. 초서, 셰익스피어, 그리고 스펜서에 대해서도 별로 알려진 것이 없다. 셰익스피어는 스스로 시 작품인 「아프로디테와 아도니스」가 자기 첫 작품이라고 말했는데 그것을 썼을 때가 스물여덟 살 되던 해이다. 밀턴이 「코머스(Comus)」를 썼을 때는 스물여섯 살이었을 것이다. 그러나 코울리(Abraham Cowley)는 신화시를 썼을 때가 열두 살 때였다고 말한다. 포프(Alexander Pope)는 "시를 통해 말을 하기 시작했다." 그는 건강이 나빴고 신체는 기형이었다. 그러나 엄청난 두통에도 불구하고 그는 많은 시를 썼고 좋은 시를 썼다. 그는 학교에서 선생을 놀리는 풍자시를 쓰는 바람에 하루아침에 학교에서 쫓겨나 집으로 돌아왔다. 사무엘 존슨(Samuel Johnson)은 포프가 열두 살 때 송가 「고독」을, 열여섯 살에 「목가시」를 썼으며 스물다섯 살에서 서른 살 사이에 그리스 서사시 『일리아스』를 번역했다고 말한다. 불행한 채터턴(Thomas Chatterton)은 멋진 위조 작품을 가지고 당시의 가장 유명한 학자들을 속이는 데 성공했다. 그의 시 「자유」와 「음유시인의 노래」를 보면 천재성이 넘쳐나고 있다. 그러나 그는 난폭하고 오만했으며 성격은 무례하고 결점이 많았다. 그는 삶의 법칙에 맞서 싸웠다. 그는 제대로 살아보기도 전에 세상을 떠났다.

스코틀랜드 시인 로버트 번스(Robert Burns)는 열여섯 살 때 이미 매력적인 산의 노래들을 썼다. 아일랜드의 무어(Thomas Moore)는 열세 살 때 유명한 셸리아를 위한 훌륭한 시를 썼다. 그리고 열네 살 때는 「아나크레온」을 그리스어에서 번역했다. 그의 가족들은 그 요정들과 경쾌한 즐

로버트 번스의 초상.

거움 그리고 포도주에 바치는 노래들이 뭘 의미하는지 이해하지 못했다. 무어는 곧 이렇게 불온한 경향에서 벗어나 「랄라 루크(Lalla Rookh)」의 풍요로운 시와 「바이런의 생애」에서 보여준 모범적인 산문으로 더 큰 명성을 누렸다. 영국의 젊은 시인들 중에 가장 위대한 키츠(John Keats)는 스물네 살에 죽었을 때 이미 유명한 인물이었다. 그러나 그가 어렸을 때 툭하면 싸움과 주먹질을 하며 쏘다니던 그 난폭한 학생이 훗날 시적 재능을 발휘해 유명해지리라고 생각한 사람은 아무도 없었을 것이다. 사실 그는 끊임없이 독서를 했다. 그러다가 열여섯 살 때 에드먼드 스펜서의 「요정 여왕」을 읽고 나서 비로소 그의 천재적 재능이 드러나기 시작했고 이후에는 오로지 시만 쓰며 살아갔다.

셸리(Percy B.Shelley)는 대단히 조숙했다. 영국 이튼 스쿨에서 공부하면서 열다섯 살 때 소설을 하나 써서 발표했고 그 책을 판매한 수입으로 친구들을 위해 잔치를 베풀기도 했다. 셸리는 독창적이고 반항심도 많아서 모두 그를 '무신론자 셸리, 또는 '미친 셸리'라고 불렀다. 열여덟 살 때 그는 시 「매브 여왕」을 발표했고 열아홉 살 때 자신의 독특한 종교 이론을 대담하게 옹호하다가 학교에서 쫓겨났다. 그는 서른 살에 물에 빠져 죽었는데 주머니에는 키츠의 시집이 있었다. 셸리의 시는 음악적인 운율, 우아한 구성, 그리고 내포된 사상의 깊이로 인해 경탄을 자아낸다. 항상 약동하는 활력을 뿜어내고 많은 꿈과 괴짜의 모습을 지녔기에 동급생들은 그가 천방지축이라고 간주했으나 그의 지성은 생생하고도 섬세했고 그의 약한 신체는 아주 세밀한 감정에도 온몸을 떨었으며 그의 시는 비교할 수 없는 아름다움을 지니게 되었다.

바이런(George G.Byron)은 셸리와 키츠의 동시대를 살았던 또 하나의 탁월한 방랑 시인이었다. 이미 학창 시절부터 그의 격정적이고 떠들썩한 성격은 잘 알려져 있었다. 책을 가까이하지는 않았지만 여덟 살이 되기 전에 이미 신체에 대한 고민을 겪기 시작했다. 그의 한쪽 다리가 다른 한쪽보다 짧았던 것이다. 그러나 이런 약점이 그의 활력을 빼앗아 가지는 못했다. 그는 키츠처럼 주먹으로 학교를 평정했다. 스스로도 일곱 번 싸워서 한 번 졌다고 말한다. 그가 케임브리지에서 공부할 때는 집에 곰 한 마리와 여러 마리의 개를 키웠고 그 동물들과 관련해 매일 기상천외한 얘기들이 들려왔다. 그러나 바이런은 이미 열두 살에 사촌 누이에게 자기 진심을 담은 시를 써서 바칠 만큼 예민한 소년이었다. 그는 독서를 좋아하여 모든 문학 서적을 탐독했고 열여덟 살 때는 친구들을 위해 첫 시집 『나태한 나날들』을 출판했다. 《에든버러 잡지》는 이 책에 대하여 혹평을 했고 이에 대해 바이런은 영국 시인들과 스코틀랜드 평론가

들에 대한 유명한 풍자시로 응답했다. 그는 스물네 살이 되면서 첫 시선집 『차일드 해롤드의 순례』를 발표했다. 영국 역사가 매콜리(Thomas B. Macaulay)는 이렇게 말한다. "바이런은 이미 스물다섯 살에 당시 영국의 모든 유명인을 발밑에 놓고 문학적 영광의 절정에 있었다." 바이런은 스콧(Walter Scott), 워즈워스(William Wordsworth), 그리고 사우디보다 더 유명했다. 그토록 어지러울 정도로 빠르게 탁월한 명성에 도달한 예는 드물다. 그는 서른일곱에 세상을 떠났다. 그것은 많은 천재에게 치명적인 나이였다.

콜리지(Samuel Taylor Coleridge)는 스물다섯 살 때 「해돋이 찬가」를 썼는데 거기에는 숭고미와 역동성이 완벽하게 결합되어 있다. 불워 리턴 (Edward Bulwer Lytton)은 열다섯 살 때 『이스마엘』을 썼다. 열 살 때 시와 산문을 쓰기 시작한 배럿 브라우닝(Elizabeth Barrett Browning)은 열일곱 살에 첫 책을 출판했다. 그의 남편 로버트 브라우닝은 스물세 살에 서사시 「파라켈수스」를 발표했다. 테니슨(Alfred Tennyson)은 스무 살 때 음악적인 시를 써서 명성을 떨쳤다.

이를 볼 때 젊음의 격동적인 열기 속에 음악, 그림 그리고 시에서 수많은 걸작이 태어났음을 알 수 있다. 시의 천재성은 나이를 먹으며 시들어버리는 경향이 있다. 그러나 괴테는 나이가 들수록 시의 깊이가 더 있게 된다고 말했다. 확실한 것은 조숙한 시인들이 그렇게 일찍 세상을 떠나지만 않았다면 훗날 젊었을 때의 시보다 더 완벽한 작품을 상상해 낼 수 있었을 것이라는 점이다. 천재성은 젊음과 함께 사라지지 않는다. 그러나 훗날 명성을 안겨주는 특별한 천부적 재능은 대개 열일곱에서 스물세 살 사이에 나타난다. 시적 재능도 조금씩 발전해 나갈 수 있다. 그러나 진정한 시인이라면 어떤 형태로든 그것이 드러날 것이다. 크래브(George

Crabbe)와 워즈워스는 어린 시절부터 시를 쓰기는 했으나 재능은 더 늦게 발견했다. 크래브는 외과의사 실습을 할 때 쓴 시가 책상 서랍 가득 들어 있었다. 워즈워스는 어려서 무뚝뚝하고 침울한 성격이었으나 열네 살 때 영웅적인 4행시를 쓰기 시작했다. 셸리는 워즈워스가 "밥그릇 정도의 상상력밖에 없다"고 말했지만 워즈워스가 불후의 시인이라는 것을 부인할 수는 없다. 그는 셸리처럼 조숙하지는 않았지만 마치 떡갈나무처럼 천천히 그리고 꾸준히 성장했고 마침내 당당한 위치에 올라섰다.

스콧 역시 그리 조숙한 소년은 아니었다. 선생님은 그가 그리스어를 배울 머리가 부족하다고 말했고, 작가 자신도 스스로 장난꾸러기에다가 게으름뱅이였다고 말했다. 그러나 그는 건강을 타고 태어났고 자기 또래의 운동을 매우 좋아했다. 그의 재능이 처음 돋보인 것은 옛 발라드에 대한 취향과 이야기를 꾸며 나가는 놀라운 재주였다. 그가 친구인 클라크와 함께 전국을 방랑하며 여기저기 사건에 휘말리고 농민들 집에서 잠자리를 구하는 것을 보고 그의 아버지는 "네가 말 꼬랑지만큼이나 구실을 할 수 있을지 의심스럽다"라고 한탄했다. 이야기를 쉽게 만드는 재주를 가진 스콧은 밖에 나가서 놀 수 없는 한겨울에 수업이 없을 때는 학교 친구들을 모아놓고 몇 시간이고 자기가 만든 이야기를 들려주며 넋이 빠지게 했다고 한다. 아이들은 끝날 줄 모르는 재미있는 이야기를 들으려고 서로 스콧 옆에 앉으려고 싸웠다고도 한다.

칼라일은 에든버러의 한 초등학교 반에 두 아이가 있었던 것을 회상한다. "존은 항상 단정하고 예의 바르며 귀족처럼 행동하는 반면, 월터는 늘 산만하고 바보 같았으며 말을 더듬었다. 세월이 흐른 뒤 존은 한 빈촌을 감독하는 기관장이 되었고 월터는 전 세계가 우러러보는 월터 스콧 경이 되었다." 칼라일은 이어서 채소 가운데 가장 조숙하고 완전한 것은 양배추라고 말한다. 스콧은 서른 살이 될 때까지도 문학적 재능이 있는지 말할 수 없었다. 그런데 그는 서른한 살에 『스코틀랜드 민요집』 첫 권을 발간했다. 그리고 구 년 전에 써 놓았던 소설인 『웨이벌리』를 출판한 것은 마흔세 살에 되어서였다.

마지막 페이지

한 소녀의 아름다운 이야기가 있다. 이 소녀는 달을 사랑하게 되었다. 하늘에 달이 있을 때 자기 정원으로 갖다 놓으려고 했다. 그러나 그렇게 할 수가 없었다. 소녀는 두 손을 높이 들고 그 달을 잡으려 했으나 그 달은 오지 않았고 이에 절망하여 기절했다. 어느 날, 소녀는 보름달이 뜬 밤에 한참 울다가 세상을 떠났다.

『황금시대』는 죽고 싶지 않다. 무엇인가에 도움을 줄 수 있는 한 누구도 죽어서는 안 되기 때문이다. 생명은 세상 모든 사물과 같다. 그것은 다시 만들어야 하는 것이지, 없애버리는 것이 아니다. 다시 만들 수 없는 것을 없애는 것은 도둑질과 같다. 스스로를 죽이는 것도 도둑질이다.

『황금시대』는 이야기의 주인공 소녀와 같다. 왜냐하면 이 잡지는 항상 자기의 어린이 친구들을 위하여 한정된 지면에 분량이 넘칠 때까지 쓰고 싶기 때문이다. 이는 마치 달을 잡으려는 소녀와 같다. 아직 「숟가락, 포크, 그리고 칼의 이야기」를 해주지 않았던가? 그건 더 이상 공간이 없었기 때문이다. 이 밖에도 이미 발표된 것보다 더 많은 이야기가 있으나 아직 실리지 못한 것들도 많다. 인생이란 이런 것이다. 할 수 있는 좋은 일들이 너무도 많으나 우리의 삶이 그 모두를 소화할 수는 없다. 어린이들은 적어도 일주일에 한 번은 모여서 모두 함께 누구를 위해 어떤 좋은 일을 할 수 있는지 찾아봐야 할 것이다.

아름다운 숙녀와 고귀한 신사분들이 친절하게도 『황금시대』가 좋은 잡지라고 말씀해 주셨다. 이에 『황금시대』 사람들과 그 친구들이 모여 손에 손을 잡고 한목소리로 형제와 같이 진심 어린 감사 인사를 드린다.

1889년 9월

제 3 호

황금시대(La Edad de Oro)

아메리카 어린이를 위한 오락과 교육 월간지

편집인: 호세 마르티(José Martí)

발행인: 다 코스타 고메스(Da Costa Gómez)

윌리엄 스트리트 77, 뉴욕

제3호

1889년 9월

파리 만국박람회

세계의 모든 나라 사람들이 1889년 여름 파리에 모였다. 백 년 전까지만 해도 사람들은 왕의 노예로 살았다. 이들에게는 생각할 권리도 없었고 이들이 힘들게 일해 번 돈의 상당 부분은 빼앗겨서 다른 나라 왕들과 싸우기 위한 군대를 유지하는 데에 허비됐다. 왕들은 대리석과 금으로 된 왕궁에서 비단옷을 입고 있는 하인들과 모자에 하얀 깃털을 단 귀족 및 귀부인들을 거느리고 살았다. 그러나 진정한 신사들은 농촌과 도시에서 일하는 사람들이었다. 이들은 무명으로 만든 옷밖에 입지 못하고 모자에 깃털도 달지 못했다. 만일 어떤 사람들이 노동자들이 일해서 번 돈으로 게으름뱅이들을 먹여 살리는 것은 옳지 않고, 오로지 단 한 사람과 그의 친구들에게 자동차와 금실 은실로 짠 비단옷을 사게 하고 열다섯 가지의 포도주가 소비되는 만찬 비용을 대느라고 나라 전체가 굶주리는 일 역시 옳지 않다고 항의하면, 왕은 그들에게 매질을 가하거나, 혹은 미치거나 벙어리가 되어 죽을 때까지 바스티유 감옥에 처넣었다. 또 어떤 사람에게는 철가면을 씌워 평생 그 가면을 벗겨주지 않은 채 감옥에 가두어놓기도 했다. 거의 모든 나라에서 사람들은 이렇게 살아왔다. 왕과 귀족들은 주인 노릇을 했고, 가축 취급을 받는 노동자들은 말도 못하고, 생각도 못하며, 믿음을 가질 수도 없었다. 그들은 아무것도 소유할 수 없었다. 왜냐하면 왕이 그 자식들을 빼앗아 군인으로 보냈고 그들의 돈은 세금으로 빼앗아 갔으며 땅은 모두 귀족들에게 나눠주었기 때문이다. 프랑스 국민은 용감했다. 이들은 스스로를 지키기 위해 들고 일어났고, 왕으로부터 권력을 빼앗았다.

이것이 백 년 전인 1789년의 일이었다. 이는 마치 한 세상이 끝나고 새로운 세상이 시작하는 것과 같았다. 모든 왕이 함께 뭉쳐 프랑스에 대항했다. 프랑스 귀족들은 외국의 왕들을 도왔다. 노동 계급은 모두에 대항해, 특히 귀족들에게 대항해 홀로 싸웠다. 이들은 전쟁에서 그리고 단두대의 칼날로 귀족들을 죽였다. 당시 프랑스에는 유혈이 낭자했다. 마치 산 짐승의 배를 가르고 창자를 끄집어낸 자리 같았다. 노동자들은 분노에 차서 서로를 고발했고, 나라 경영은 잘하지 못했다. 나라를 운영해 본 경험이 없었기 때문이다. 그때 파리에 대담하고 야심 찬 한 인물이 등장했다. 그는 프랑스인들이 잘 뭉치지 못하는 것을 목격했다. 그는 모든 전투에서 승리를 거두고 돌아와 사람들에게 자기를 황제라 부르라고 했고 독재자가 되어 프랑스를 통치했다. 그러나 귀족들은 더 이상 자기 땅을 되찾지 못했다. 금과 비단으로 치장한 왕도 다시 돌아오지 못했다. 노동자 대중이 귀족과 왕의 토지를 나누어 가졌다. 프랑스뿐만 아니라 그 어느 나라에서도 이제 사람들은 예전처럼 노예로 되돌아가지 않았다. 그로부터 백 년이 흘러서 프랑스는 이를 기념하기 위해 파리 만국박람회를 열게 된 것이다. 이를 위하여 프랑스는 태양이 가장 빛나는 여름에 세계 모든 민족을 파리로 초대한 것이다.

이제 그 모습을 마치 우리 눈앞에 있는 것처럼 보기로 하자. 모든 인종이 모이는 박람회장에 가보자. 한 정원에 가니 지구상 모든 나라에서 온 나무들이 보인다. 센강 가에서는 바위틈에 만든 혈거인들의 동굴로부터 화강암과 마노로 건설한 왕궁에 이르기까지 가옥의 역사를 보기로 하자. 한번 올라가 보자. 붉은 수염의 노르웨이 사람들과, 머리털 많은 세네갈 흑인들과, 상투와 터번을 쓴 안남 왕국 사람들과, 슬리퍼를 신고 망토를 걸친 아랍인들과, 말없는 영국인들과, 샘이 많은 미국인들과, 멋쟁이 이탈리아 사람들과, 우아한 프랑스 사람들과, 그리고 명랑한 스페인 사람들과 함께 대성당 위에까지, 그리고 철탑 꼭대기까지 올라가 보자. 그리고 이렇게 엄청나고 웅장한 궁전에서 사랑하는 우리 아메리카 사람들도 찾아보자. 우리는 호수와 정원 사이의 철과 도자기로 된 기념비에서 인류가 거쳐 온 삶을 보게 될 것이다. 옷도 안 입고 숲을 헤매던 시대로부터 하늘 높이 그리고 바다 깊이 다닐 수 있게 될 때까지 인류가 만들고 발견한 모든 것들을 보는 것이다. 마치 금빛 하늘과도 같은 넓고 아름다운 철제 사원에서는 전 세계의 기계와 바퀴가 작동하는 것을 볼 것이다. 땅에서는 마치 보물들을 내뿜는 화산처럼 색색깔의 분수 300개가 보석과 같은 빗줄기가 되어 불타고 있는 호수 위로 불꽃이 되어 떨어지는 것을 볼 수 있다.

이제는 빛의 나라들에서 사람들이 어떻게 사는지 돌아보자. 갈대로 만든 집에 사는 자바인, 나귀를 따라가며 노래 부르는 이집트 사람, 종려나무 그늘에서 양모로 수를 놓는 알제리인, 발과 손으로 목재를 다루는 샴사람, 뾰족한 창으로 자기 땅을 지키기 위해 나서는 수단의 흑인, 바람에 날리는 하얀 망토를 쓰고 야자나무 골목으로 말을 타고 달리며 총을 발사하는 아랍인을 보자. 무어인의 카페에는 사람들이 춤을 추고, 자바의 무희들이 깃털 모자를 쓰고 지나가며, 코친차이나(지금의 베트남)의 희극

세네갈 군인.

이집트의 나귀 몰이꾼.

배우들이 호랑이 옷을 입고 극장에서 나온다. 전 세계 사람들이 무어인의 거리를, 흑인들 마을을, 자바섬의 대나무 촌락을, 말레이 어부들의 부교(浮橋)를, 바나나와 오렌지 나무가 있는 크레올 정원을, 그리고 값비싼 가구처럼 장식된 방에 뱀의 조각이 새겨진 파고다가 서 있는 모퉁이 공간을 휘둥그레 보면서 지나간다. 그리고 우리 어린이들을 위해 장난감 궁전과 극장이 있는데 그곳에는 푸른 수염 악당과 빨간 망토 소녀가 마치 살아 있는 것처럼 서 있다. 악당은 마치 불붙은 듯 활활 타는 수염과 사자 같은 눈동자를 가지고 있다. 빨간 망토 소녀는 빨간 모자를 쓰고 있고 양모 앞치마를 두르고 있다. 만국박람회에는 매일 10만 명의 구경꾼들이 방문한다. 탑 꼭대기에는 프랑스 공화국의 삼색기가 바람에 나부끼고 있다.

박람회장에 들어가는 문은 스물두 개가 있다. 특히 아름다운 입구는 말발굽처럼 생긴 트로카데로 궁전으로 들어가는 곳인데, 이전 박람회 때 남아 있는 부분이다. 여기는 옛날 망토와 칼의 시대에 보석상들이 은으로 만들었던 교회와 왕자들의 식탁으로 가득 차 있는데, 식사용 접시는 금으로 만들고 술잔은 성배처럼 만들던 시대의 산물이다. 이 왕궁에서 정원으로 나가는데 여기서 첫 번째 경이로움을 만날 수 있다. 정원에는 장미꽃뿐인데 모두 서로 다른 4,500개의 꽃이 피어 있다. 거의 푸른색을 가진 장미도 있다. 흰색과 붉은색 목록이 있는 상점에서는 젊은 여인들이 예리한 가위, 쇠로 만든 갈퀴, 장난감 같은 살수기 등 정원에서 일할 때의 작업 도구들을 판매한다. 땅에는 화단이 있는데 이 화단을 에워싸고 하수도가 있고 이곳으로 맑은 물이 흐르고 있어서 화단이 마치 작은 섬처럼 보인다. 화단 하나에는 까만 팬지가 가득 차 있고, 다른 화단에는 마치 산호처럼 초록잎 사이에 숨은 딸기가 가득하다. 이 밖에도 아주 예쁜 잎을 가진 아스파라거스와 완두콩 화단도 있다. 붉고 노란 튤립이 피어있는 화단도 있다. 한 구석에는 덩굴풀이 있고, 그 옆에는 깃털 같은 잎을 가진 거인 같은 고사리가 있다. 그 미로의 물길 위로는 수련과 인도 땅의 붉은 연꽃, 그리고 붓꽃과 비슷한 나일강의 연꽃이 떠다닌다. 숲에는 소나무와 전나무 같은 침엽수 나무들이 있다. 어떤 나무들은 가지가 엉켜서 보기가 흉한데, 가지가 제대로 자라지 않아서 맺는 열매도 보잘것없다. 갈대로 만든 담장 안에는 하얀색과 파란색의 질그릇 도자기에 일본의 분꽃과 벚꽃이 있다. 많은 뿌리줄기를 가진 종려나무 밑에는 물과 숲의 전시관이 있다. 여기에 가면 우리 땅에 아름다움과 행복을 선사하는 나무들을 어떻게 관리해야 하는지 볼 수 있다. 일본단풍나무 그늘에는 투박한 흙 그릇에 소나뭇과에서 가장 큰 북반구 세쿼이아 나무와 칠레의 소나무인 삼나무가 자란다.

다리 위에 올라서면 파리에서 유명한 센강이 지나가는 것이 보인다.

파리 만국박람회 정문.

거기에는 '직업 전시관(Galería del Trabajo)'이 있는 강변의 여러 건물에서 놀란 표정으로 쏟아져 나온 여러 무리의 사람들을 사방에서 볼 수 있다. 그 전시관에는 엄청나게 큰 화로에서 과자를 만들고, 붉은 청동의 증류기에서는 술을 증류하고, 롤러 기계에서는 카카오와 설탕을 가지고 초콜릿을 짜내고 있고, 따뜻한 무빙 벨트 위에는 흰 주방 모자를 쓴 사탕 제조업자들이 캐러멜과 에그 타르트를 만들고 있다. 또한 여기에는 모든 종류의 먹거리가 있다. 산더미 같은 설탕, 말린 자두 한 그루, 햄 덩어리가 있고, 포도주 창고에는 열다섯 명이 함께 앉을 수 있는 통나무 식탁, 그리고 입체 지도가 있는데 여기에는 포도주 생산 과정의 모든 것을 한눈에 볼 수 있다. 포도송이들이 달린 덩굴, 수확의 계절에 바구니에 포도를 담고 있는 사람들, 으깨진 포도를 발효시키는 반죽 상자, 포도즙을 보관하는 서늘한 동굴, 강렬한 검붉은색의 포도주 원액, 그리고 향기로운 거품과 함께 샴페인이 솟아오르는 병 등이 그것이다. 근처에는 농사에 대한 모든 이야기가 인형 모델과 그림과 책을 통해 소개되어 있다. 또한 빛이 반사되는 철 쟁기들을 보여주는 전시관도 있고, 누에가 자라는 뽕나무 잎과 벌꿀 집도 있다. 이 밖에 물고기 양식장이 있는데 여기서는 어항 속의 알에서 부화해 나온 수많은 물고기가 나중에 바다와 강으로 흩어진다.

만국박람회에서 많은 사람이 제일 놀라워하는 것은 인류의 마흔세 가지 주거지를 전시한 것이다. 이 땅에 처음으로 모습을 드러낸 순간부터의 인류의 삶이 거기에 있다. 그들은 곰과 사슴류와 싸우면서 동굴에서 칩거하여 피부를 파고드는 무서운 추위에 웅크리고 살았다. 이렇게 오늘날의 사람들이 태어났다. 미개인은 숲속의 동굴과 바위 틈새를 보고 본떠서 집을 만들었다. 그러고는 세상의 아름다움을 보았고, 애정을 가지고 즐거움을 느끼기 시작했다. 물에 반사되는 자신의 몸을 보았고 예뻐 보이는 모든 것들, 즉 사람의 몸, 날아다니는 새들, 꽃, 나무 둥치와 수관 등을 자기 집의 나무와 돌에 새겼다. 저마다의 민족들이 자기 주변에 보이는 것을 모방하면서 성장했다. 이웃 부족이 만든 집을 보고 자기 집을 지었고, 추운 기후나 따뜻한 땅, 평화로운 성격이나 적대적인 성격, 예술적이고 자연스러운 습성이나 허영기 있고 과시적인 습성 등 자기들 생긴 대로 거기에 맞춰 스스로 배워가면서 성장한 것이다. 전시장에는 처음에는 거친 돌로, 이후 다듬은 돌로 만든 초기 인류의 오두막도 있다. 짐승들의 공격을 막기 위해 물속에 기둥을 박고 그 위에 집을 지은 시대의 호수 도시도 있다. 현자가 많은 이집트, 상업 민족 페니키아, 호전적인 아시리아 등 옛날에 큰 나라를 이루었던 태양의 민족들이 높은 지대에 지었던 탁 트인 전망대와 정방형의 가벼운 집들도 볼 수 있다. 마찬가지로 인도의 집들도 대개 높게 지었다. 페르시아의 집은 마치 푸른 기와로 지은 요새 같은데, 그곳에는 땅에서 많은 귀금속이 나오고, 꽃과 새들은 다채로운 색깔을 뽐내고 있기 때문이다. 유대인이나, 그리스인, 그리고 로마인의 집은 마치 한 가족처럼 보인다. 모두 돌로 지었고 집이 높지 않으며 지붕이나 옥상을 갖고 있는 것이다. 집의 모양이 비슷한 것으로는 에트루리아와 비잔틴의 집들도 마찬가지다.

당시 북유럽에는 야만족인 훈족이 이동식 천막을 끌고 다니며 살았고, 게르만족과 갈리아족은 지붕을 짚으로 덮은 나무집에서 살았다. 전쟁을 통하여 여러 부족이 합쳐지면서 러시아는 힌두의 집처럼 많은 장식과 다양한 색채를 가진 집을 짓고 살았다. 북쪽 야만족들 역시 자기 집에 이탈리아와 그리스 양식처럼 돌을 정교하게 다듬어 놓았다. 이후 그렇게 싸우던 고대와 신대륙 발견 사이를 중재하던 시대의 말기에, 품위 있고 고귀한 르네상스 양식의 집에서 볼 수 있듯이 그리스 로마에 대한 복고풍 취향이 돌아왔다. 아메리카에는 멕시코의 아스테카와 페루의 잉카에서 볼 수 있듯이 원주민들은 금장식을 한 돌로 만든 궁전에서 살았다. 아프리카의 무어족은 유대인과 마찬가지로 조각한 돌로 만든 집을 가졌고, 종려나무 숲에서 살면서 감시탑을 통해 적의 침략에 대비했다. 그들은 그 집의 정원에서 장미 덩굴 사이로 가젤을 구경하고 해안가 백사장으로는 소용돌이치는 파도를 감상했다. 수단의 흑인들은 나팔꽃이 에워싼 지붕을 가진 하얀 집에서 살았는데, 이런 점에서 무어족과 비슷하다. 민첩한 중국인은 농사를 짓고 물고기를 잡아 먹고 살면서 판자와 대나무로 만든 집에서 살았다. 일본인은 상아를 세공하면서 다다미와 나무로 만든 집에서 살았다. 다른 곳을 바라보니, 미개 부족이 사는 모습이 보인다. 즉 둥근 얼음집에서 사는 에스키모와 그림을 그린 가죽 텐트에 사는 북아메리카 인디언들이다. 그려놓은 그림은 이상한 동물과 둥근 얼굴을 가진 사람들인데, 마치 어린아이들이 그려놓은 것 같다.

대부분 사람이 말없이 몰려가는 곳은 뭐니 뭐니 해도 에펠탑이다. 사람이 만든 기념탑 중에 제일 높고 대담한 작품이다. 이곳은 박람회장의 대문과 같다. 네 개의 철제 다리가 땅에서 솟아나 궁전들에 둘러싸여 있다. 이들은 함께 만나 아치를 이루면서 탑의 2층까지 올라가는데 그 높이는 이집트의 쿠푸 피라미드와 같다. 탑은 거기서부터 마치 레이스처럼 섬세하고 영웅처럼 용감하며 화살처럼 날렵하게 상승해서 워싱턴 기념탑보다 더 높이 올라가는데, 이는 인간이 만든 작품 가운데 가장 높은 것이다. 탑은 인간의 시선이 닿지 못하는 푸른 창공에 도달하여 그 꼭대기가 마치 산의 정상처럼 구름에 둘러싸여 있다. 바닥부터 정상까지 탑 전체가 철로 만든 직물이다. 탑은 거의 아무런 보조물 없이 하늘을 뚫고 우뚝 서 있다. 네 개의 다리는 마치 커다란 뿌리처럼 모랫바닥을 물고 있다. 네 개의 다리 가운데 두 개는 강 쪽으로 있는데 약한 지반을 보강하기 위해 땅 밑의 부드러운 모래를 파내고 견고한 시멘트를 채운 두 개의 큰 기둥을 박아 넣었다. 네 개의 모퉁이 바닥에는 위에 올라가서 결합될 네 개의 튼튼한 다리가 우뚝 솟아 나왔고, 고정된 비계를 만들어서 급격한 경사 때문에 기울어지는 상부 구조물을 받치게 했다. 4개의 거대한 기둥이 받치고 있는 가운데 첫 번째 층이 만들어졌는데, 거기에는 프랑스의 위대한 엔지니어들의 이름이 마치 왕관처럼 빙 둘러서 새겨져 있다. 어느 쾌청한 날 아침에 네 개의 기둥이 마치 칼이 칼집에 쏙 들어가듯 공중에서 1층 구조물에 결합되었고 이제 탑은 가로 받침대 없이 서 있게 되었다. 그곳으로부터 마치 하늘을 겨냥하는 창처럼 철제 조각들이 하늘을 향했다. 각 조각에는 기중기가 하나씩 있었고 거기에서 새로운 조각들이 마치 하늘에서 춤을 추는 것처럼 위로 올라갔다. 노동자들은 마치 선원들이 배의 밧줄에 매달린 것처럼 철제 조각에 매달려 나사를 돌리며 조립 작업을 해 나갔다. 그들은 마치 적군의 깃대에 조국의 깃발을 꽂는 사람들 같았다. 그들은 얼굴은 허공을 향하고 등 쪽으로 누워서 일했는데 바람이 불어서 그들이 붙어 있는 철제 구조물을 나뭇가지처럼 흔들어 대지만 작업복과 가죽 안전모를 쓴 노동자들은 눈보라가 치는 겨울철에도 변함없이 부품과 연결 부분과 지지대의 나사를 조였다. 공중에 올라 작업하는 그들은 마치 하얀 식탁보처럼 하늘에 매달려 있는 것처럼 보였다. 그런가 하면 페인트공은 손에 붉은 붓을 들고 균형을 잡으며 밧줄에 매달려 일했다. 마치 세상 전체가 바다에서 흔들리며 항해하는 것 같다. 모든 사람이 배에 탔는데 에펠탑은 그 배의 돛대다. 바람은 자신에게 맞서는 모든 것을 쓰러뜨리려는 듯 탑을 때리지만 당해내지 못하고 산산이 부서져 푸른 공간으로 빠져나가 버린다.

저 밑에서는 사람들이 마치 벌집에 몰려든 벌처럼 밀려 들어온다. 탑의 다리 기둥에는 달팽이 모양의 계단과 경사진 승강기가 있어서 한꺼번에 2천 명의 사람들이 오르고 내려온다. 그들은 마치 누에처럼 철망

사이로 꾸역꾸역 기어 다닌다. 머리가 잘리고 끝이 뾰족한 커다란 삼각형 사이로 하늘이 보인다. 네 개의 흥미로운 호텔이 있는 개방된 1층에서 프로펠러처럼 생긴 계단을 통해 2층에 올라가면 성 베드로 성당의 높이에서 기사를 쓰고 인쇄도 하는 신문사가 있다. 윤전기는 계속 돌아가고 신문은 아직 잉크도 마르지 않았다. 그곳의 방문객에게는 은메달을 선사한다. 3층에는 용기 있는 사람들만이 올라간다. 해발 300미터 높이를 가진 그곳에서는 일상의 소음이 사라지고 대지의 공기가 모든 것을 깨끗하게 하고 입을 맞추는 듯하다. 저 아래 보이는 도시는 마치 입체 지도처럼 말없이 황량하게 펼쳐져 있다. 빛나는 계곡과 검푸른 산을 휘감으며 반짝거리는 100킬로미터에 달하는 강물은 망원경을 통해 볼 수 있다. 이곳에는 연구실이 하나 설치되어 있는데, 유리로 된 이 집에서는 두 명의 연구원이 날짐승들과 별들의 움직임, 그리고 바람이 부는 방향 등을 연구하고 있다. 탑의 네 개 다리 가운데 하나를 통해 뱀처럼 연결된 전깃줄을 타고 전기가 올라가서, 칠흑 같은 하늘에 프랑스 국기의 희고, 붉고 푸른 불빛을 파리 시내 위에 마치 강물처럼 뿌리고 있다. 탑의 맨 꼭대기에는 제비 한 마리가 둥지를 지었다.

탑 밑으로는, 너무 놀라워서 말도 안 나올 지경이지만, 수많은 분수가 있고 궁전이 에워싸고 있는 정원이 있는데 그 가운데 제일 뒤에 있는 가장 큰 궁전에는 인간의 모든 일거리 견본이 모여 있고 그 대문에는 옛날 부자들이 금세공을 해놓았던 것처럼 꽃과 식물의 철제 조각이 되어 있다. 그 문 위에는 하늘의 궁륭을 모방한 천장에 빛나는 자기들이 조각되어 있다. 벽의 상층부에는 어떤 여인이 한 손에 올리브 가지를 들고 마치 날아오를 듯 두 날개를 펴고 있다. 그리고 문 입구에는 청동으로 된 자유의 여신상이 사자의 머리 위에 손을 올려놓고 서 있다. 또 시인들의 말로는 바닷물을 가져다놓았다는 물을 보기 위해 사람들이 몰려드는 큰 분수대에는 바다의 신과 여신이 마치 개선 행진을 하듯이 어깨에 한 척의 배를 메고 가는데, 거기에는 남녀 영웅들의 모습을 한 진보, 과학, 그리고 예술이 가장 높은 곳에 앉아 양 날개 위로 횃불을 높이 쳐들고 있는 공화국(República) 여신의 형상에 생명을 불어넣고 있다. 큰 궁전에서 탑으로 연결되는 정원의 양쪽으로는 금과 칠보로 만든 또 다른 궁이 있는데, 그 중 하나에는 각종 동상과 그림들이 있다. 그림들 가운데는 영국의 산과 동물들이 나오는 풍경화, 이탈리아의 농부들과 아이들이 나오는 재미있는 그림들, 인물들이 마치 살아 있는 것처럼 그려진 죽음과 전쟁을 주제로 한 스페인의 그림들, 그리고 세계 역사를 다룬 프랑스의 우아한 역사화가 있다. 그래서 이 궁전을 미술의 궁전이라 한다. 한편 맞은편의 다른 궁전은 실용 예술의 궁전이라 부르는데, 여기에는 실용적인 작품들, 그리고 순수 장식용으로는 쓰일 수 없는 모든 작품이 있다. 또한 판화, 그림, 조각, 학파, 인쇄술 등 모든 것의 역사가 거기 다 있다. 모든 것이 시곗바늘과 톱니바퀴처럼 완벽하고 정밀하게 잘 돌아가고 있는 것 같다. 거기에는 밀랍 인형으로 만든 중국인들이 천문대에서 하늘의 별을 관찰하고 있고, 화학자 라부아지에(Antoine Laurent Lavoisier)가 비단 스타킹에 푸른 바지를 입고 증류기에 바람을 불어넣으면서 차갑게 파괴된 하늘의 한 별에서 지상으로 떨어진 돌덩이의 성분이 무엇인지 분석하고 있다. 다양한 인종의 인형들도 있는데, 그 일부는 땅에 웅크리고 앉아서 부싯돌을 가지고 일하고 있다. 마치 얼마 전에 덴마크에서 발굴된 청동기 시대의 머리통 크고 강인한 사람들처럼 보인다.

이제 우리는 탑 바로 아래에 와 있다. 한쪽에 숲이 있고 또 다른 쪽에도 숲이 있다. 한쪽 숲이 더 푸르러 마치 정글 놀이터 같은데, 그곳에는 소나무로 지은 스웨덴 집이 있고 창문에는 꽃이 가득하고 그 옆은 호숫가이다. 뾰족한 지붕과 장식이 된 문을 가진 통나무집에는 러시아 농부가 살고 있다. 세모난 창문을 가진 예쁜 나무 집에서는 핀란드 사람이 자식들에게 그림 그리는 법과 생각하는 법, 핀란드의 시인을 사랑하는 법, 그리고 낚시를 위한 작살과 사냥용 썰매를 만드는 법을 가르치며 눈 내리는 계절을 보낸다. 그러는 동안 할아버지는 오팔과 같은 화강암을 다듬든가 건조한 나무를 깎아서 배를 만들거나 인형들을 만든다. 뾰족한 두건과 앞치마를 두른 여자들은 나무를 깎아 만든 굴뚝 옆에서 수를 놓고 있다. 그곳에는 극장도 있고 우유 농장도 있으며 식당이 넓은 집도 있다. 검은 저고리를 입은 하인들이 식사 시간에 맞추어 바구니에 포도주를 나르면 나무에서 새들이 노래한다. 반면에 다른 쪽 숲은 우리의 마음을 사로잡는 곳이다. 그곳에는 탑 아래 나무줄기 주변으로 바나나 새싹들처럼 우리 아메리카 땅의 유명한 전시관들이 마치 원주민 전사들처럼 우아하고 날렵하게 자리 잡고 있다. 투구처럼 생긴 볼리비아의 전시관, 벨트처럼 생긴 멕시코의 전시관, 울긋불긋 깃털 모자 같은 아르헨티나 전시관 등이다. 마치 자식이 거인을 보듯이 사람들이 구경을 한다. 젊은 피, 그것도 일하는 민족의 피를 가지는 것은 좋은 일이다. 거기에는 브라질 전시관도 있는데, 마치 야자나무 숲의 교회 같아서 풍성한 정글이 줄 수 있는 모든 것이 있다. 아마존 마라죠 원주민들의 그릇과 신기한 유골함이 있고, 어린이가 올라탈 수도 있는 대왕 연꽃도 있고, 진기한 꽃을 피우는 난초도 있고, 커피 열매 자루와 다이아몬드 산도 있다.

나무와 전시관들 위로 황금빛 태양이 빛나고 있는데, 그 나라 국기처럼 흰색과 하늘색으로 원형 돔 꼭대기에 꽂혀 있는 아르헨티나의 태양이다. 다른 네 개의 원형 돔 가운데 우뚝 솟은 그것은 건물 옥상 모퉁이에 서 있는 동상들과 함께, 황금색의 철제 왕궁과 색색깔의 유리창이 있는 궁전을 지배하고 있다. 그것은 아메리카 신(新)인간의 나라가 놀라움에 가득 찬 세계인들을 초대하여, 스페인어를 하는 갓 태어난 국민이 일과 자유에 대한 열망을 가지고 짧은 기간 안에 무엇을 성취할 수 있는지 보게 해준다. 특히 일에 대한 열망을 가지고! 두 팔을 팔짱 낀 채 깊이 박혀 있는 돌처럼 꼼짝 않고 사는 것보다는 태양에 불타 죽는 것이 더 보람 있는 일이다! 동상 하나가 지도가 걸려 있는 문을 가리키고 있다. 거기에는 일하러 몰려든 사람들을 가득 채운 증기선이 이 나라로 들어오는 관문인 강, 많은 광물이 생산되는 산맥, 그리고 소 떼로 가득한 드넓은 초원이 강조된 공화국 지도가 있다. 지도에는 특히 라플라타의 모델이 되는 도시가 눈에 띄는데, 그것이 세워진 황량한 초원에 기차와 항구와 4만 명의 인구가 들어오고 궁전같이 지은 학교들이 세워졌다. 소와 양이 제공하는 모든 것과 용감한 사람이 짐승을 다루면서 만들어내는 모든 것이 보인다. 즉 수많은 가죽, 양모, 피륙, 공장들이 있고, 냉동실의 신선한 고기가 있고, 말총, 소뿔, 누에고치, 깃털, 그리고 모직물이 있다. 일찍이 인간이 만들었던 모든 것을 아르헨티나 사람들이 만들려고 한다. 밤이 찾아와 사람들이 문을 두드리면 하얗고 파랗고 빨갛고 푸른 유리 궁전에 천 개의 전등이 동시에 켜진다.

신과 영웅이 늘어서 있는 멕시코의 철제 사원도 보인다. 거기에는 층계가 엄숙하게 대문 쪽으로 향하고 있고, 제일 높은 곳에는 태양신 토나티우(Tonatiuh)가 자신의 열기를 통해 대지의 여신인 시팍틀리(Cipactli)가 잘 성장하고 있는지 관찰하고 있다. 원주민들의 시에 등장하는 모든 신들, 사냥과 들판의 신, 예술과 상업의 신이 문의 양쪽에 두 개의 날개처럼 세워져 있는 담벼락에 새겨져 있다. 거기에는 아스테카 최후의 용사들로서 조국의 독립을 위해 정복자들과 싸우다가 전투 중에, 혹은 화형을 당해 죽은 카카마(Cacama), 쿠이틀라우악(Cuitláhuac), 그리고 쿠아우테목(Cuauhtémoc)도 있다. 안에 들어가면, 벽에 걸려 있는 훌륭한 그림들을 통해 당시 멕시코 사람들이 어떻게 살았는지를 일터나 잔치의 모습,

과부 어머니가 도시의 지배자들에게 딱한 사정을 설명하는 모습, 농민들이 용설란 줄기에서 꿀물을 채집하는 모습, 그리고 왕들이 호수에서 꽃으로 단장한 배를 타고 시찰을 다니는 모습을 보면서 알 수 있다.

이제 저 멕시코의 강철 사원을 보자. 두 명의 멕시코 사람이 이 사원을 탑의 발치에 세웠는데, 마치 자기 역사를 건드리지 말라는 표현 같다. 그것은 한 나라의 어머니와 같은 존재로서 자식들은 손댈 수 없는 것이다. 이렇게 자기가 태어난 땅을 악착같이, 그리고 따뜻하게 사랑해야 한다! 아름다운 커튼, 은세공이 있는 마호가니 유리창, 섬유 직물, 향수의 원액, 칠보 접시와 니스 칠한 항아리, 오팔, 포도주, 마구(馬具), 설탕 등 이 모든 것들이 글씨와 원주민 형상으로 장식되어 있다. 가죽 술이 달린 옷과 금과 은이 장식된 챙 넓은 모자, 화려한 비단 모포를 어깨에 걸치고 자기 목장을 관리하고 소몰이를 하는 젊고 부유한 멋쟁이 목장주의 마네킹을 보면 마치 막 말에 올라타려는 듯 생생하게 살아 있는 사람처럼 보인다. 문 앞의 한쪽에는 정성스럽게 다듬은 거목 줄기와 다른 한편에는 지상에 서 있는 장미색과 초록색의 투명한 대리석 피라미드가 있다. 그것은 석양에 잠긴 구름처럼 마노(瑪瑙) 색깔을 띠기도 한다. 이 전당의 천장에는 독수리가 그려진 초록, 하양, 빨강의 삼색기가 걸려 있다.

마치 형제와도 같이 붙어 있는 다른 나라의 전시관들도 있다. 볼리바르(Simón Bolivar)의 작품인 나라 볼리비아 전시관을 보자. 금빛 돔을 가진 네 개의 재미있는 탑을 가진 이 전시관은 비싼 광물인 수정으로 가득 차 있고, 과거에 아메리카에 살았던 원시인과 동물들의 유해가 가득 있고, 지친 사람에게 계속 걸을 수 있도록 힘을 주는 코카 잎도 있다. 에콰도르 전시관은 잉카의 사원으로 꾸몄는데, 옛 원주민들이 태양의 신전에 그려놓은 그림과 장식이 있다. 내부에는 수정과 금으로 만든 전시대 위에 유명한 금속과 카카오, 매우 섬세하게 짜놓은 직물과 자수가 있다. 베

볼리비아 전시관.

네수엘라 전시관은 전면 파사드가 대성당의 모습이다. 넓은 홀에는 많은 종류의 커피와 달콤한 흑설탕 덩어리, 시문학과 공학에 대한 책들, 그리고 가볍고 예쁜 운동화가 전시되어 있다. 니카라과 전시관은 그 나라의 집들처럼 붉은 기와 지붕을 가지고 있고 양쪽의 홀이 있는데, 거기에는 향기로운 카카오와 바닐라, 금과 에메랄드 깃털을 가진 새들, 무지갯빛을 내는 귀금속, 그리고 피 향기 나는 목재들이 있다. 중앙 홀에는 옛 유적들의 폐허 사이로 아메리카 대륙의 양쪽 바다를 이어줄 운하의 지도가 있다. 엘살바도르 전시관은 그 나라 사람들 집처럼 넓은 창문과 아름다운 나무 발코니가 있다. 부지런한 이 나라는 발명도 잘하고 일도 잘하는데, 농촌에서는 사탕수수와 커피를 재배하고, 파리의 것처럼 가구도 잘 만들고, 프랑스 리옹의 것처럼 좋은 비단을 만들고, 이탈리아의 부라노처럼 예쁜 레이스를 만들고, 영국처럼 경쾌한 색깔의 훌륭한 모직물을 만들고, 아주 매력적인 나무 조각과 금세공을 한다. 철로 만든 칠레의 전시관은 웅장한 현관문을 통해 들어가는데, 밀 포대와 광석 표본들이 진열되어 있다. 또한 아라우카노 원주민이 사는 숲에서 생산하는 튼튼한 나무, 황갈색과 붉은색 포도주, 은괴(銀塊)와 원석(原石)의 금, 뒤지기 싫어하는 민족의 모든 예술품, 그리고 사막의 소금과 붉은색 관목들이 있다. 안쪽으로 들어가면 정원 같은 것이 있는데 그 벽에는 숫자로 된 그림들이 가득 차 있다.

이제 칠레 전시관 옆의 어린이 궁전으로 들어가 보자. 여기서는 꼬마들이 장난감 말과 그네를 타면서 놀고, 베네치아에서 수정으로 배를 만드는 걸 구경한다. 그리고 일본 사람이 다양한 색깔의 반죽을 작은 막대기에 두르면서 인형을 만드는 모습을 구경한다. 칼을 찬 다이묘도 있고 프랑스식으로 프록코트를 입은 지금의 일본 천황도 있다. 와, 극장이다! 와, 사탕을 만드는 사람도 있네! 와, 곱셈을 할 줄 아는 개가 있네! 와, 회

엘살바도르 전시관.

전하는 말을 탄 체조 선수다! 밖으로는 기둥에서 천장에 있는 깃대에 이르기까지 모두 장난감으로 만든 궁전이야! 그러나저러나 시간은 없고 아직 볼 건 많아서 아직 우리 아메리카 땅의 전시관들도 다 보지 못했는데 아메리카에서 온 우리 같은 어린이들은 어떻게 놀아야 하나? 아주 자유롭고 정다운 이 나무 집은 자기 나라의 화산 지역에서 생산되는 모든 것, 즉 포도와 커피, 덩굴나무와 호랑이, 야자수와 각종 새를 보러 들어오라고 사람들을 초대하고 있다. 그리고 차양 밑으로 오게 하여 세공이 된 작은 잔에 초콜릿 차를 대접한다. 이 친절한 장소는 바로 과테말라의 전시관이다. 아주 많은 나무로 품위 있게 만든 전시관이 또 하나 있는데, 외적이 나라를 빼앗으려 침입했을 때 나뭇가지를 들고 맞서 싸웠던 이 나라는 산토 도밍고이다.

파라과이 전시관도 있다. 거기에는 여러 개의 창문과 문이 나 있는 전망대 탑이 있고 숲이 많은 나라답게 집을 만들 때 동굴과 나무 아치를 모방했다. 저기에 또 하나의 화려한 전시관이 있는데 탑들이 창칼처럼 뻗어 있고 잔칫집같이 즐거운 곳이다. 이 전시관은 여러 개의 방 가운데 한 부분을 우리 가족 중의 두 나라에게 주었는데 하나는 현재 무척 할 일이 많은 콜롬비아이고 다른 하나는 막 전쟁을 겪은 후 우울하기 짝이 없는 페루이다. 그 전시관은 용감하고 예의 바른 우루과이 것이다. 우루과이 사람들은 프랑스 사람처럼 즐겁게 살아가고 예술을 사랑한다. 그들은 자기 나라를 다스리려고 하는 악인에 대항해 9년간 싸웠고 아메리카의 시인인 마가리뇨스(Alejandro Magariños)를 배출했다. 우루과이는 가축을 키우며 사는데, 이 세상에서 좋은 고기를 보관하는 방법을 이들만큼 발명해 낸 민족도 없다. 즉 말린 육포, 포도주 같은 수프, 리비히(Liebig) 검은 파스타, 맛있는 과자 등이 그것이다. 창칼처럼 우뚝 솟은 탑 위에는 희고 푸른 줄이 있는 태양의 국기가 마치 선한 이들을 부르는 듯 펄럭이고 있다.

네덜란드처럼 작은 나라의 전시관은 서둘러 지나치게 된다. 그러나 이 나라에는 아무도 불행하다고 느끼는 사람 없이, 선원, 엔지니어, 인쇄업자, 레이스 직물공, 다이아몬드 세공사 등의 일을 하면서 마치 대국에 사는 것처럼 살아간다. 옆에는 벨기에가 있는데 이 나라 사람들은 경작에 탁월하고, 마차, 집, 무기, 도자기, 카펫, 그리고 벽돌을 잘 만든다. 우리는 스위스 전시관을 둘러볼 시간도 없었다. 그곳에는 모범적인 학교, 바퀴처럼 생긴 치즈, 그리고 시계 공장이 있다. 하와이 전시관도 못 봤는데, 그 나라에는 문맹자가 없어 사람들이 펜을 들고 씨름하며 화산 밑에서는 용암과 싸운다. 산 마리노 공화국의 전시관도 들르지 못한다. 그런데 산 마리노가 어디 있는지 아는 사람이 있을까? 그 나라에는 그림을 넣은 유리와 조각가 가족들이 유명하다. 저기 여러 색으로 세공된 문짝을 가지고 있는 전시관은 러시아와 가까운 세르비아의 것이다. 거기서는 고급 태피스트리와 모자이크를 만든다. 저기 지붕에 추녀가 있는 식당은 루마니아의 것이다. 그 나라에서는 가장 가난한 사람이 자수 모직 옷을 입고 나무 접시에 후춧가루를 듬뿍 뿌린 날고기를 먹으며 들소 젖을 마신다. 두 개의 지붕이 있는 그 집은 예의범절을 따지고 쌀을 주식으로 하는 나라인 샴의 전시관이다. 그 나라에는 꽃과 새가 장식된 단추가 달린 비단이 가득 차 있고, 인력거와 코끼리 상아도 많다. 그리고 중국을 모르는 사람도 있을까? 중국 전시관은 탑이 세 개 있지만, 나무와 황금 악마가 그려진 커튼, 양각 세공이 된 상아 상자, 무지개 색깔이 있고 새들이 그려진 양탄자가 들어가기에는 작아 보인다. 이 새들은 5월이 되면 왕과 왕비에게 인사를 하러 궁전에서 나와 하늘 높이 날아가는데, 사실 왕과 왕비는 구름에 앉아 있는 것이 누구인지 보기 위해 하늘에 갔다가 태양 빛의 둥지를 가져온 두 마리 꾀꼬리들이다.

아, 이 밖에도 볼 것이 얼마나 많은가! 인도 궁전을 한번 보라! 하얀 장식을 한 검붉은색의 궁전은 마치 여인의 의상에 그물 같은 자수를 놓은 듯하다. 궁전 모든 곳에 조각이 되어 있고 작은 창문들이 나 있고 탑은 대리석 분수처럼 보이며, 반암(斑巖) 기둥이 서 있고 청동 사자들이 장식하고 있는 홀에는 태피스트리가 걸려 있다. 일본은 중국과 비슷하지만 좀 더 우아하고 섬세하다. 늙은 정원사들은 어린이들을 무척 사랑하는 것 같다. 그리고 저기 문이 낮고 양쪽에는 성벽이 있는 그리스는 어떤가? 그 벽에는 타락에 빠져 로마인들에게 패배하기 이전의 역사가 담겨 있다. 자유를 되찾아 부활한 오늘날의 삶이 골동품, 붉은 대리석, 고급 비단, 향기로운 포도주에 담겨 있고 큰 노력 덕분에 피레아스, 시라쿠사, 코르푸, 그리고 파트라와 같은 오늘날의 도시들은 옛날의 유명한 4대 도시인 아테네, 스파르타, 테베, 그리고 코린토스에 못지않다. 그리고 페르시아 전시관은 이슬람 사원의 경건한 입구를 통해 들어간다. 지붕은 생생한 푸른색이고 내부에는 초록과 노란색의 벽걸이가 늘어뜨려져 있고 향기를 내는 철제 향로가 있으며 고리에 걸려 있는 비단 숄, 보석 세공한 손잡이를 가진 신월도(新月刀), 설탕에 절인 비올렛, 그리고 장미잎 통조림이 있다. 모로코 장터에 가면 건물 아치가 태양에 빛나고, 터번과 슬리퍼를 신은 무어인들이 칼에 광을 내고 있고, 부드러운 가죽에 염색하고, 짚을 꼬고, 구리를 망치로 두드리고, 우단에 금실로 수를 놓고 있다. 카이로의 거리는 어떨까? 여기는 마치 카이로의 실제 거리 같다. 어떤 사람은 망토를 사고 있고, 또 어떤 사람은 베틀에서 모직을 짜고 있으며, 어떤 사람은 과자를 사라고 소리 지르고 또 한편에서는 보석상에서, 선반공으로, 도자기 빚는 일로, 또 다른 쪽에서는 장난감을 만들고 있다. 그리고 사방에서 나귀와 장난감 같은 조랑말을 빌려 타보라고 권하고, 저 위에서는 천으로 얼굴을 가린 아름다운 무어 여인이 커튼이 드리운 발코니에서 내려다보고 있지 않은가?

아, 너무 시간이 없다! 이제 더 큰 구경거리를 보러 가야겠다. 그걸 보면 마음이 녹아서 누구든지 안아주고 싶고 형제라 부르고 싶은 마음이 들게 하는 걸 봐야겠다. 정원으로 돌아가서 산업의 궁전 대문으로 들어가자. 눈을 감고 열네 개의 문이 있는 전시장으로 들어가 보자. 거기에는 각자 제일 좋은 제품들을 전시하고 있는데, 산업별로 자기 분야의 문을 따로 가지고 있다. 금과 은을 다루고 두 개의 라피스 라줄리 기둥이 있는 은세공 작업장, 도자기와 아줄레주 타일을 만드는 자기 공장, 꽃잎처럼 나무를 다듬은 가구 공장, 괭이와 망치가 있는 철물 공장, 바퀴 달린 무기, 포대, 포탄, 그리고 대포를 가진 무기 공장 등 모든 산업이 있다. 엄청난 것을 연상시키는 웅장한 복도에 들어서면 계단을 통하여 기념비적 건축물의 발코니로 안내된다. 거기서 눈을 들면 햇빛이 가득한 철제 강당의 건물이 보이는데, 얼마나 넓은지 한꺼번에 말 2천 마리가 움직일 수 있고 사람 3만 명이 잘 수 있을 정도다. 이 강당은 기계로 가득 차 있다. 온갖 기계들이 회전하고, 압연 작업을 위해 쿵쿵 찧고, 기계 가동 소리가 붕붕대고, 불빛을 발산하고, 공중에 조용히 매여 있고, 지축을 울리며 이동하고 있다! 네 줄로 늘어서 있는 한가운데 제일 큰 기계가 있다. 그 힘은 붉은 용광로에서 나와서 벨트를 타고 전달되는데 얼마나 빠른지 거의 보이지도 않는다. 네 줄의 기둥에는 벨트의 바퀴들이 매달려 있다. 그 주변에 세상의 모든 기계가 모여 있어서 강철을 가루로 만드는가 하면 뾰족한 바늘을 만들고 있다. 붉은 앞치마를 두른 여자들이 네덜란드 장식 종이를 만들고 있고, 살아 움직이는 코끼리 같은 롤러는 봉투를 자르고 있다. 쇠 절구는 밀 껍질을 갈고 있고, 철제 링이 아무것도 받치는 것이 없는데도 전기의 힘으로 공중에 떠 있다. 한 곳에서는 금속을 녹여 인쇄 활자를 만들고, 옆에서는 투사지나 종이를 만든다. 그리고 윤전기가 신문을 인쇄하여 쌓아두었다가 젖은 상태로 다시 기계에 집어넣는다.

한 기계는 광산 안으로 공기를 보내 광부들이 질식하지 않도록 한다. 또 다른 기계는 사탕수수를 압착해서 당밀을 뽑아낸다. 발코니에 서서 이런 기계들을 보고 있으려니 눈물이 나오려 한다! 기계들은 마치 바다처럼 울부짖기도 하고 속삭이기도 한다. 여기에 태양 빛 줄기가 급류처럼 들어온다. 밤이 되어 사람이 단추를 누르면 두 개의 전선이 합치면서 마치 어둠 속에 무릎을 꿇고 있는 것처럼 보이던 기계들 위로 천장에 매달려 있던 전등이 밝은 빛을 뿜어낸다. 이렇게 에디슨의 발명품이 있는 곳에서 전류의 스파크가 일어나면 마치 해와 달처럼 전등 2만 개가 동시에 켜진다.

　파리의 전경, 나폴리와 화산의 모습, 보기만 해도 추위를 느끼게 하는 몽블랑의 위용, 그리고 리우데자네이루의 경치가 파노라마처럼 펼쳐진다. 또한 중앙에는 선박의 함교 같은 것이 있는데, 그림으로는 마치 거기에 하늘과 바다를 배경으로 한 척의 배가 떠 있는 것처럼 보인다. 거기에는 수채화가들의 훌륭한 그림들을 전시하고 있는 궁전이 있고, 마치 거울과 같은 장식을 배경으로 파스텔 화가들의 궁전도 있다. 파리의 전시관으로는 두 개가 있다. 거기서는 어떻게 파리와 같은 대도시를 관리하는지 배울 수 있다. 박람회장 주변으로는 여러 작업장이 있는데, 사람들이 탄광에서, 깊은 물 속에서, 또는 마치 진흙처럼 금이 끓고 있는 물탱크에서 일하는 것을 볼 수 있다. 이기주의자도 이런 모습을 보면 좋은 사람이 되겠다는 교훈을 얻을 수 있다! 저기 조금 떨어진 곳에서는 시커멓고 보기 흉한 용광로가 있는데 얼굴에 검댕 칠을 한 사람들이 석탄을 집어넣어 증기를 생산한다. 그러나 모든 사람이 빠짐없이 들르는 곳은 정면에 있는 광장인데, 거기에는 외팔이나 절름발이 군인들이 지키고 있는 나폴레옹의 석관을 안치한 궁전이 있다. 나폴레옹의 무덤은 찢어진 군기들이 둘러싸고 있고 그 꼭대기에는 황금으로 된 원형 돔이 있다. 이렇게 사람들 모두, 즉 전 세계에서 온 모든 사람이 앵발리드 광장으로 향한다. 내친김에 말하자면, 이제 전쟁과 관련된 것을 모두 모아 놓은 궁전은 보지 않았으면 좋겠다. 거기엔 하늘에 떠서 적군이 오는지 감시하는 기구가 있고, 총알이 닿지 않는 곳까지 날아 올라가 전령의 역할을 하는 비둘기도 보인다. 그래도 가끔 총을 맞고 피투성이가 된 채 땅에 떨어지는 비둘기도 있다!

이제 계속해서 남아프리카공화국 전시관을 가보자. 그곳에서 나오는 황제 다이아몬드는 세계에서 가장 큰 다이아몬드이다. 여기에는 병사들 막사도 있는데 그 입구에 총이 정렬되어 있다. 안락한 집들도 보이는데, 선량한 사람들이라면 노동자들이 일요일마다 햇빛을 보고 피곤한 몸으로 퇴근한 후에는 깨끗한 집에서 쉴 수 있도록 지어주고 싶은 집이다. 저쪽에는 목련꽃을 닮은 캄보디아의 파고다가 있다. 그곳에는 산보다 더 높은 사원을 건설했던 크메르 부족이 있는데 이들은 자유를 위해 싸우다가 목숨을 잃고 더 이상 그 땅에 살지 않는다. 그 옆에는 나무 기둥이 늘어서 있는 코친차이나 궁전이 있다. 그 안뜰에는 금붕어들이 사는 연못이 있고, 대문의 틀은 칼로 잘 조각되어 있고, 더 안쪽으로는 돌계단 아래 광채 나는 도자기로 만든 입을 벌린 두 마리 용이 있다. 안남 궁전은 중국 것과 비슷한데, 목재는 붉고 푸른색을 칠해 놓았고, 안뜰에는 청동으로 만든 거인 같은 그들의 신이 있다. 개암나무 색을 가진 그것은 아주 부드러운 밀랍 같다. 지붕과 기둥과 문들이 있는데, 문마다 마치 새 둥지나 작은 나뭇잎, 혹은 나뭇가지 봉우리처럼 세밀한 조각이 되어 있다. 인도의 사원들 중에서도, 프랑스가 아시아에서 차지하고 있는 모든 지역의 중앙 궁전은 다채로운 색의 탑이 있고 대문에는 청동으로 만든 신들이 산의 형태로 자리 잡고 있는데 그들의 배는 금으로, 눈은 칠보로 되어 있다. 궁전에는 비단과 상아, 사파이어로 수놓은 은쟁반이 있다. 방 하나에 들어가서 푸른색 가림막을 들어보면 코끼리 한 마리가 아편 담뱃대를 제공한다. 저쪽 야자수 사이로는 하얀 레이스 같은 것이 빛을 내는데 이는 알제리 궁전의 탑인 미나레트다. 포로가 된 왕들, 아름답고 과묵한 많은 아랍인이 그곳을 지나다녔을 것이다. 대추야자나무 사이로 카르타고의 옛 돌과 부서진 기와로 만들어진 튀니지의 별장도 있다. 이 집은 많은 징이 박힌 대문과 발코니를 가지고 있는데, 그 안에는 튀니지계 무어인들과 검은 턱수염을 기른 유대인들이 카페에서 골든 와인을 마시거나 코란의 문구가 새겨진 단도를 사고 있다. 한 안남 사람이 홀로 쭈그리고 앉아 반쯤 감긴 눈으로 앙코르와트 사원의 불탑을 보고 있다. 이 파고다는 목련꽃처럼 생겼는데, 탑 위에는 네 개의 머리를 가진 부처님이 있다.

　여러 궁전 사이로는 진흙과 짚으로 만든 부족 사람들이 보인다. 검은 카나카(Canaco) 부족은 둥근 초가집에, 푸타잘론(Fouta Djallon) 사람들은 진흙 화로에서 철을 제련하고 있으며, 케두구(Kedougou) 부족은 깃털로 만든 바지를 입고 백인들의 침략을 막기 위해 둥근 탑에 올라가 있다. 그 옆에는 돌로 만들고 전투용 창문들이 나 있는 네모난 탑이 있는데 거기서 스물여섯 명의 프랑스인이 2만 명의 흑인들을 물리쳤다. 이들이 가진 나무 창으로는 단단한 돌로 된 탑을 공격할 수 없었던 것이다. 안남의 마을에는 뾰족한 지붕에 복도가 있는 집들이 있는데 한 코친차이나 사람이 돗자리 위에 앉아 책을 읽고 있다. 그 책은 막대를 두르고 있는 긴 두루마기 종이다. 또 한 사람은 배우인데 얼굴에 빨간색과 검은색을 칠했다. 기도를 하는 불교 승려도 한 사람 보이는데 머리에는 두건을 쓰고 두 손은 옷자락 안에 감춰져 있다. 저고리와 폭넓은 반바지를 입고 다니는 자바인들은 맑은 공기와 쾌청한 환경 속에 대나무로 만든 집에서 행복하게 살고 있다. 마을의 담장, 집들, 의자도 대나무로 되어 있고, 쌀을 보

카빌라의 천 짜는 여인들.

관하는 창고가 있고, 마을 노인들이 모여 동네일에 간섭하는 방이 있고, 깃털과 금팔찌를 낀 맨발의 무희들을 찾아가는 음악가도 있다. 카빌라(Kabila) 부족의 한 사람이 흰 망토를 걸치고 납작하고 어두운 자기 토담집 문 앞을 지키며 서성거린다. 호기심 많은 외부인이 집 안에 들어와 이마에 붉은 칠을 한 여인들이 바닥에 앉아 천을 짜는 모습을 보지 못하게 하려는 것이다. 뒤에는 카빌라족의 여행용 천막이 있는데, 어린 나귀는 먼지를 뒤집어쓰고 있고, 그의 형제 나귀는 순금으로 수놓은 안장을 한 구석에 팽개친다. 문가에 있던 한 노인이 자기 손자를 낙타에 태워주는데 손자는 할아버지의 턱수염을 잡아당긴다.

전시장 바깥의 노천은 광란의 모습이다. 형형색색의 옷을 입고 오가는 사람들이 마치 보석처럼 보인다. 어떤 사람들은 무어인의 카페에 가서 망사 베일을 쓰고 자주색 옷을 입고 마치 꿈꾸고 있는 듯 천천히 팔을 움직이고 있는 무어 여인들의 춤을 구경한다. 또 다른 사람들은 캄퐁(Kampong)의 극장에 간다. 그곳에는 고깔을 쓴 인형들이 나란히 서서 자기로 만든 눈을 통해 자바의 무희들이 나비처럼 양팔을 벌리며 조용히 춤추는 것을 감상하고 있다. 붉은색 테이블이 차려져 있고 벽에는 아랍어 글자가 쓰여 있는 카페에서는 이슬람 광신도인 아이사와(aissaua) 사람들이 자기 눈알을 빼서 벽에 걸어 놓고, 유리를 씹어 먹으며, 살아 있는 전갈도 먹는데, 그 이유는 하늘에 있는 그들의 신이 밤이면 나타나 그렇게 먹으라고 명령하기 때문이라고 한다. 안남 사람들의 극장에는 표범과 장군 복장을 한 코미디언들이 머리에 꽂은 깃털을 뽑고, 도약하고, 울부짖고 제자리를 빙빙 돌면서 어떤 왕자의 이야기를 해 준다. 한 야심가의 궁전을 방문했는데, 그만 독을 탄 차를 마시고 말았던 한 왕자의 슬픈 이야기다.

이제 어느덧 밤이 되었다. 조용히 생각을 정리할 시간이다. 연주자는 청동 나팔을 불어 퇴장을 알린다. 낙타들은 뛰기 시작하고, 알제리 사람은 기도 시간을 알리러 탑에 올라간다. 안남 사람은 사원 앞에서 세 번 절을 한다. 검은 카나카 사람은 창을 하늘 높이 들어 올린다. 아랍의 무희들이 사탕을 빨며 지나간다. 그리고 갑자기 하늘이 불꽃처럼 붉게 물든다. 이제는 핏빛 하늘이다. 마치 석양의 장면 같다. 이제는 파란색이 된다. 마치 하늘이 생각을 통해 들어온 것 같다. 그러더니 은빛처럼 하얀색이 되었고, 지금은 라일락처럼 연보라색이다. 지금은 또 해무리처럼 노란빛이 되어 궁전의 돔을 빛나게 하고 있다. 저기 아래 분수대에는 천연색 유리가 빛과 물 사이에 잠겨 유리색 급류 속으로 떨어지더니 꽃잎 모양의 불꽃을 불타는 하늘로 뿜어낸다. 밝은 달빛 아래 탑은 검은 하늘에 마치 붉은 레이스처럼 빛나고 있고, 그 아치 밑으로는 사람들이 지나가고 있다.

마법사 새우*

러시아 근처 발틱 해협의 한 마을에 가난한 로피가 살았다. 그는 낡
은 오두막에 살았는데 가진 것이라고는 도끼와 아내뿐이었다. 도
끼야 당연히 '고마운' 존재다. 아내는 이름이 마시카스(Masicas)라고 하는
데 그 뜻은 '신 딸기'이다. 마시카스는 정말 산딸기처럼 성격이 무뚝뚝했
다. "이름이 마시카스라니, 내 참!" 물론 아내는 자기 마음에 들거나 자기
말에 반대하지만 않으면 절대 화를 내지 않았다. 하지만 그녀는 변덕을
부리지 않는 날이면 숲에 들어가 아무 말도 들을 수 없었다. 그녀는 그곳
에서 아침부터 밤까지 잠자코 있다가 바가지 긁을 준비를 하고 있었다.
그동안 로피는 밖에서 도끼를 들고 다니며 나무를 자르고 먹을거리를
구한다. 로피가 집에 들어오면 아내는 동이 틀 때까지 밤새 잔소리를 늘
어놓는다. 이들은 너무 가난한데, 사람이란 천성적으로 좋은 사람이 아

---

* 프랑스 작가 라불레(Laboulaye)의 마술 이야기.

니라면 가난이 그 성질을 고약하게 만든다. 로피의 집은 정말 가난해서 거미줄조차 없었다. 거미가 잡아먹을 파리도 없었기 때문이다. 길을 잃은 두 마리 쥐가 그 집에 들어갔는데 굶어 죽은 적도 있다.

하루는 마시카스가 어느 때보다 신경이 날카로워져 있었는데, 이 좋은 나무꾼이 빈 망태를 어깨에 메고 한숨을 쉬면서 집을 나섰다. 망태에는 동냥으로 얻은 빵 한 조각이나 양배추 혹은 감자를 던져놓곤 했다. 매우 이른 아침인데, 그가 물웅덩이 근처를 지나가다가 젖은 풀밭에서 많은 입을 가진 거무스레하고 이상한 동물을 발견했다. 죽었는지 잠든 것인지도 알 수 없었다. 그것은 참으로 큰 왕새우였다. "새우야, 망태 속으로 들어가렴! 이것으로 저녁을 해 먹으면 허기진 마시카스의 맨정신이 돌아오겠지. 사람이 배고플 때 내뱉는 말을 누가 알아들을 수 있을까?" 그는 새우를 망태 안에 집어넣었다.

그런데, 로피에게 무슨 일이 있는 거지? 그가 턱수염이 떨리고 얼굴이 창백해지면서 뒷걸음질 쳤다. 망태 속에서 가느다란 슬픈 목소리가 튀어나왔다. 새우가 그에게 말을 하고 있는 것이었다.

"멈춰, 친구야, 멈춰보라고. 나를 그냥 보내줘. 나는 새우들 가운데 제일 나이 많은 새우야. 백 살도 넘었지. 이 딱딱한 등 껍질이 무슨 도움이 되겠니? 내게 착한 일 한번 해다오. 사람들이 네게 잘해 주길 바라듯이."

"미안, 새우야, 너를 놓아주고 싶지만 아내는 저녁 먹을거리를 기다리고 있어. 만일 내가 세상에서 제일 큰 새우를 잡았는데 도망가게 놓아주었다고 말하면 오늘 밤 아내가 빗자루로 내 갈비뼈 분지르는 소리를 듣게 될 게 뻔해."

"그런데 왜 너는 아내에게 다 말해야 하니?"

"아이고, 새우야, 너는 마시카스가 누군지 몰라서 하는 소리야. 마시카스는 대단한 사람이야. 누구든지 제멋대로 가지고 놀고 사람들은 꼼짝 못하고 그냥 끌려다닌단다. 마시카스는 나를 거꾸로 매달고는 내 머릿속에 있는 것도 모두 털어내지. 마시카스는 많은 걸 알고 있어.”

“나무꾼아, 잘 들어봐. 난 겉으로 보이는 것처럼 그냥 보통 새우가 아니야. 큰 힘을 가진 마법사란 말야. 내 말을 들으면 네 아내가 좋아할 것이고 만일 듣지 않으면 넌 평생 후회하며 살게 될 거야.”

“네가 마시카스를 기쁘게만 해준다면 널 놓아줄게. 나는 재미로 남을 해치는 사람이 아니야.”

“네 아내는 무슨 생선을 제일 좋아하는지 말해 볼래?”

“있는 대로 먹는 거지. 새우야, 가난한 사람은 선택할 여지가 없어. 내게 뭘 해준다면 빈 망태만 들고 가지 않게 해줘.”

“그럼 풀밭에 좀 놓아줄래? 그리고 네 망태를 열어서 호수에 던진 다음에 이렇게 말해 봐. ‘물고기들아, 망태로!’”

그러자 얼마나 많은 물고기가 망태로 들어갔는지 로피의 두 손에서 망태가 떨어져 나갈 것만 같았다. 놀라 자빠진 로피의 두 손이 저절로 춤을 췄다.

“나무꾼아, 봤지? 나는 절대 은혜를 잊지 않아. 네가 매일 아침 여기 와서 ‘물고기들아, 망태로!’ 하면 망태는 붉은 놈, 은빛 나는 놈, 노란 놈 등 물고기로 꽉 찰 거야. 그리고 무엇이고 더 원하는 게 있으면 이렇게 말해.” 새우가 나무꾼에게 말했다.

“힘센 새우야, 나를 고통에서 구해 다오. 그러면 내가 나와서 너를 위해 뭘 할 수 있는지 볼게. 그런데 조심할 게 있어. 정신 똑바로 차리고 오늘 있었던 일을 아내에게 절대 말하면 안 돼.”

“알겠어. 마법사 아주머니, 노력할게.” 나무꾼은 말했다. 그리고 새우를 풀밭에 내려놓으니 껑충 뛰어서 호수 속으로 사라져 버렸다.

로피는 새털처럼 가벼운 발걸음으로 집으로 향했다. 망태도 하나도 무겁지 않았다. 그러나 문득 호기심을 참을 수 없어 문을 열기 전 망태를 내려놓고 살펴보았다. 그랬더니 물고기들이 뛰기 시작했다. 먼저 나온 것은 막대기처럼 생긴 곤들매기, 다음에는 황금처럼 빛나는 잉어, 그리고 송어 두 마리, 그리고 메로가 가득 있었다. 마시카스가 로피를 껴안고 또 안아주면서 말했다. "아이고, 귀여운 나무꾼 양반!"

"그것 봐, 로피, 그것 보라고. 당신 마누라 말 듣고 아침 일찍 부지런을 떠니까 이런 일이 일어나잖아? 자, 밭에 가서 마늘하고 양파 좀 따다 줘요. 그리고 버섯도 좀 갖고 오고. 그리고 산에도 좀 갔다 와요, 나무꾼 양반. 임금님도 못 먹는 수프를 만들어 줄게. 그리고 그 잉어는 구워 줄게요. 영주님도 우리보다 더 잘 먹지는 못할 거야."

음식은 정말로 맛있었다. 마시카스는 로피가 원하는 대로 음식을 만들어 주었기 때문이다. 로피는 마시카스를 처음 만났을 때가 생각났다. 그녀는 그때 예쁜 장미와 같았고 그에게 겁주는 말도 하지 않았다. 그러나 다음 날 마시카스는 로피의 망태를 보고 전날처럼 반색하지 않았다. 그리고 그다음 날부터는 혼자서 웅얼거리기 시작했다. 그리고 토요일이 되어 로피가 돌아오는 것을 보고는 입이 잔뜩 나왔다. 마침내 일요일이 되어, 그녀는 망태를 짊어지고 돌아온 로피에게 대들었다.

"이런 몹쓸 남편, 나쁜 인간, 나쁜 놈! 물고기에 물리게 해서 나를 죽여버리겠군! 이제 망태만 보아도 내 속이 뒤집힌다!"

"그럼 도대체 뭘 갖다 주면 될까?" 불쌍한 로피가 물었다.

"정직한 나무꾼 아내들이 먹는 거지 뭐야. 따뜻한 수프에 몇 점의 돼지비계 말야."

로피는 "내 마법사가 이런 부탁도 들어줄까" 하고 생각했다.

다음 날 아침 로피는 호수에 가서 소리를 질렀다.

"힘센 새우야, 나를 고통에서 구해 다오."

그러자 물이 움직이더니 검은 입이 하나 나오고 조금 있다가 또 다른 입이 나왔다. 그리고 빛이 나는 큰 두 눈을 가진 머리가 나왔다.

　　"나무꾼아, 왜 그러니?"

　　"나는 괜찮아, 내가 필요한 건 없어, 새우야. 내가 무엇을 바라겠니? 그런데 내 아내가 물고기는 물렸고 이제는 수프에 돼지비계가 먹고 싶대."

　　"그럼 네 아내가 먹고 싶은 것을 줄게. 오늘 밤 식탁에 앉을 때 새끼손가락으로 세 번 두들기면서 한 번 칠 때마다 '수프야 나와라, 돼지비계야 나와라'고 말하면 그것들이 나오는 걸 보게 될 거야. 하지만 조심해야 해. 네 아내가 달라고 조르기 시작하면 끝이 없을 거야." 새우가 말했다.

　　"알겠어요. 마법사 아주머니, 노력할게." 로피는 한숨을 쉬며 대답했다.

　　다음 날 마시카스는 다람쥐처럼, 비둘기처럼, 양처럼, 식탁에 앉아서 수프를 두 그릇이나 먹고, 돼지고기는 세 번이나 먹고 로피를 포옹하면서 '내 사랑 로피'라고 불렀다.

　　그러나 정확히 일 주일이 지나, 마시카스는 식탁의 돼지고기와 수프를 보자 화가 머리끝까지 나서 로피에게 주먹을 쳐들고 말했다.

　　"언제까지 나를 고문할 거야? 몹쓸 남편, 나쁜 인간, 나쁜 놈 같으니! 나 같은 여자는 콘소메에 버터를 먹어야 하는 걸 몰라?"

　　"그럼, 내 사랑, 원하는 게 뭐야?"

　　"이 몹쓸 남편아, 나는 좋은 음식을 먹고 싶다고. 거위고기 구이와 후식으로 생과자를 먹고 싶어."

　　밤새 눈을 붙이지 못한 채 로피는 날이 밝기만을 기다리며 마시카스가 쳐든 두 주먹을 떠올렸다. 그에겐 그것이 마치 거위고기처럼 보였다. 날이 밝자 그는 죽어가는 사람처럼 호숫가에 다가가 외쳤다. 하지만 그 소리는 가냘프고 처량하고 힘이 없었다.

　　"힘센 새우야, 나를 고통에서 구해 다오."

"나무꾼아, 왜 그러니?"

"나를 위해서가 아니야. 내가 무엇을 바라겠어? 하지만 내 아내는 돼지비계와 수프에 벌써 물렸대. 나는 아니야, 나는 물리지 않아, 마법사 양반. 그러나 아내는 이제 물려서 무언가 거위고기 구운 것이나 생과자처럼 가벼운 것이 먹고 싶대."

"그러면 집으로 가봐, 나무꾼아. 그리고 네 아내가 음식을 바꾸자고 할 때마다 여기 올 필요 없어. 그냥 식탁에 청하면 식탁이 준비하도록 내가 명령해 놓을게."

로피는 단숨에 집으로 달려갔다. 가는 길에 모자를 하늘 높이 던지면서 놀았고 너무 기분이 좋아 웃음이 나왔다. 집에 도착하자 이미 식탁에는 음식이 가득했다. 쇠로 만든 숟가락과 삼지창 같은 포크, 그리고 주석물 주전자가 있었고 감자를 곁들인 거위와 살구 푸딩까지 있었다. 심지어 짚으로 잘 싸 놓은 아니스 술병까지 있었다.

그러나 마시카스는 생각에 잠겼다. 도대체 누가 로피에게 이 모든 걸 주는 걸까? 마시카스는 알고 싶었다. "로피, 말해 줘." 짚 껍데기만 남은 채 아니스 술병이 다 비고 마시카스가 아니스보다 더 달콤해졌을 때 로피는 모든 것을 털어놓았다. 마시카스는 아무에게도 그 이야기를 하지 않겠다고 약속했다. 사실 그 집 주변으로는 십 리 밖에 아무도 살고 있지 않았다.

며칠 후 어느 날 오후 마시카스는 부드러운 목소리로 로피에게 여러 이야기를 해준 다음 이렇게 말을 맺었다.

"그런데, 내 사랑 로피, 이젠 더 이상 당신 마누라를 생각하지 않는 것 같아. 사실 먹는 거야 여왕보다도 잘 먹지. 하지만 당신 아내는 누더기를 걸치고 살고 있잖아. 꼭 거지꼴을 하고 말야. 그러니 가서 말해 봐. 마법사도 자기 아내를 잘 입히고 싶다는 걸 나쁘게 생각하지는 않을 거야."

로피도 마시카스의 말이 충분히 일리가 있다고 생각했다. 고급스러운 식탁에 가난뱅이 옷을 입고 앉아 있는 것은 어울리지 않았다. 그러나 다음 날 아침 마법사 새우를 부르려니 목소리가 잘 나오지 않았다.

"힘센 새우야, 나를 고통에서 구해 다오."

새우가 온몸을 드러내며 물에서 나왔다.

"나무꾼아, 원하는 게 있어?"

"나 때문이 아니야. 내가 무엇을 더 바라겠어? 하지만 마법사 아주머니, 옷이 너무 누추해서 내 아내가 우울해. 그래서 내 아내는 마법사 선생이 좋은 옷을 자기에게 입힐 수 있는 능력을 내게 주십사 바라고 있어."

새우는 웃기 시작했다. 한참 웃고 난 새우가 로피에게 말했다. "나무꾼아, 집에 가봐. 네 부인이 갖고 싶은 걸 갖게 될 거야."

"오, 마법사 아주머니! 마법사님! 당신에게 감사의 입맞춤을 허락해 줘요. 심장 가까이 있는 왼쪽 다리에 입을 맞추게!"

그리고 로피는 휘파람 노래를 부르며 집으로 돌아갔는데, 그 노래는 황금빛 새 한 마리가 장미꽃을 찾아 날아다니며 지저귀던 노래였다. 집에 도착하자 로피는 웬 아름다운 부인과 마주쳤고 그녀에게 머리가 땅에 닿도록 인사했다. 그러자 그 부인이 웃음을 터트렸다. 그녀는 바로 마시카스였기 때문이다. 아름다운 마시카스는 빛나는 태양과 같았다. 두 사람은 손을 잡고 둥글게 춤을 췄고 행복감에 취했다.

며칠이 지난 후 마시카스는 잠을 못 잔 사람처럼 창백해졌고 눈은 많이 운 사람처럼 빨갛게 되었다. "로피야, 말해 봐." 어느 날 오후 마시카스가 수놓은 손수건을 손에 쥐고 말했다. "이렇게 좋은 옷을 입고 있어도 나를 볼 수 있는 거울 하나 없고, 또 나를 봐주는 이웃도 없고, 주변에는 이 변변찮은 오두막집밖에 없으니 이런 게 무슨 소용이 있어? 로피, 마법사 아주머니에게 이렇게는 못 살겠다고 말 좀 해줘." 그렇게 말하고 마시카스는 울었고 수놓은 손수건으로 눈물을 닦았다. "그러니까 로피, 그 마술쟁이에게 아름다운 궁전 하나만 달라고 해, 그럼 나는 이제 아무것도 달라고 하지 않을게."

"마시카스, 너 미쳤구나! 고무줄을 너무 당기다 보면 끊어지게 되어 있어. 가지고 있는 것만으로 만족할 줄 알아야지. 그렇지 않으면 마법사가 너를 욕심쟁이라고 벌을 줄 거야."

"로피, 너는 말만 많은 겁쟁이에 지나지 않아! 무서워서 아무 말 못 하는 사람은 평생 가도록 진짜 하고 싶은 걸 못 하는 거야. 마법사에게 가서 용감한 남자처럼 말해 봐. 난 무슨 일이 일어나도 감당할 수 있어."

불쌍한 로피는 마치 의족을 단 사람처럼 힘없이 호수에 갔다. 가는 동안 그의 몸이 계속 부들부들 떨렸다. 이렇게 자꾸 바라기만 하면 새우가 질려서 그동안 주었던 것도 다시 빼앗아 버리면 어떻게 하지? 만일 바라는 궁전을 얻지 못하면 마시카스가 머리를 다 뽑아버리겠지? 로피는 아주 힘없이 새우를 불렀다.

"힘센 새우야, 나를 고통에서 구해 다오."

"나무꾼아, 뭐가 필요하니?" 새우가 물에서 서서히 모습을 나타내면서 말했다.

"나는 괜찮아. 내가 무엇을 더 바라겠어? 하지만 내 아내는 만족하지 않고 욕심이 너무 많아서 나를 괴롭히고 있어."

"그래 부인이 이제 무엇을 더 원하는데? 원하는 것이 끝이 없겠구나."

"마법사 아주머니, 이제 집을 원해. 조그마한 성, 성채 말야. 이젠 성의 공주가 되고 싶대. 그럼 더 이상 요구하지 않겠대."

"나무꾼아. 네 아내가 원하는 걸 갖게 될 거야." 새우가 지금까지 못 듣던 목소리로 말했다. 새우는 그렇게 말하고 금방 물속으로 사라졌다.

로피가 집으로 돌아가는 길은 무척 힘들었다. 나라 전체가 변해 버렸기 때문이다. 덤불이 있던 곳은 가축이 자라고 아름다운 밭이 있는 곳으로 변했고, 그 한가운데 꽃으로 뒤덮인 정원이 있는 아주 예쁜 집이 한 채 보였다. 한 공주가 은빛 나는 옷을 입고 정원의 문으로 내려와 인사를 했다. 그에게 손을 내민 공주는 바로 마시카스였다. "이제 됐어, 로피. 나는 행복해. 당신은 참 좋은 사람이야, 로피. 마법사도 아주 좋은 분이야." 그러자 로피는 기쁨의 눈물을 흘렸다.

마시카스는 영주님이나 가질 수 있는 모든 사치를 누리고 살았다. 귀족이나 귀족 부인들이 서로 마시카스의 집을 방문하는 영광을 누리려고 경쟁했고 도지사는 그가 좋아하는 일이 아니면 어떤 명령도 내리지 않았다. 그 나라에는 그렇게 풍족한 성을 가진 사람도 없었고, 그렇게 많은 금과 그렇게 좋은 말들을 가진 성도 없었다. 소들은 영국산이었고, 개는 산 베르나르도 종이고, 닭은 기니에서 왔으며, 꿩은 테란 산이고, 염소는 스위스에서 온 것이었다. 그렇게 항상 불만에 차 있던 마시카스에게 이젠 부족함이 없어졌을까? 마시카스가 로피의 어깨에 머리를 기대며 말했다. 마시카스는 뭔가 더 갖고 싶었다. 마시카스는 여왕이 되고 싶었다. "내가 여왕의 운명을 타고 태어난 것이 안 보여? 로피, 노새보다도 고집이 센 당신도 내 말이 늘 맞는다고 했잖아? 로피, 이제는 더 기다릴 수 없어. 마법사에게 가서 내가 여왕이 되고 싶다고 말해 줘."

로피는 왕이 되고 싶은 마음이 없었다. 점심도 잘 먹고 예전보다 훨씬 잘 먹었다. 그런데 왜 사람들에게 이래라저래라 명령하는 수고를 해야 하지? 그러나 일단 마시카스가 뭔가 하고 싶다면, 호수로 가지 않을 도리가 없었다. 로피는 동이 트자마자 호수로 갔다. 피는 거의 얼어버릴 지경이었지만 온몸에 나는 땀을 닦아야 했다. 호수에 도착해 새우를 불렀다.

"힘센 새우야, 나를 고통에서 구해 다오."

물에서 두 개의 검은 입이 나오는 것이 보였다. 로피는 "나무꾼아, 원하는 게 뭐지?"라고 말하는 소리를 들었다. 하지만 아내의 부탁을 전할 힘이 없었다. 결국 그는 말을 더듬으며 말했다.

"나 때문이 아니야. 내가 뭘 더 부탁할 수 있겠어? 그런데 내 아내는 공주 노릇이 싫증이 났다고 하네."

"그럼 이제는 나무꾼 아내가 무엇이 되고 싶은 거야?"

"마법사 아주머니, 아내는 여왕이 되고 싶어 해."

"여왕이면 되는 거야? 내 생명을 구해 주었으니 네 아내는 갖고 싶은 것을 가져야지. 여왕의 남편, 행운을 빌게!"

로피가 집에 돌아오니 성은 왕궁이 되었고 마시카스는 왕관을 쓰고 있었다. 왕궁의 하인들, 사환들, 몸종들이 비단 스타킹에 연미복을 입고 마시카스 여왕의 옷자락을 들고 줄을 지어 뒤를 따르고 있었다.

로피는 기분 좋게 점심을 먹었고 가장 좋은 아니스 술을 으리으리한 술잔에 따라 마시면서 이제 마시카스는 가질 수 있는 모든 것을 가졌다고 확신하고 있었다. 그리고 두 달 동안 향기로운 포도주를 곁들인 꿩고기 가슴살을 먹고, 새 깃털 모자와 족제비 망토를 걸친 채 정원을 산책하며 잘 지냈다. 그런데 하루는 연수정 단추에 붉은 연미복을 입은 몸종이 와서 황금 옥좌에 앉아 있는 여왕이 뵙자고 한다는 전갈을 전했다.

"로피, 난 이제 여왕 노릇도 싫증이 났어. 여기 있는 모든 사람이 나에게 거짓말을 하고 아첨하는 것도 싫어. 나는 자유로운 인간 모두를 통치하고 싶어. 마지막으로 한 번만 더 마법사에게 가줘. 어서 가서 내가 원하는 걸 말해 봐."

"그럼, 도대체 원하는 게 뭐니, 불평쟁이야? 해와 별이 있는 하늘을 통치하고 세상의 주인이 되고 싶은 거야?"

"빨리 가라고 했잖아. 마법사에게 하늘을 통치하고 세상의 주인이 되고 싶다고 말해."

"분명히 말하지만, 난 못 가겠어. 어떻게 그렇게 미친 말을 할 수 있겠어."

"난 여왕이야, 로피. 마법사에게 가는 게 좋을 거야. 그렇지 않으면 당신 목을 자르라고 명할 거야."

"알았어. 여왕님, 갈게. 간다고." 로피는 족제비 망토를 팔에 걸치고 깃털 모자를 쓴 채 뛰면서 정원을 빠져나갔다. 그는 마치 누가 뒤에서 쫓아오는 것처럼 두 손을 하늘에 휘두르며 달려갔다. 그러고는 붉은색 연미복을 더럽히며 바닥에 꿇어앉았다. "어쩌면, 새우가 나를 불쌍히 여길지도 몰라!" 로피는 생각했다. 호수에서 로피는 기어들어 가는 목소리로 불렀다.

"힘센 새우야, 나를 고통에서 구해 다오."

그러나 아무도 대답하지 않았다. 나뭇잎 하나 움직이지 않았다. 이번에는 입으로 바람을 불듯 다시 불렀다.

"나무꾼아, 무엇을 원하니?" 새우가 이전과 다른 아주 무서운 소리로 대답했다.

"나 때문이 아니야. 내가 무엇을 더 바라겠어? 하지만 여왕이, 그러니까 내 아내가 마법사 아주머니께 마지막 소원을 말해 달래. 이게 마지막이야, 마법사 아주머니."

"그러면 이제 나무꾼의 아내는 무엇을 원하니?"

로피는 겁에 질려서 무릎을 꿇었다.

"미안해요, 아주머니, 미안해요! 그녀는 하늘을 통치하고 이 세상의 주인이 되고 싶대!"

새우는 둥글게 한 바퀴 돌았다. 그리고 물에 거품을 탁 뱉더니 아가리를 열고 로피를 향해 달려갔다.

"네 집구석으로 가라! 멍청이야, 네 집구석으로! 비겁한 남편이 아내를 미치광이로 만드는 거야. 왕궁도, 성도, 왕관도 다 없어져 버려라! 네 마누라와 함께 오두막집으로 돌아가라, 비겁한 남편아! 오두막으로 빈 망태를 들고 가라고!"

그러고는 새우가 물속으로 가라앉듯 들어갔다. 마치 뜨거운 철판을 물에 식힐 때 나는 소리가 들렸다.

로피는 마치 벼락을 맞은 사람처럼 잔디밭 위에 쓰러졌다. 일어나 보니, 머리에 깃털 달린 모자도, 팔에 걸쳤던 족제비 망토도, 자수를 수놓은 연미복도 입고 있지 않았다. 길은 어둡고 망태는 예전과 똑같이 텅 비었다. 주변에 보이는 나무라고는 먼지투성이의 모과나무와 병든 소나무뿐이었다. 땅바닥은 예전과 같이 물웅덩이와 습지로 가득 찼다. 등에는 텅 빈 망태뿐이었다. 땅만 보고 가면서 정처 없이 걸었다.

그때 갑자기 사나운 두 손이 자기 목을 조르는 것을 느꼈다.

"너 여기 있구나, 괴물아. 여기 있구나, 몹쓸 남편아. 네가 나를 망쳤어, 나쁜 놈아. 넌 내 손에 죽어야 해, 나쁜 인간!"

"마시카스, 그러면 다쳐! 남편 말을 들어봐, 마시카스!"

그러나 여자의 목덜미 핏줄이 부어오르더니 터지고 말았다. 그러고는 쓰러져 세상을 떠났다. 분노로 인해 죽은 것이다. 로피는 아내의 발치에 앉아 그 몸을 누더기로 덮어주고 베개 삼아 빈 망태를 받쳐주었다. 아침이 되어 해가 솟자 마시카스 옆에 몸을 눕히고 죽은 로피가 발견됐다.

라스 카사스 신부

4세기는 긴 세월이다. 400년의 시간이다. 라스 카사스(Bartolomé de las Casas, 1474-1566) 신부는 400년 전에 살았다. 그러나 워낙 좋은 분이었기 때문에 아직도 살아 있는 것 같다. 백합꽃만 보면 라스 카사스 신부가 생각난다. 왜냐하면 고운 마음씨로 인해 백합처럼 순결한 피부색을 가졌기 때문이다. 사람들은 그가 하얀 수단을 입고 팔걸이의자에 앉아서 깃털 펜을 들고 씨름하는 모습이 아름다웠다고 말한다. 그는 글씨를 서둘러서 쓰지 않았기 때문이다. 때때로 그는 앉은 곳이 뜨거운 듯 의자에서 벌떡 일어나 두 손으로 머리를 감싸 안은 채 방안을 성큼성큼 거닐었는데, 마치 커다란 두통이 있는 것처럼 보였다. 사실 그는 그 유명한 책 『인디아스 파괴(Destrucción de Indias)』를 쓰고 있었다. 그것은 스페인의 정복자들이 아메리카 대륙에 와서 저지른 소름 끼치는 일들을 목격한 것이었다. 눈동자가 빛나면서 다시 의자에 앉아 책상에 팔꿈치를 올려놓고 얼굴은 눈물로 범벅이 되었다. 그는 이렇게 원주민들을 옹호하면서 한평생을 보냈다.

　그는 스페인에서 대학을 졸업했는데 이는 당시로는 대단한 것이었다. 그는 콜럼버스와 함께 부푼 돛을 단 호두껍데기 같은 배를 타고 에스파뇰라 섬에 왔다. 그는 배 위에서 사람들과 많은 말을 했는데 라틴어를 많이 섞어 말했다. 선원들은 그가 스물네 살의 청년치고는 무척 아는 것이 많다고 말했다. 그는 언제나 갑판 위에서 해 뜨는 것을 지켜보았다. 배에서는 마치 세상의 불가사의를 보러 가는 사람처럼 늘 즐거워했다. 그러나 배에서 내린 다음부터는 말수가 줄어들었다. 그 땅은 정말로 아름다웠다. 마치 모두가 꽃밭에서 사는 것 같았다. 그러나 저 살인마 정복자들은 스페인이 아니라 지옥에서 온 사람들 같았다. 그도 물론 스페인 사람이었다. 그의 아버지와 어머니도 역시. 그러나 그는 자유로운 원주민들에게 도둑질을 하기 위해 서인도 제도에 온 것이 아니었다. 정복자들이 온 지 10년 만에 에스파뇰라에 있던 300만 명, 혹은 더 많은 수의 원주민들 가운데 살아남은 사람은 없었다. 그는 허기진 개들을 몰고 원주민들을 사냥하는 짓을 하지 않았고, 광산에서 일을 시키면서 죽음으로 내모는 일도 하지 않았다. 더 이상 걷지 못하여 주저앉은 사람들의 손과 발을 불에 태우지도 않았고, 힘이 떨어졌다고 그들을 곡괭이로 내리치는 짓도 하지 않았다. 금이 어디에 더 있는지 주인에게 알려주지 않는다고 정신을 잃을 때까지 매질하지도 않았다. 또 그는 밥을 먹는 동안에, 광산에서 지고 온 짐을 이기지 못한다고 그 벌로 원주민들의 귀를 자르라고 명령하는 모습에 대해 동료들처럼 즐거워할 수 없었다. 그는 12시에 광장에 나가 총독의 명령으로 집행하는 다섯 명의 인디오 화형식을 보러 갈 때 사치스러운 조끼, 즉 카파(capa)라 불리는 짧은 군용 망토를 걸치며 한껏 멋쟁이 차림을 하는 일도 없었다. 그는 원주민들이 화형당하는 모습을 보았고 그들이 불에 타 죽어가면서 형을 집행하는 이들을 경멸의 눈

초리로 바라보는 모습도 보았다. 그는 이후 다시는 검은 조끼를 입지 않았고 다른 부유하고 살찐 도련님들처럼 금지팡이도 들고 다니지 않았다. 대신 그는 나뭇가지를 잘라서 만든 지팡이 하나에 의지한 채 산에 들어가 원주민들을 위로해 주었다.

당시 에스파뇰라에 남아 있던 원주민들 가운데 자기 명예를 지키고자 했던 사람들은 모두 스스로를 지키기 위해 산으로 올라갔다. 그들은 수염 달린 백인들을 처음에 친구로 맞이하면서 꿀과 옥수수를 대접했다. 특히 그들의 왕인 베헤치오는 스페인 남성 한 명에게 비둘기 같기도 하고 야자나무 같기도 했던 자기 딸 이게모타를 부인으로 삼으라고 주기도 했다. 원주민들은 금이 나는 산과 사금이 나는 강도 알려주었다. 백인들은 순금으로 된 인디오들의 장식품을 빼앗아 전투용 조끼와 갑옷용 손목 보호대, 그리고 금목걸이를 만들었다. 잔인한 백인들은 인디오들의 발을 묶어서 끌고 갔으며 그들의 여자들과 아이들까지 빼앗았다. 그리고 이들을 광산 깊은 굴에 집어넣어 이마로 광석을 끌어내게 했다. 그들은 원주민들을 노예처럼 나누어 가졌고 쇠 인두로 맨살에 낙인을 찍었다.

새와 과일의 천국인 그 나라의 사람들은 아름답고 친절했지만 체력이 강하지는 못했다. 그들의 생각은 하늘처럼 푸르고 시냇물처럼 맑았으나 철갑을 두르고 화약을 장전한 총으로 사람을 죽이는 일은 하지 못했다. 과일 씨나 나뭇가지로는 철갑을 뚫을 수 없다. 이들은 새털처럼, 그리고 나뭇잎처럼 쓰러져 갔다. 이들은 고통과 분노와 피로와 굶주림으로, 또는 개에 물려 죽어갔다. 가장 좋은 방법은 산으로 가는 것이었다. 용감한 추장과 그 아들 과로쿠야(Guarocuya)와 함께 돌을 던지고 물을 이용해 싸우면서 용맹한 그들의 왕 과이로쿠야를 지켜야 했다. 추장은 전사처럼 시냇물을 뛰어넘고 창을 멀리 던졌다. 걸을 때는 그가 늘 앞장섰고 밤에는 마치 노랫소리처럼 그가 웃는 소리가 들렸다. 그는 사람들이 어깨에 태워 모시고 다니는 것을 싫어했다. 그들이 이렇게 산에서 싸우며 맞섰던 무장한 스페인 사람들 사이에 라스 카사스 신부가 있었던 것이다. 조끼와 망토를 입고 있는 그의 눈은 너무 슬퍼 보였다. 그는 총을 쏘지 않았고 그 대신 두 손을 벌려 그들을 포옹했고 과로쿠야 왕자에게 입을 맞추었다.

　그 섬에서는 모두가 라스 카사스를 알고 있었고 스페인에서도 그에 대해 이야기를 많이 했다. 그는 호리호리하고 코는 매우 길며 입은 옷은 너무 커서 땅에 끌렸다. 그가 갖고 있던 힘이라면 가슴에서 우러나오는 것 외에는 없었다. 그러나 그는 농장주들을 일일이 찾아다니며 그들에게 위탁된 원주민들의 죽음을 꾸짖었다. 궁으로도 찾아가 총독에게 왕실 법령을 엄수하라는 명령을 내리라고 요구하기도 한다. 뒷짐을 진 채 급한 발걸음을 옮겨 법원으로 가서는 문을 나서는 판사들을 붙잡고 지난 석 달 동안 원주민 아이들이 무려 6천 명이나 죽어가는 것을 보고 너무 놀라서 왔다고 고발하기도 했다. 이 말을 들은 판사들은 "학사님, 진정하세요. 정당한 판결을 받게 될 것입니다."라고 말하고는 망토를 어깨에 둘러멘 채 농장주들과 점심을 먹으러 나가곤 했다. 농장주들은 알카리아에서 생산된 좋은 포도주와 꿀을 가진 나라 최고의 부자들이었다. 라스 카사스는 밥도 굶고 잠도 제대로 못 잤다. 그는 자신의 몸을 무는 농장주 개들의 날카로운 이빨을 느꼈다. 농장주들은 개들이 도망친 원주민들을 잘 찾게 하기 위해 일부러 굶주리게 한 다음에 데리고 다녔다. 한번은 어떤 원주민이 삽을 들 수 없기에 봤더니 그의 손이 잘려 있었다. 라스 카사스는 이를 보면서 마치 자기 손에서 피가 흐르는 느낌을 받았다. 그는 그 모든 잔인한 짓이 자기 탓이라고 느꼈다. 왜냐하면 잘못된 일을 올바로 바로잡지 못했기 때문이었다. 그는 뭔가 계시를 받는다는 느낌이 들었고 성숙해진 느낌이 들게 되었다. 아메리카의 모든 원주민이 마치 자신의 자식 같았다. 그러나 변호사로서 그가 할 수 있는 일은 없었다. 그래서 사람들이 그를 무시하고 혼자 내버려두었던 것이다. 그러나 사제가 된다면 그는 교회의 힘을 얻게 될 것이었다. 그는 스페인으로 돌아갔다. 가서, 만일 식민 당국이 살인, 고문, 노예화, 광산의 강제노동 등을 멈추지 않으면 어떻게 될 것인지 하늘의 뜻을 전하여 왕궁을 벌벌 떨게 하리라. 그가 신부가 되어 에스파뇰라로 되돌아오는 날, 섬 전체가 그를 보려고 나왔다. 그리고 장래가 유망한 변호사가 그 직업을 택한 것을 보고 놀라움을 금치 못했다. 원주민 여자들은 그가 지나갈 때 아이들의 등을 떠밀어 사제복에 입을 맞추게 했다.

　그때부터 원주민들을 노예 상태에서 구하기 위한 그의 반세기 동안의 투쟁이 시작되었다. 이 투쟁은 아메리카에서, 마드리드에서, 스페인 왕에 맞서, 더 나아가 스페인 전체와 맞서 싸우는 그만의 외로운 싸움이었다. 원주민들을 노예로 만들어 처음 스페인에 보낸 사람은 콜럼버스였다. 그는 이를 통해 아메리카 항해 때에 배에 싣고 가져온 식량과 의복들 비용을 치르려고 했던 것이었다. 아메리카에 도착해서는 정복자들이 각기 원주민들을 나누어 가졌고 자기 몫으로 받은 원주민들을 노예로 삼으면서 오로지 주인만을 위하여 일하고, 죽고, 산과 강에 가득한 금을 캐게 했다. 사람들은 스페인에 있는 여왕이 좋은 분이고 원주민들을 노예로 삼지 말라는 명을 내렸다고 말했다. 그러나 농장주들은 총독에게 좋은 포도주와 많은 선물, 그리고 자기 수입의 일부를 갖다 바쳤다. 그 결과 더욱 많은 사람이 죽어 나갔고, 많은 손이 잘렸고, 노예가 되는 사람들은 늘어났고, 광산 밑바닥에 거꾸로 던져지는 사람들도 많아졌다. "나는 수백 명의 양순한 원주민들을 손을 묶은 채 끌고 와 마치 양 떼를 죽이듯 그들 모두를 죽이는 것을 보았다." 라스 카사스는 디에고 벨라스케스 총독과 함께 신부 자격으로 쿠바에 갔다가 공포에 질려 에스파뇰라로 돌아왔다. 사람들이 그곳에서 집을 짓기도 전에 나무를 잘라 장작을 만들어 타이노 원주민들을 불태워 죽여버렸던 것이다. 이렇게 50만 명의 원주민들이 살고 있던 섬에서 겨우 열한 명의 사람만 남아 있는 모습을 그는 "자기 눈으로 똑똑히 보았다." 그 정복자들은 야만적인 군대로서 법률도 무시하면서 원주민들을 잡아 노예로 삼은 다음, 채찍질을 하고 욕설을 하며 기독교 교리를 가르친다는 것이었다. 고뇌에 빠져 밤에도 잠 못 이루던 그는 금을 찾아왔던 친구 렌테리아에게 계획을 털어놓았다. 정의를 실현하기 위해 그는 국왕, 즉 아라곤의 페르난도에게 가야만 했다. 그는 세 개의 돛을 단 갤리선을 타고 국왕을 만나러 떠났다.

　라스 카사스는 여섯 번에 걸쳐 스페인에 갔다. "고기를 입에도 대지 않았던" 그는 오로지 '정의감'을 가지고 모든 것을 실행했다. 그는 국왕도 무서워하지 않았고 폭풍도 두렵지 않았다. 항해 중 날씨가 나빠지면 갑판으로 나갔고 바다가 잔잔해지면 함교에 들어가 얇은 종이에 자신의 생각을 옮겨 적었다. 그는 소뿔로 만든 잉크병에 잉크를 채우라고 하면서 이렇게 말했다. "나쁜 짓을 고치려면 먼저 말을 해서 알려야 한다. 그런데 워낙 나쁜 짓을 많이 해서 말해야 할 것도 많다. 그래서 나는 아무도 부인할 수 없게 라틴어와 스페인어로 그 기록을 남긴다." 그는 만일 국왕이 마드리드에 있으면 여독을 풀기 위해 여관으로 가지 않고 바로 왕궁으로 향했다. 스페인의 왕이자 신성로마제국 황제이기도 했던 카를로스 왕이 만일 빈에 있다면 다시 옷을 갈아입고 빈으로 달려갔다. 만일 자신의 정적인 폰세카 주교가 아메리카에 대한 사항을 처리하기 위해 국왕이 변호사와 성직자들로 구성한 위원회를 책임지고 있다면 그 적에게 찾아가 그 인디아스 심의회를 상대로 싸웠다. 만일 『인디아스의 자연역사(*Natural Historia de las Indias*)』를 쓴 연대기 작가 오비에도가 스페인 농장주들이 사주하는 대로 아메리카 원주민들에 대한 허위 사실을 쓴다면 그가 국왕의 급료를 받는 신분임에도 불구하고 그를 거짓말쟁이라고 몰아붙이는 데에 주저하지 않았다. 펠리페 국왕의 스승이었던 세풀베다(Juan Ginés de Sepúlveda, 1490-1573) 신부가 자신의 글「결론」에서, 원주민들을 신하들에게 종으로 나누어 주고 그리스교도가 아니라는 이유로 죽일 수 있는 권리가 왕에게 있다고 옹호하자 라스 카사스 신부는 이를 반박했다. 즉 그리스도의 존재를 몰랐고 그리스도에 대해 설명하는 언어도 몰랐으며, 총포를 들고 온 정복자들 외에는 그리스도에 대한 소식을 몰랐던 원주민들에게 그리스도교와 함께하지 않았다는 것이 죄가 될 수는 없다는 것이었다. 만일 그를 접견하던 왕이 눈살을 찌푸리면서 그의 연설을 중단시키려고 하면 왕의 면전에서 그의 목소리는 더 커졌고 목이 쉴 정도로 강하게 말했고 모자를 들고 있는 손이 떨렸다. 그는 얼굴을 맞대고 있는 왕에게 사람들을 통솔하는 사람은 그들을 보살필 줄 알아야 하며 만일 보살필 줄 모르면 통솔할 자격이 없는 것이라고 말했다. 또한 자기가 입고 온 옷에는 금 부스러기가 조금도 묻지 않았으며 오로지 십자가 외에는 자신을 지켜주는 것이 없어서 자기 말을 평화롭게 들어주어야 한다고 덧붙였다.

그는 쉬지 않고 말하고, 썼다. 도미니코회 수도사들이 그를 도와주었다. 그는 도미니코 수도원에 팔 년간 살면서 글을 썼다. 그는 종교, 법률, 그리고 당시 사람들이 공부하던 모든 라틴 저자들을 잘 알고 있었다. 그는 모든 지식을 현명하게 활용하여 자유에 대한 인권을 옹호하고, 그것을 존중해야 하는 지배자들의 의무를 상기했다. 사람들을 불태워 죽이던 시대에 이런 말을 하는 것은 대단한 일이었다.『라스 카사스의 생애』를 쓴 요렌테(Juan Antonio Llorente, 1756-1823)는 또한『종교재판의 역사』라는 책을 쓰기도 했다. 그 자신이 종교재판소의 구성원이었기 때문이다. 그 당시 국왕은 옷을 빼입고 왕비와 궁정 귀족들을 거느리며 화형식을 구경하러 가곤 했다. 죄인들에 앞서 먼저 주교들이 초록 깃발을 들고 성가를 부르며 등장했다. 화로에서는 검은 연기가 뿜어져 나왔다. 폰세카 주교와 세풀베다 신부는 라스 카사스 신부가 논쟁 중에 교회의 권위에 어긋나는 죄를 저지르기를 기대했다. 종교재판관들이 그를 이단으로 처벌할 수 있게 하기 위해서였다. 그러나 그 신부는 폰세카에게 이렇게 말했다. "내가 말하는 것들은 존경하는 이사벨 여왕께서 이미 유언장에서 다 하신 말씀이다. 그럼에도 당신은 나를 미워하고 나를 모략한다. 내가 당신이 먹는 피의 빵을 빼앗기 때문이다. 그리고 당신도 아메리카에 가지고 있는 원주민 위탁 대농장 제도를 비난하기 때문이다." 그러고는 당시 이미 펠리페 2세 국왕의 고해 신부가 되어 있던 세풀베다에게 이렇게 말했다. "당신은 유명한 논객이어서 지난 이야기들을 아는 사람들은 당신을 스페인의 리비우스*라고 부른다. 하지만, 자기 마음을 속이고 악을 옹호하면서 내뱉는 당신의 웅변이 나는 두렵지 않다. 따라서 당신에게 제안하건대, 원주민들이 나쁜 사람들이고 악마와 같다는 당신 말이 맞는지 나와 공개 토론을 하자. 내가 보기에 원주민들은 한낮의 햇빛처럼 밝고 선량하며, 나비처럼 악의 없고 소박한 사람들이기 때문이다."

세풀베다와의 논쟁**은 5일간이나 계속되었다. 세풀베다는 시작할 때는 거만한 태도였다가 끝날 때는 많이 흔들리는 듯했다. 라스 카사스는 고개를 숙이고 그의 이야기를 들었는데 입술이 흔들리고 이마를 찌푸리는 것이 보였다. 자신이 정곡을 찔렀다는 듯이 세풀베다가 만족스러운 표정으로 자리에 앉자, 라스 카사스가 분노와 착잡함이 얽힌 얼굴로 엄숙하게 벌떡 일어났다. "멕시코의 원주민들이 인신 공양으로 한 해에 5만

* 리비우스(Tito Livio, 기원전 59-기원후 17): 로마 시대의 유명한 역사가, 전기 작가, 웅변가로 많은 작품을 남겼다.

** 바야돌리드 논쟁.

명을 죽였다는 것은 사실이 아니다. 그 숫자는 2만 명이 채 안 된다. 이는 스페인에서 교수형으로 죽는 사람보다 적은 것이다." "원주민들이 야만 족이고 무서운 죄를 범한다고 하는데 그것도 사실이 아니다. 그들이 범 하는 죄는 유럽 사람들이 짓는 죄와 다를 것이 없다. 많은 대포와 탐욕을 가진 유럽인들을 다정하고 친절한 원주민들과 비교할 수는 없다. 아름다 운 미덕과 시인과 의식과 정부, 그리고 예술을 갖고 있는 이들을 야수처 럼 취급하는 것은 옳지 않다!" "국왕이 백성들을 복종시키기 위해 그들 을 학살한다는 것은 진리가 아니며 불공정한 것이다. 원주민들에게 종교 를 가르친답시고 종교의 이름으로 그들을 짐승과 같이 강제 노동에 내 모는 행위도 옳지 않다. 더구나 이들의 자식과 먹을 것을 빼앗고, 마치 가축처럼 그들의 이마에 끈을 매어 짐을 끌게 하는 것도 옳은 일이 아니 다." 라스 카사스는 성경 구절과 법률 조항들, 역사의 사례와 라틴 저자 들의 아름다운 문장들을 모두 섞어가며 인용했는데, 마치 폭포수가 떨어 지며 그 거품 속에 산속 바위와 들짐승들을 함께 쓸어내리는 것 같았다.

라스 카사스는 논쟁에서 내내 홀로 싸웠다. 페르난도 국왕은 감히 도 울 엄두도 내지 못했고 자기에게 많은 금을 보내주고 있는 정복자들의 비위를 거스르고 싶지도 않았다. 카를로스 5세는 어릴 때는 자신의 말을 존경하는 마음으로 듣곤 했다. 그러나 자기 야심을 채우는 데 필요한 것 이 많아지자 나중에 그를 속였고, 아메리카 정복자들에 반대하는 '신부 들 일'에 끼어들지 않겠다는 태도를 유지했다. 아메리카 정복자들은 금 과 보석을 실은 갈레온 함대를 정기적으로 스페인에 보내고 있었던 것 이다. 그의 아들인 펠리페 2세는 또 다른 것에 욕심을 내면서 왕국을 아 예 거덜 내 버렸다. 그가 죽을 때 나라는 마치 독사가 자고 나간 구멍처 럼 독기와 추위가 가득한 곳이 되었다. 라사 카사스 신부가 왕을 만나러 갈 때면 대기실에는 아메리카 농장주들의 친구들로 북적거렸다. 그들 모두가 비단옷과 깃털 달린 모자를 쓰고 있었고, 아메리카 원주민들의 금으로 만든 목걸이를 하고 있었다. 장관에게는 아예 말을 건넬 수도 없었다. 그 역시 아메리카에 자기 농장과 광산을 가지고 있어서 다른 사람들이 노력한 열매를 따 먹고 있었기 때문이다. 아메리카에 아무런 이해관계가 없는 사람들조차도 궁정의 도움을 잃을까 두려워하여 그를 도우려 하지 않았다. 심지어 라스 카사스 신부의 용기, 정의감, 똑똑함, 달변을 보고 그를 존경하는 사람들도 이를 표현하지 않았고, 설사 표현하더라도 아무도 못 듣는 데에서 말하곤 했다. 그러니까 사람들은 미덕을 칭송하기는 하되, 그것 때문에 자신을 부끄럽게 하지 않거나 자기 수입에 영향을 미치지 않는 한에서 그런 것이다. 그들이 길에서 신부와 마주치게 되면, 눈을 깔고 그가 지나가는 것을 못 본 체하거나, 그에 대해 욕을 하거나, 다른 사람이 욕하는 것을 가만히 듣거나, 혹은 모자를 반쯤 벗어 인사를 한 다음 그 그림자에 칼을 찔렀다. 그래서 덕망 높은 사람은 정신력이 강해야 하고 고독을 두려워하지 않아야 하며 남들이 자기를 도와주리라 기대도 하지 말아야 한다. 결국 그는 홀로 있게 될 것이기 때문이다. 그는 이른 아침의 맑은 하늘과 비슷한 좋은 일을 했다는 기쁨 하나만으로 만족해야 할 것이다!

그는 매우 똑똑했기 때문에 왕이나 종교재판소를 자극하는 말은 하지 않았다. 다만 국왕 자신을 위해서라도, 그리고 원주민들을 더 진정한 그리스도교도로 만들기 위해서라도 그들에게 더 많은 선의를 베풀어 달라고 요청했을 뿐이다. 이렇다 보니 궁중에서는 그의 요청을 대놓고 거부할 수도 없었고 오히려 그의 열정을 높이 사는 척하면서 페르난도 국왕의 서명이 들어간 '원주민들의 전체 보호자'라는 명칭까지 부여했다. 그러나 사람들은 그를 원주민 보호자로 인정하려 하지 않았고, 또 어떤 사람들은 그가 40년간이나 주장해 왔던 이유를 듣고 원주민들이 왜 노예

가 되면 안 되는지 이유를 종이에 적어 보라고 했다. 또 한번은 쿠마나*
식민지에 원주민들과의 사랑의 공동체 건설을 위해 스페인 노동자들을
데리고 갈 권한을 준 적도 있었다. 이때 일하러 가겠다고 나선 사람은 스
페인 전역에서 불과 50명에 지나지 않았지만, 라스 카사스는 그들에게
가슴에 십자가가 새겨진 옷을 지급하고 신대륙으로 떠난다. 그러나 그들
은 그곳에 라스 카사스가 꿈꾸던 공동체를 만들 수 없었다. 이들보다 먼
저 이곳에 도착했던 무장한 군인들의 폭력에 분노한 원주민들이 십자가
를 든 모든 사람에게 독화살을 쏘면서 저항했기 때문이다. 결국 나라에
서는 그에게 휴식을 취하라는 의미로 원주민들에게 유익한 법률을 만들
어 보라는 임무를 부여한다. "정말 많은 법률이 필요한데, 적어도 법률
을 가지고는 서로 싸울 필요가 없겠지." 그는 법률을 써 내려갔고 국왕
은 이를 준수하라는 명령을 보냈다. 그러나 그 명령을 전달하는 배 안에
는 그것에 복종하지 않는 방법도 동행하고 있었다. 국왕은 그를 접견하
고 그의 충고를 받아들이는 듯했다. 그런데 그 뒤를 이어 세풀베다가 조
용한 발걸음으로, 그러나 여우 같은 눈동자를 굴리면서 아메리카의 보물
선이 보낸 메시지를 들고 들어왔다. 국왕이 실제로 하는 행동은 세풀베
다가 말하는 대로 움직이는 것이었다. 라스 카사스는 이를 알고 있었다.
그는 이를 너무도 잘 알고 있었으나, 언성을 낮추지 않은 채 지치지 않고
악행을 비판했다. 그는 벌어지고 있는 일을 범죄라 부르는 데 주저하지
않았고 자신의 책 『묘사(Descripción)』에서 정복자들의 잔인성을 폭로하
는 데에 주저하지 않았다. 이는 모두 국왕으로 하여금 그러한 일이 다시
벌어지지 않게 하기 위한 것이었고, 온 세상이 그런 사실을 알게 되는 것
이 부끄러워서 그런 것이었다. 그는 악행을 저지른 사람들의 이름은 발

---

* 오늘날의 베네수엘라 지역.

설하지 않았다. 귀족 출신인 그들에 대해 일말의 동정심이 있기 때문이었다. 그러나 그의 글은 말과 다름이 없었다. 고르지 않았던 그의 글씨체는 힘이 있었고, 잉크 빛이 발산하는 섬광으로 가득 찼다. 그건 마치 촌각을 다투어 목적지에 도착하려는 기사가 탄 말이 흙먼지를 일으키며 부딪히는 돌에서 번쩍이는 불똥 같았다.

라스 카사스는 마침내 주교가 되었다. 그러나 부자 교구인 쿠스코가 아니라 치아파스 교구의 주교였다. 치아파스는 부왕청(副王廳)*이 있는 곳에서 멀었고 원주민들이 대부분 노예처럼 사는 곳이었다. 그는 치아파스에 가서 원주민들과 함께 울었다. 그러나 울기만 하지는 않았다. 눈물과 불평만 가지고는 악당들을 이길 수가 없었기 때문이다. 그 대신 그는 두려움에 사로잡히지 않고 그들을 고발했고, 원주민들을 자유민으로 해방시키라는 신법(新法)**을 지키지 않는 스페인 사람들의 교회 출입을 금지했다. 또한 시의회에 가서는 부드럽고도 무서운 경고의 강론을 하면서 뻔뻔한 농장주들을 마치 폭풍우가 지나간 후의 나무들처럼 흔들어 놓았다. 그러나 농장주들은 라스 카사스보다 더 큰 힘을 가지고 있었다. 정부가 자기편이었기 때문이다. 이들은 노래를 만들어 반역자, 나쁜 스페인 놈이라고 불렀고, 밤이 되면 방울 소리로 만든 음악을 틀어 놓았고, 겁을 주기 위해 대문 앞에서 총을 쏘아댔고, 잔뜩 무장한 사람들이 수도원을 포위하게 했다. 이 모두가 빼빼 마르고 혼자인 노인 한 명을 상대로 벌인 짓이었다. 심지어 그들은 시우다드 레알(Ciudad Real de Chiapas)로 들어가는 도로까지 나와 그가 이 도시에 되돌아오지 못하게 방해했다. 그는 지팡이를 짚고 걸어왔는데 그는 선량한 스페인 사람 두 명과 자신을 아버

---

* 스페인 국왕을 대리해 아메리카 식민지를 다스리던 부왕(副王)의 궁전.
** 1542년 스페인의 국왕 카를로스 1세가 원주민 학대 및 노예제를 금지하며 반포한 법령.

지처럼 따르는 흑인 한 명과 늘 같이 다녔다. 사실 정복 초기에 라스 카사스는 원주민들을 사랑하는 마음으로 더위에 더 강한 흑인 노예를 계속 들여오자고 건의한 적이 있다. 그러나 그 후 흑인들이 고통을 받는 것을 보고는 가슴을 치고 후회하며 이렇게 말했다. "내가 원주민을 사랑하는 마음에 건의했던 죄악을 내 피로써 갚아야겠다." 아끼는 흑인과 두 명의 선량한 스페인 사람들과 함께 오면서 아마도 그는 멕시코 신전 입구에서 무릎을 꿇고 자기를 끌어안았던 한 가엾은 원주민 여인을 어떻게 구원할지 궁리했을 것이다. 이 여인은 사랑하는 남편이 스페인 사람들에게 살해된 후 고통을 못 이겨 정신이 반쯤 나간 상태에서 자기 신들에게 기도를 하기 위해 밤에 멕시코 신전을 찾았었다. 도시의 길목에서 라스 카사스는 스페인 사람들 명령으로 자기를 돌아오지 못하게 내쫓은 경비병들이 원주민이었다는 사실을 알아차렸다. 자기는 원주민들을 위해 생명을 바치는데 그들은 자기 구원자를 공격했던 것이다. 물론 매질하는 사람들이 시켜서 어쩔 수 없이 한 일이었다. 라스 카사스는 불평 한마디 없이 이렇게 말했다. "내 아들들아, 이래서 내가 너희를 더 보호해야 하는 것이다. 너희들이 얼마나 괴롭힘을 당했으면 너희들은 이제 감사 인사를 할 용기마저 잃어버렸구나." 원주민들은 울면서 그의 발아래 엎드려 용서를 구했다. 이렇게 그는 시우다드 레알에 입성했다. 그곳에서는 농장주들이 마치 전쟁에 나가듯 총과 대포로 무장한 채 그가 오기를 기다리고 있었다. 이렇게 농장주들이 라스 카사스의 목숨을 노리자 부왕은 그를 스페인으로 향하는 배에 몰래 태워야 했다. 투쟁하고, 옹호하고, 울고, 쓰기 위해 라스 카사스는 자기 수도원으로 갔다. 지칠 줄 모르던 라스 카사스 신부는 92세에 세상을 떠났다.

장미꽃 신발

마리 아가씨에게

따뜻한 태양과 파도치는 바다,
그리고 고운 백사장. 필라르는
새로 생긴 깃털 달린 모자 쓰고
밖에 나가고 싶다.

"천사 같은 아가씨가 됐네!"
이렇게 말하고, 아빠가 입맞춤해 준다.
"새장 속 꾀꼬리야
어서 가서 고운 모래사장 찾아보렴!"

"난 우리 예쁜 아가씨와 가야지."

마음씨 좋은 엄마가 말했다.
"장미꽃 신발
모래를 묻히면 안 돼요!"

엄마와 딸이 정원을 통해
월계수 거리로 나섰다.
엄마는 카네이션,
필라르는 재스민을 땄다.

소녀는 신이 나서 앞장선다.
팔레트와 물통, 그리고 굴렁쇠를 들고.
물통은 보랏빛
굴렁쇠는 불꽃 색깔이다.

사람들이 엄마와 딸을 보러 몰린다.
아무도 그들이 가지 않기를 바란다.
엄마는 웃음을 터트리고
할아버지는 울음을 터트린다.

신선한 바람이 필라르
머리를 헝클어트린다. 신나게
뛰어다니는 아이가 묻는다.
"엄마, 여왕은 뭐 하는 사람이야?"

바닷가 통해 돌아오는 길

혹시나 날이 저물지 몰라,
엄마와 필라르 위해
아빠가 자동차를 보낸다.

해변은 아주 아름답다.
모두가 해변에 나와 있다.
프랑스 소녀 플로린다의 가정교사는
선글라스를 쓰고 있다.

행진에서 빠져나온
군인 알베르토도 있다.
삼각 모자와 지팡이 걸치고
보트 한 척 바다에 띄운다.

저런, 심술궂은 막달레나,
두 팔 없는 인형을
테이프와 끈으로 꽁꽁 묶어
모래밭에 파묻고 있다!

저쪽에는 파라솔 아래
신사들과 의자에 앉아
얘기꽃을 피우는
꽃처럼 핀 부인들.

그러나 바다는 슬프다.

이렇게 심각한 분위기가.
즐거운 곳은 저기 돌아서
모두의 벼랑이 있는 곳!

저기 벼랑에서는 파도 소리
더 잘 들린다 하고,
소녀들끼리 놀고 있는
그 모래밭은 눈처럼 희다.

필라르는 엄마에게 뛰어간다.
"엄마, 나 착한 사람 될 테니,
저기 모래밭에 가게 해줘
엄마가 지켜볼 수 있는 저기!"

"변덕쟁이 꼬마 숙녀님!
저녁마다 속을 썩이네.
가서 놀아, 하지만
장미꽃 신발은 적시지 말고."

파도 거품이 두 발을 덮친다.
두 소녀가 깔깔거리며 소리친다.
깃털 모자를 쓴 소녀
작별 인사하며 먼저 가버린다.

저기로 가버린다. 아주 멀리!

가난한 사람들 앉아 있는 곳
노인들 앉아 있는 곳
저기 물은 더 짠 맛이다.

소녀는 뛰어놀려고 갔다.
하얀 물거품 내려왔다.
시간이 지나갔고, 그리고
독수리 한 마리 바다 위를 지나갔다.

황금색으로 물든 산 너머로
태양이 질 때,
말없는 모자 하나
모래밭으로 걸어왔다.

한 걸음 발을 옮길 때마다
너무 힘이 든다. 힘들다.
필라르 걷는 것이 왜 힘들까?
고개는 푹 숙인 채.

예쁜 엄마는 잘 안다.
딸이 왜 걷기 힘든지.
"필라르, 신발은?
장미꽃 신발은 어디 있지?"

"아, 미치겠구나, 신발을 어디에 둔 거지?

어디 있는지 말해봐, 필라르!" "부인."
한 여인이 울면서 말한다.
"제게 있어요. 신발은 여기 있어요!"

"제겐 아픈 딸이 하나 있지요
어두운 방에서 울고 있어요.
그래서 공기 좋은 곳으로 데리고 나와요
태양도 보고 잠도 잘 자라고요."

"어젯밤 그 애가 꿈을 꾸었어요.
하늘을 보았고 노래를 들었데요.
저는 겁이 났고, 놀랐어요.
그래서 여기 데려왔고 잠이 들었어요."

"가냘픈 두 팔을 보고
포옹하듯 안아주었어요.
헐벗은 두 발을
저는 보고 또 보았어요."

"파도 거품이 제 몸에 와 닿았어요.
저는 두 눈을 들었고, 보았어요.
깃털 모자 쓴 꼬마 아가씨가
제 앞에 서 있었지요."

"얘는 꼭 사진 속 친구 같아요!"

아가씨가 말했어요. "인형처럼 착한가요?
같이 놀면 안 되나요? 그러면 좋겠는데……!
신발은 왜 안 신었지요?"

"보세요! 손은 따뜻한데,
발은 너무 차네요!
이걸 가지세요. 제 걸 드릴게요.
저는 집에 또 있어요!"

"아름다운 마님, 전 잘 몰라요,
그 뒤로 무슨 일이 있었는지.
우리 딸아이 발을 보니
장미꽃 신발을 신었어요!"

러시아와 영국 여인이
손수건을 꺼내는 것이 보였다.
프랑스 소녀 가정교사는
선글라스를 벗었다.

엄마가 두 손을 벌리니
필라르는 엄마 품에 안겼다.
그리고 장식 없고 레이스 없는
다 해진 옷을 끄집어냈다.

부인은 아픈 소녀에 대해

모든 걸 알고 싶어 한다.
한 여인이 가난 때문에 우는 것은
알고 싶지 않다!

"그래, 필라르, 모두 주렴!
그것도 주고, 네 담요, 네 반지도!"
그래서 그녀는 호주머니를 털었고,
카네이션도 주었고, 입맞춤도 전했다.

그들은 정원 딸린 자기 집으로
밤이 이슥해 조용히 돌아온다.
필라르는 자동차 오른쪽 자리
방석에 앉아 간다.

장미꽃밭에서 모든 걸 지켜본
나비가 말한다.
장미꽃 신발이 유리 안에
소중히 보관되어 있다고.

마지막 페이지

『황금시대』의 이번 호에서는 세계의 옛날 모습과 새로운 모습을 볼 수 있다. 그리고 전쟁이나 죽음과 관련된 것들은 땀 흘린 노동과 관련된 것과 비교할 때 얼마나 보기가 나쁜지도 배울 수 있다. "자, 과연 라스 카사스 신부의 시대가 파리 만국박람회 시대보다 더 좋았을까?" 그리고 "마시카스와 필라르 가운데 누가 더 좋은 사람일까?" 다만 살아가는 과정에서 언제나 불운한 존재가 있게 마련이다. 그리고 『황금시대』에서 불운한 것이라면 "숟가락, 포크, 그리고 칼의 역사"에 대한 글이 될 것이다. 잡지가 매번 나올 때마다 마치 굉장한 것처럼 자신만만하게 광고했는데 결과적으로 그 글을 실을 지면이 부족했다. 결국, 준비는 잘했으나 현학적이고 허풍만 떤 꼴이 되었다. 정말 좋은 내용은 온 세상에 널리 광고하는 대신 직접 보고 체험하게 해야 한다. 좋은 것은 그냥 좋아서 좋은 것이다. 왜냐하면 우리는 좋은 일을 하거나 다른 이들에게 뭔가 도움이 되는 말을 했을 때 내적인 기쁨을 느끼기 때문이다. 즉 남에게 도움이 되는 것은 왕자가 되는 것보다 더 좋은 일이다. 하루종일 아무것도 새롭게 배운 게 없고 뭔가 유익한 일을 한 것도 없다면 그런 어린이들은 반성의 눈물을 흘려야 할 것이다.

파리 만국박람회에 대한 글이 유익한 것인지 누가 알겠는가! 그러나 그 글 자체가 박람회와 비슷하다. 너무 크고 길어서 모든 것을 한꺼번에 보기가 힘든 것이다. 만국박람회를 처음 보고 나올 때는 마치 머릿속에 불꽃이나 보석이 번쩍이는 것을 느낀다. 그러나 두 번째부터는 더 여유 있게 보이기 시작하고, 구석구석의 아름다움이 다른 것들 사이에서 전체적으로, 그리고 명확하게 눈에 띈다. 그래서 그 글은 두 번 읽어야 한다. 그다음 단락별로 읽어야 한다. 특히 신경을 써서 읽어야 할 대목은 바로 우리 아메리카의 전시관들이다. 『황금시대』가 안타깝게 생각하는 것은 에콰도르의 전시관을 찾을 수 없었다는 점이다. 형제가 하나 빠진 식탁은 쓸쓸하기만 하다.

1889년 10월 · 제4호

황금시대(La Edad de Oro)

아메리카 어린이를 위한 오락과 교육 월간지

편집인: 호세 마르티(José Martí)

발행인: 다 코스타 고메스(Da Costa Gómez)

윌리엄 스트리트 77, 뉴욕

제4호

1889년 10월

안남 사람들의 나라 산책

저멀리 아시아의 힌두스탄에 네 명의 장님에 관한 이야기가 전해진다. 태어날 때부터 장님이었던 이들은 코끼리가 어떻게 생겼는지 알고 싶었다. 한 사람이 말했다. "라하 왕자의 집에 있는 순한 코끼리를 보러 가자. 왕자가 너그러워서 코끼리가 어떻게 생겼는지 보게 해줄 거야." 그래서 그들은 흰 터번과 흰 망토를 걸치고 왕자의 집으로 갔다. 가는 길에 표범이 으르렁거리는 소리와 황금색 꿩이 우는 소리가 들렸다. 꿩은 꼭 칠면조처럼 생겼는데 꽁지에 두 개의 긴 깃털이 있다. 그들은 밤이 되어 유명한 제하나바드 유적의 폐허가 된 돌 위에서 잠을 잤는데 그곳은 옛날에 행정 중심지로서 교역이 활발하던 곳이다. 네 명의 장님은 밧줄 하나에 매달려 급류를 건너갔는데 이 밧줄은 양쪽에 있는 쇠고리에 연결되어 있었다. 이 광경은 마치 서커스에서 곡예사들이 흔들리는 밧줄에서 춤을 추는 것 같았다. 마음씨 고운 한 마부가 그들에게 자기가 모는 마차에 타라고 권했다. 왜냐하면 뿔이 작고 등이 굽은 그 황소는 마음씨가 참 좋아서 전생에 그의 할아버지였을 것이기 때문이다. 또 황소는 사람들이 그냥 올라타도 화를 낼 줄 모르고 오히려 걸어가는 사람이 있으면 쳐다보면서 마치 마차에 타라고 초대하는 듯했다.

이렇게 네 명의 장님은 왕자의 궁에 도착했다. 이 궁은 밖에서 보기에는 요새와 같았고 안에 들어가 보니 마치 보물상자와 같아서, 방석과 벽걸이 장식품이 가득하고 천장에는 아름다운 비단 수를 놓았고 벽에는 에메랄드와 사파이어로 된 화병들이 있었다. 또한 의자는 상아로, 라하의 옥좌는 상아와 금으로 만들어져 있었다. "라하 왕자님, 우리가 여기에 온 것은 가련한 장님들의 눈 역할을 하는 손으로 순한 코끼리가 어떻게 생겼는지 보기 위해서입니다." "장님은 성인이다"라고 왕자가 말했다. "알고자 하는 사람은 모두 성인이다. 사람은 혼자 힘으로 모든 것을 배워야 하며, 질문하지 않고는 믿지 말아야 하며, 이해하지 못하면 말도 해서 안 되고, 남들이 명령하는 것만 생각하는 노예처럼 생각해서도 안 된다. 이제 네 사람의 장님은 직접 자기 손으로 코끼리를 만져보도록 하라." 그러자 네 명의 장님들은 마치 방금 시력을 되찾은 듯이 뛰기 시작했다. 하나는 왕자의 옥좌 계단에 코를 박고 넘어졌고, 또 하나는 벽에 얼마나 세게 부딪혔는지 앉은 자세로 넘어졌는데 벽에 박치기를 하면서 마치 머리 조각이 떨어져 나가는 것 같았다. 두 손을 벌린 채 달려가던 다른 두 사람은 마치 서로 포옹하는 것처럼 정면으로 부딪쳤다. 왕자의 비서는 그들을 순한 코끼리가 있는 곳으로 안내했다. 코끼리는 하루 먹을 양식으로 쌀로 만든 전병 서른아홉 개, 옥수수로 만든 전병 열다섯 개를 흑단나무 받침대 위의 큰 은쟁반에서 먹고 있었다. 비서가 "지금이다!"라고 말하니까 장님들이 각자 코끼리 위로 달려들었다. 이 코끼리는 어리고 살이 찐 놈 가운데 하나였다. 장님 한 명은 다리 하나를 껴안았고, 다른 한 명은 코끼리 코를 잡았는데 그것을 놓으려고 하지 않아 공중에서 오르락내리락하고 있었다. 또 한 명은 꼬리를 움켜잡았다. 그리고 마지막 한 명은 코끼리가 먹던 쌀과 옥수수를 담았던 쟁반 손잡이를 잡았다. 다리를 잡았던 장님이 말했다. "이제 알겠어. 코끼리는 키가 크고 둥글게 생겼는데 마치 움직이는 탑 같은 거야." "그렇지 않아." 코를 잡았던 이가 말했다. "코끼리는 길고 끝에 가서는 뾰족한데 마치 고기로 만든 깔때기 같아." "아니야, 모두 아니라고!" 꼬리를 잡았던 이가 말했다. "코끼리는 마치 종에 달린 추 같아!" "전부 틀렸어, 전부. 코끼리는 반지 모양을 하고 있고 움직이지 않아." 쟁반 손잡이를 잡았던 이가 말했다.

사람들은 모두가 이렇다. 모두 자기가 생각하고 본 것만 사실이라고 믿는다. 그리고 시나 산문을 통해 자기가 믿는 것 외에는 믿어서는 안 된다고 말한다. 마치 코끼리를 두고 네 사람의 장님이 다르게 말하는 식이다. 그러나 우리가 해야 할 것은 다른 사람들이 생각하고 행동하는 것을 애정을 가지고 연구해 보는 것이다. 그러면 사람들은 모두가 같은 아픔과 같은 역사, 그리고 같은 사랑을 소유하고 있으며, 세상은 아름다운 사원과 같다는 것을 발견하고 큰 기쁨을 느끼게 된다. 그 사원에서는 지구상의 모든 사람이 평화롭게 살 수 있다. 왜냐하면 모두가 진실을 알기를 원하고, 선한 행동은 유익한 것이라고 자기 책에 쓰며, 자기 땅에서의 자유와 생각의 자유를 위해 고통을 받고 투쟁했기 때문이다.

안남 사람들 역시 그 누구보다도 더 용감하게 싸워왔고 앞으로도 싸울 것이다. 가련한 안남인들은 저 멀리 아시아의 중국 아래 바닷가에 살면서 생선과 쌀을 주식으로 하고 비단옷을 입고 다닌다. 우리가 보기에 그들의 몸은 멋있어 보이지 않는데 아마 우리 역시 그들에게 멋지게 보이지 않을 것이다. 그들은 머리털을 자르는 것이 죄가 되는데 그 이유는 자연이 우리에게 긴 머리를 주었기 때문이다. 만일 자신이 자연보다 더 현명하다고 말하는 사람이 있다면 그는 교만하기 짝이 없는 사람이다. 그래서 그들은 남자도 여자처럼 긴 머리를 쪽 지어 다닌다. 그들은 총독이 지휘권의 상징으로 쓰는 챙 없는 도커 모자가 아니라면, 모자는 그늘을 만들어주기 위한 것이라고 말한다. 그래서 안남의 삿갓 모자는 원뿔 모양을 가져서 위로는 뾰족하고 터진 부분은 넓다. 그들은 무더운 자기 나라에서 옷은 느슨하고 가볍게 입어서 몸에 공기가 통해야 한다고 말한다. 햇빛을 흡수하여 몸을 뜨겁고 숨 막히게 하는 양모나 캐시미어를 입으면 안 된다. 그들은 사람이 등짝이 길고 튼튼할 필요는 없다고 한다. 캄보디아 사람이 안남 사람보다 더 크고 건장하지만 전쟁이 일어나면 안남인들이 항상 자기 이웃인 캄보디아인들을 이겼기 때문이다. 그리고 눈동자는 푸르면 안 된다. 왜냐하면 푸른색은 하늘의 구름이나 바닷물처럼 남을 속이고 내버리기 때문이다. 색깔도 흰색은 좋지 않다. 왜냐하면 모든 종류의 아름다움을 선사하는 땅은 흰색이 아니라 안남 사람들과 같은 구리색이기 때문이다. 그리고 사람들은 턱수염을 기르고 다니면 안 된다. 그것은 짐승이나 하는 것이기 때문이다. 그러나 현재 안남의 주인이 된 프랑스 사람들은 턱수염 이야기가 질투에서 비롯된 것이라고 말한다. 안남인들이 조금밖에 나지 않는 콧수염을 기르고 다니는 걸 보면 안다는 것이다. 그리고 그들의 연극을 보면 왕의 역할은 턱수염이 제일 긴 사람이 맡고 있지 않은가? 또한 중국의 양반들은 모두 호랑이 콧수염을 달고 무대에 나오지 않는가? 그리고 장군들은 색깔이 있는 수염을 기르고 있지 않은가? 안남 사람들은 또한 "눈은 커서 무엇에 쓰나?" 라고 말한다. "그렇다고 코에 더 가까워지지도 않는데? 우리는 이 단춧구멍 같은 눈으로도 마치 살아 있는 듯한 얼굴을 가지고 탑처럼 높은 청동 신인 하노이 대불(大佛)도 만들었고, 앙코르와트의 파고다도 세웠다. 이 사원에는 이십 리나 되는 복도와 호수가 있는 정원이 있고, 각각의 신을 위한 집이 하나씩 있고 1,500개의 기둥과 조각상들이 늘어선 거리가 있다. 우리는 사이공에서 촐론으로 가는 길에 파고다를 만들었는데 여기에는 탑 모양의 왕관 아래 애국과 사랑을 노래한 시인들, 사람들 사이에 살면서 선하고 순수하게 살았던 성인들, 캄보디아와 태국 그리고 중국으로부터 독립하기 위하여 싸웠던 영웅들이 잠들어 있다. 우리의 비단 가운의 색채만큼 다채롭게 빛나는 것은 없다. 우리는 머리를 쪽 지어 상투를 했고, 삿갓 모자와 통 넓은 바지, 그리고 색깔이 있는 블라우스를 입는다. 우리의 피부색은 노랗고 코가 납작하며 약골이며 못생겼다. 그러나 우리는 부드러운 동시에 강하다. 프랑스 사람들이 우리의 하노이를 침략하고, 우리 수도였던 후에(Hue), 나무로 만든 우리 왕궁 도시들, 대나무 집들과 왕골로 만든 배들로 가득한 우리 항구들, 생선과 쌀이 가득한 우리 창고들을 빼앗으러 왔을 때, 다시 말하지만, 우리는 이 작은 눈을 가지고 그들의 진격을 막으려고 수천 명씩 죽어갔다. 비록 지금은 그들이 우리의 주인이지만 내일 어떻게 될지 누가 알겠는가!"

사람들이 말없이 일정한 보폭으로 슬픈 모습을 한 채 길을 걷는다. 그들은 상의 주머니에 두 손을 넣은 채 어떤 것에도 놀라는 법이 없고 모르는 것은 배워 간다. 그 푸른 상의 목덜미는 노란 유리로 만든 단추로 여몄다. 신발은 끈이 달린 밑창을 깔았고 발목은 리본으로 둘렀다. 이것은 어부의 옷이다. 이들은 수수로 집을 짓고 지붕에는 볏짚을 올렸다. 뱃사람은 양 끝이 뾰족한 배를 만들고, 가구 만드는 사람은 손과 발을 가지고 연장을 챙기며 좋은 재목으로 만든 침대와 의자에 자개 장식을 해 넣는다. 직물 짜는 사람은 금실과 은실을 가지고 머리가 세 개 있는 새, 뾰족한 주둥이와 날개를 가진 사자, 사람 눈을 가진 황새, 그리고 천 개의 팔을 가진 신을 수놓는다. 이것은 고달픈 짐꾼의 옷이다. 그 젊은이는 바퀴 두 개 달린 인력거를 끄는 중노동으로 인해 어린 나이에 죽는다. 이것을 끄는 가난한 안남인들은 말처럼 뛰고 또 뛴다. 그들은 말보다 더 뛰고 더 빨리 뛴다. 그리고 인력거 안에는 괴로움도 부끄러움도 없는 사람이 앉아서 가고 있다. 너무 뛰어서 몸이 망가진 말이 죽어가듯이 가련한 짐꾼 역시 늘 뛰어다니다가 결국 죽는다. 부채를 부치면서 그들에게 인력거를 끌게 하는 사람들은 좋은 프랑스산 포도주를 마시고 너무 많은 음식을 먹는 바람에 얼굴이 불콰해지고 살이 쪄서 죽는데, 이들은 영국 군인들, 프랑스 직장인들, 그리고 중국 상인들이다.

이렇게 열심히 뛰는 사람들의 민족이 3층짜리 불탑을 세우고 정원에 호수를 만들었으며 모든 신을 위해 집을 짓고 조각상 거리를 만들었다. 또한 그들이 사자 모양의 도자기를 만들고 청동 거인을 만들었으며 다채로운 색채로 인해 마치 다이아몬드를 덧칠한 것처럼 태양에 번쩍이는 비단을 짰다. 이런 사람들이 자신을 지키다가 나가떨어져서 불그레한 피부와 뚱뚱한 몸을 가진 자기 주인의 마차를 마치 짐승처럼 끌고 있다. 안남 사람들은 이제 지쳤다. 약한 민족들은 살아가기가 참 힘들다. 안남 사람들은 자신을 지키기 위하여 늘 싸워 왔다. 힘센 이웃인 중국과 태국이 그들을 정복하려고 했다. 태국을 막기 위해 안남은 중국과 친선 관계를 맺었는데, 중국은 안남에 많은 정성을 쏟았고 행렬을 지어 환영했고 강에서 불꽃놀이와 축제를 열었으며 그들을 '친애하는 형제'라고 불렀다. 그러나 그들은 막상 안남 땅에 들어오자 마치 주인처럼 명령했고 이렇게 약 2000년이 흘렀다. 그러니까 안남인들은 나라를 지키기 위해 2000년 전부터 중국과 싸우고 있는 것이다! 프랑스 사람들과도 똑같은 일이 일어났다. 그런 방식의 통치에서는 백성들이 결코 성장하지 못한다. 중국은 한술 더 뜬다. 거기서는 왕이 하늘의 아들이라고 말하며 그 얼굴을 직접 보는 것을 죄라고 믿는다. 물론 왕들은 자기들이 보통 사람과 다름이 없으며 더 많은 인구와 재물을 갖기 위해 서로 싸운다는 점을 잘 알고 있다. 일반 백성들은 왕이나 또 다른 왕을 지키기 위해 싸우다가 이유도

파고다 축제.

모른 채 죽어간다.

이런 왕들의 전쟁 와중에 한 프랑스 주교가 안남에 와 있었다. 그는 패배한 왕을 설득해, 자기에게 왕권을 빼앗아 간 적에 대적할 수단을 프랑스의 루이 16세가 줄 것이라고 믿게 했다. 이 주교는 왕자와 함께 프랑스로 갔으나 빈손으로 돌아왔다. 파리에서 프랑스 혁명이 일어나는 바람에 루이 16세가 누구를 도와줄 처지가 아니었기 때문이다. 그는 당시 인도에 와 있던 프랑스 사람들의 힘을 모아 안남에 와서 새 왕을 퇴위시키고 이전 국왕을 그 자리에 세웠다. 그러나 실제 통치자는 새 왕이 아니라 프랑스 사람들이었다. 그들은 안남의 모든 것을 원했고 자기들 마음대로 하기 위해 모두 빼앗았다. 마침내 안남인들은 외부에서 온 그 친구가 위험한 존재이며 차라리 친구가 없는 것이 더 좋다는 것을 알았다. 그래서 전쟁을 통해 그들을 내쫓았다. 그때까지만 해도 싸울 줄 알았던 것이다. 그러나 프랑스는 더 많은 군대와 대포를 실은 전함을 끌고 왔고, 안남은 막을 힘이 없었다. 왕골로 만든 배에 대포도 없었으니 바다에서 싸울 수 없었고 자기 도시들을 지킬 방법이 없었다. 창을 들고 총알에 맞설 수는 없는 법이다. 그리고 프랑스 군대의 진입 경로가 되는 사이공에는 바위와 돌이 없어서 성을 쌓을 수가 없었다. 게다가 안남 사람들은 이런 식의 전쟁은 처음이었다. 이들은 칼과 창을 들고 일대일로 땅에서 혹은 말을 타고 싸워왔다. 그들은 이런 식으로 한 세기 내내 마을마다 프랑스 사람들에 맞서 싸웠다. 때로는 도망가기도 하고 또 때로는 말을 타고 기습하여 그 군대를 박살 내버리기도 했다. 중국도 자기 기마병들을 보내 도와주었는데 이는 자기 땅에 외국 세력이 들어오는 것을 원하지 않았기 때문이다. 그들에게는 안남에서 쫓아내는 것은 곧 중국에서 쫓아내는 것과 같았다. 그러나 프랑스는 다른 세계에서 온 군대였다. 그들은 전쟁하는 법과 죽이는 법에 대해 더 잘 알고 있었고, 허리에 피를 흘린 채 마을을 하나하나 점령하면서 안남인들에게 나라를 빼앗아 갔다.

안남 사람들이 말없이 일정한 보폭으로 슬픈 모습을 한 채 푸른색 상의 주머니에 두 손을 넣고 길을 걷는다. 그들은 일을 열심히 한다. 그들은 목공, 자개 장식, 무기 제조, 직물, 그림, 자수, 쟁기질 등 일하는 모든 것에서 훌륭한 은세공사처럼 보인다. 그들은 황소나 말이 아니라 물소를 이용해 쟁기를 끈다. 옷 위의 천에는 손으로 직접 그림을 그린다. 마을 사람들 전체가 단단한 나무에 매달려 조각칼을 가지고 세공한다. 저 멀리 있는 집, 강줄기를 따라 오르내리는 배, 배에 탄 수천의 사람들, 나무, 가로등, 다리, 어부의 나룻배 등, 모든 것이 마치 손톱으로 만든 것처럼 작다. 집은 마치 난쟁이들이 사는 것 같은데, 얼마나 정교하게 만들었는지 마치 퍼즐을 맞춘 장난감 집 같아 보인다. 벽에는 모두 그림이 그려져 있고, 나무 천장에는 밖의 벽처럼 아주 정성 들인 조각을 해놓았다. 구석 구석마다 도자기로 된 컵이 있고 물이 틀어진 수도꼭지는 구리로 되어 있으며 대나무 틀로 된 문병(門屛)은 수놓은 비단으로 만들었다. 집마다 사치품 가구인 관이 없는 집이 없다. 효자들은 아버지에게 자개 장식이 된 사치스러운 관을 선물한다. 그 고장에서는 죽음이 요란한 음악과 파고다의 노래가 곁들인 축제와 같다. 그들에게는 생명이 인간의 소유물이 아니라 자연이 빌려주는 빛이며, 따라서 죽음은 자기가 왔던 자연으로 돌아가는 것이다. 자연 속에서는 모두가 인간의 형제와 같다. 따라서 사람이 죽을 때 자기 팔이나 다리 하나를 새가 쪼아 먹거나 짐승이 먹을 수 있도록, 혹은 바람 속에 날아다니는 보이지 않는 동물들이 처리하도록 떼어 놓으라고 유언으로 남기고는 한다. 노예 상태로 떨어진 이후부터, 많은 안남인들이 자기 파고다에 가서 프랑스의 성인들이 아니라 자기 나라 성인들의 이야기를 사제들에게서 듣는다. 이들은 또한 극장에 많이 가는데, 재미있는 이야기를 들으러 가는 것이 아니라 자기 장군들과 국왕들의 역사를 들으려는 것이다. 그들은 그 전쟁 이야기를 아무 말 없이 쪼그리고 앉아서 듣는다.

안쪽으로는 파고다가 있는데, 제단 주변에 여러 가지 색깔로 칠한 나무 장식 조각 같다. 그리고 여러 기둥에는 금색과 은색을 입힌 글자로 된 계명과 축원문이 있다. 제단에는 금으로 된 성인들, 성인들의 모든 가족이 조각되어 있다. 그 앞으로 승려들이 지나다닌다. 그들은 값비싼 금실 비단이나 초록과 파란색 비단으로 만든 긴 망토를 걸치고 금을 입힌 사각모자를 쓰고 있다. 어떤 승려는 연꽃을 들고 있는데 그 꽃은 아름다움과 순결함 때문에 자기들이 믿는 신의 꽃이다. 또 한 승려는 꽃을 든 승려에게 망토를 입히고 있고, 또 다른 승려들은 노래를 부르고 있다. 그 뒤로는 두건을 쓴 사람들이 가고 있는데 이들은 견습 승려로서 작은 깃발을 들고 음악과 함께 기도문을 합창하고 있다. 제단에서는 좌불(座佛)들이 반짝이는 모자를 쓰고 축제를 바라보고 있다. 부처는 그들의 위대한 신이다. 그런데 그가 살아 있을 때는 신이 아니고 선량한 왕자였다. 그는 신체가 대단히 건장하여 젊은 사자들을 맨손으로 쓰러트렸고, 얼마나 잘생겼는지 누구든지 한번 보면 진심으로 좋아하게 되었으며, 생각이 얼마나 깊었는지 많은 박사들이 그와의 토론을 당해내지 못했다. 이미 어렸을 때부터 세상에서 제일 현명하고 나이 많은 박사들보다 더 많은 것을 알고 있었기 때문이다. 그는 곧 결혼을 했고 아내와 자식을 대단히 사랑했다. 그러던 어느 날 오후 그는 진주와 은으로 장식한 마차를 타고 궁전 밖을 둘러보러 나갔다가 가난한 노인 한 명이 누더기를 걸치고 있는 것을 보고 우울한 마음으로 돌아왔다. 그는 다음 날 오후에는 죽어가는 사람을 보았다. 그래서 더 이상 외출하는 것이 싫어질 지경이었다. 그다음 날에는 죽은 사람을 보았다. 그의 슬픔은 너무 컸다. 또 하루는 한 승려가 구걸하는 것을 보았다. 그러자 자기 마음속에서 은과 진주로 장식된 마차를 타고 다니면 안 된다는 목소리가 들렸다. 대신에 삶에 대해 생각해보라는 목소리였다. 삶은 고통으로 가득 차 있으니, 홀로 깊은 생각을 할 수 있는 곳에서 그 승려처럼 불쌍한 사람을 위해 동냥을 구하라는 소리였다. 그는 왕궁에서 자기 부인과 아들의 침대로 마치 제단에 가는 것처럼 세 번이나 왔다갔다했다. 그리고 흐느껴 울었다. 그는 가슴이 미어지는 아픔을 느꼈다.

　결국 그는 어두운 밤에 그토록 많은 고통을 가지고 있는 삶에 대해 생각하기 위해 산으로 떠났다. 아무 욕망도, 오점도 없이 살기 위해, 자기 말을 듣고 싶어 하는 사람들에게 생각하는 바를 말해 주기 위해, 가난한 사람을 위해 승려처럼 동냥을 하기 위해 떠났다. 새가 먹는 정도로 거의 먹지도 않았고, 목이 말라 죽지 않을 정도로만 물을 마셨다. 자기가 사는 오두막집 바닥에서 눈을 붙였고, 맨발로만 걸었다. 악마인 마라가 그의 아름다운 부인, 귀여운 아들, 풍요로운 왕궁, 그리고 왕처럼 명령할 수 있는 권위를 들먹이며 유혹할 때면 그는 자신의 제자들을 불러 그들 앞에서 다시 한번 덕의 수행을 맹세했다. 결국 마라 악마는 놀라서 도망갔다. 사실 악마가 들먹인 것들은 모든 사람이 꿈꾸는 것이다. 그러나 사람들은 마음속 나쁜 부분에서 나오는 그 나쁜 유혹을 악마라고 부른다. 사람은 몸과 이름이 있다 보니 자기가 상상하는 모든 힘과 권력에 마치 그것이 사람인 것처럼 이름과 몸을 부여한다. 그렇게 나쁜 마음으로부터 나오는 것이 진짜 권력이 되어 사람들에게 자신의 의무보다는 쾌락에 따라 살아가라고 말한다. 그러나 실상은 가시밭길을 걷는 것과 같은 의무를 충실히 수행하는 사람의 삶보다 더 큰 쾌락이 없고 더 큰 기쁨도 없는 것이다. 과연 무엇이 더 아름답고 무엇이 장미보다 더 좋은 향기를 내는가?

　부처는 많은 생각 끝에 산에서 내려왔다. 그가 생각하고 또 생각한 결과, 안 먹고 안 마시며 산다고 해서 사람들에게 도움이 되는 것이 아니었기 때문이다. 땅바닥에서 자고 신발 안 신고 다니는 것도 마찬가지였다. 구원은 네 가지 진리를 깨닫는 데에 있었다. 그것은 인생이 곧 고통이요 고통은 욕망에서 나온다고 말한다. 따라서 고통 없는 삶을 원하면 욕망 없이 살아야 하며, 영혼에 초탈함을 주는 빛에서 나오는 아름다움인 달콤한 열반이란 물질적 쾌락을 위해, 그리고 증오와 모욕감을 통해 억지로 권력을 쌓기 위해, 그리고 부자가 되기 위해 미치거나 걸신들린 듯이 살아서 얻어지는 것이 아니다. 그것을 위해서는 허영에 빠져서 살면 안 되고, 다른 사람의 것을 탐하거나 증오를 간직해서도 안 되고, 삼라만상의 조화를 의심하거나 아니면 그 모든 것을 무시하고 자학과 질투로 지나친 고행을 해서도 안 되며, 영혼이 마치 밝음과 아름다움을 세상에 가득 비춰주는 새벽의 빛과 같이 될 때까지, 세상의 모든 슬픔을 애통해하고 겪을 때까지, 그리고 세상에 고통의 이유를 가진 모든 이들의 의사이자 아버지같이 보일 때까지, 쉬어서도 안 된다. 그것은 마치 영원히 바래지 않는 푸르름 속에서 영광이라 불릴 만한 그토록 순수한 쾌락을 가지고 두 팔을 항상 활짝 벌리고 사는 것과 같은 것이다. 산에서 내려온 이래 부처는 자기 부인과 아들하고 그렇게 살았다. 그 후 그의 많은 제자들은 사람들이 나눠주는 것만 먹고 살기 시작했다. 왜냐하면 그들이 부처에게 진리의 말씀을 듣기를 원했고, 왕자일 때의 공덕과 산속에서의 삶에 대해 듣기를 원했기 때문이다. 국왕은 부처의 이름에 권력이 있음을 보았다. 사람들이 부처에 대한 모든 것을 마치 하늘의 존재로 간주했기 때문이다. 그렇게 살고 말하는 부처는 너무도 아름다워서 사람의 존재로 볼 수 없었다.

왕은 부처의 제자들을 모이게 해서 부처의 이야기, 설교 그리고 좋은 말씀들을 모아 책으로 만들라고 했다. 왕은 제자들에게 월급을 주어 사람들로 하여금 왕의 권력을 하늘의 권력과 나란히 보게 만들었고, 백성들은 이 하늘에서 부처가 세상에 내려왔다고 믿게 되었다. 제자들 가운데 어떤 이들은 왕이 원하는 대로 행동해서, 왕의 군대와 함께 주변 나라들의 자유를 빼앗으면서 하늘에서 내려온 부처의 진실을 가르쳐준다는 명분을 내세웠다. 그러나 다른 제자들은 그것이 거짓말이며 왕의 도둑질이라고 말했다. 또한 조그마한 나라의 백성의 자유가 야심 찬 왕이나 왕의 돈을 받고 보좌하는 승려들의 거짓말보다 이 세상에 더욱 필요한 것이라고 강조했다. 그리고 만일 부처가 살아 있었다면 진실을 말했을 것이라고 했다. 즉 자기는 하늘에서 내려온 것이 아니라 다른 모든 사람처럼 똑같이 이 세상에 나왔다는 것이다. 그들은 모두가 스스로 하늘을 품고 있고, 마치 태양이 보이듯이 하늘을 보고 있으며, 사람에 대한 애정과 정직함이 넘치면 피와 살로 된 존재를 넘어 깨달음을 얻는 존재가 될 수 있다. 그들은 나쁜 사람을 대하면 마치 치료해야 할 환자로 보아 동정심을 가지며, 좋은 사람을 대하면 용기를 내어 세상을 위해 더 열심히 봉사하라고 힘을 북돋아 준다. 그것이 바로 하늘나라이고 신성한 쾌락이 아닌가! 그러나 왕의 편에 있던 제자들은 더 많은 것을 누릴 수 있었다. 왕은 그들에게 탑이 여러 개 있는 사원을 건설하게 하고 그 제단에 부처님을 모시게 했으며 그 제자들을 위해 비단 장삼과 황금 망토, 그리고 뾰족한 모자를 쓰게 하고 아주 유명한 제자들은 사원 안에 유해를 안치해서 무덤 위에 동상을 세우고 낮이나 밤이나 불을 밝히도록 했다. 그리고 사람들은 그 앞에 무릎을 꿇은 채, 세상 고통을 없애주고, 지상에서 원하는 것을 갖게 해주며, 죽을 때는 부처님에게 잘 말해 달라는 기도를 드렸다. 그때부터 수천 년이 지났고 수천 개의 사원이 생겨났다. 저기 슬픈 안남 사람들은 지상에서 아무 도움도 못 받으니 하늘의 알지 못하는 이에게 소원을 빈다.

사람들은 마음의 힘을 얻기 위해 극장에 간다. 극장에는 프랑스 사람들이 없다! 극장에서는 희극 배우들이 안남이 큰 나라였을 때의 역사를 이야기해 준다. 나라가 대단히 부유했기 때문에 이웃나라들이 안남을 정복하려 했다. 안남에는 많은 왕이 있었는데 그들은 서로 남의 땅을 빼앗으려고 하여 싸움이 잦았고 이 때문에 나라의 힘이 빠졌다. 이때 외부 세

안남의 연극.

력인 중국, 태국 그리고 프랑스인들이 한데 어울려 안남 통치자의 권력을 빼앗은 다음 새 주인이 되었다. 그들은 안남의 여러 세력을 증오로 분열시킴으로써, 부당하게 이웃 나라에 개입하여 배신 행위를 한 외세에 맞서 단결하지 못하게 만들었다. 함께 힘을 모아 맞서야 할 외세는 처음에는 비둘기의 옷을 입고 친구처럼 오지만, 일단 나라를 장악하고 나면 비둘기 깃털을 뽑아버리고 도둑 호랑이의 본색을 드러낸다. 안남의 극장은 요즘에 보는 것과 달랐다. 여기서는 나라의 역사를 이야기해 준다. 용감한 '안양'이 중국의 '차우투'를 이긴 전쟁 이야기, 안남 부족의 장군으로서 전투복을 입고 말을 탄 채 돌격하여 중국인들을 참호에서 몰아낸 두 명의 여전사 '쳉쉐'와 '쳉우르'의 전투 이야기, 왕이 세상을 떠나자 조카 대신 안남을 다스리려고 한 동생, 후에 왕의 땅을 빼앗으려고 침략한 먼 곳의 왕 등 여러 왕의 이야기도 있다.

안남 사람들은 쪼그리고 앉아서 역사 이야기를 진지하게 듣는다. 여기서 희극 배우들은 드라마나 오페라에서처럼 말하거나 노래하면서 이야기를 전하는 것이 아니라, 자기들 말이 들리지 않을 정도로 음악을 크게 틀어놓고 얘기한다. 배우들은 장군 역을 할 때는 한 번도 보지 못한 꽃과 새가 그려져 있는 좋은 망토를 입고, 또한 머리에는 많은 장식이 되어 있는 황금 투구를 쓰고, 날개가 달린 허리띠를 찼다. 만일 왕자 역을 할 때는 그 투구에 두 개의 긴 깃털을 달았고, 높은 지위에 있는 사람 역을 할 때는 보통 사람들이 앉는 의자가 아니라 높은 의자에 가서 앉는다. 그들은 이야기하고 싸우고 인사하고 대화를 나누고 차를 마시게 하고, 오른쪽 문으로 들어와 왼쪽 문으로 나간다. 심벌즈와 드럼, 나팔과 바이올린과 같은 악기들이 쉬지 않고 연주되는데, 그 이상한 연주는 마치 마구 질러대는 울부짖음이나 절규 같지만, 잘 들어보면 죽음을 말할 때 슬픈 음조이고, 어떤 왕이 전투에서 승리한 후 개선할 때는 공격적인 음조, 공주가 결혼할 때는 매우 즐거운 행진곡 음조, 하얀 턱수염의 대제사장이 입장할 때는 천둥소리같이 요란한 음조이다. 연주자들은 이 모든 음조를 상황에 맞게 꾸미고 연주하는 도중에 즉석 창작을 하는데, 이 때문에 규칙 없는 자의적인 음악처럼 보이기도 한다. 그러나 음악을 잘 들어보면 연주자의 자유로운 생각을 존중하는 것 자체가 규칙이라는 점을 알 수 있다. 이렇게 하여 드라마의 사상을 진정으로 고취하고, 마음속에 느끼는 기쁨, 슬픔, 시적 감흥, 혹은 분노를 음악에 녹이는 것이다. 그러면서도 모든 악단이 알아야 하는 옛 음악의 음조를 잊지는 않는다. 무질서해 보이는 연주 속에도 전체를 이끄는 선율이 있어서, 그 음조를 모른다면 들리는 건 북소리와 아우성밖에 없을 것이다.

안남의 극장에서 이렇게 보여주고 있는 것은 유럽인들에게 골치만 아프게 하고 혐오스러운 것이지만, 안남인들과 함께 있는 음악은 음악인들이 전해 주는 이야기에 따라 그들에게 기쁜 웃음을 주기도 하고 때로는 고통의 눈물을 주기도 한다. 그 이야기 가운데 하나는 가난한 글쟁이에 대한 것인데, 그는 재치 있는 글을 통해 왕의 자문관들을 풍자하여 이들이 결국에는 가난뱅이가 되고 만다는 것이다. 또 다른 이야기는 어떤 왕자에 대한 슬픈 이야기다. 외국인을 불러 자기 나라 통치를 맡아달라고 했던 왕자가, 그 얌전한 땅에 탐욕적인 수천 명의 외국인들이 들어와 금과 비단 제조, 땅의 분할을 간섭하는가 하면, 법정에서는 그 땅의 자유를 위해 열심히 투쟁했던 사람을 학대하는 외국인들을 그 땅의 자손들까지 외국인 편에서 도와주는 것을 보고 더 이상 손쓸 방법이 없자 불상 아래에서 곡기를 끊고 세상을 하직했다는 이야기다. 이런 이야기를 할 때는 음악도 저음으로 느리고 슬프게 나오면서 마치 울음을 삼키듯, 그리고 땅속으로 숨어 들어가듯 연주한다. 배우들 역시 장례식에 가듯이 옷소매로 얼굴을 가린다. 역사, 전쟁, 그리고 결혼을 다루는 음악은 이런 것이다. 이런 음악과 함께 배우들은 무대 위의 악단 앞에서 소리를 지르고 뛰어다닌다. 장군들은 전사했음을 표시하기 위해 땅에 쓰러지고, 말 타는 연기를 하기 위해서는 오른쪽 다리를 의자 등받이 위에 걸친다. 때로는 커튼 사이로 공주와 그의 신랑이 들어가는데, 이는 그들이 막 결혼했음을 말하는 것이다.

극장은 개방된 살롱과 같아서 배경화나 무대의 틀도 없고 장치나 그림도 없다. 다만 무대가 바뀔 때는 작업복에 모자를 쓴 사람이 나와서 관중들에게 알린다. 또는 무대에 식탁을 하나 놓으면 잔치가 벌어진다는 뜻이고, 무대 뒤에 창을 걸어놓으면 전투가 벌어진다는 뜻이며, 입에 알코올을 머금고 있다가 횃불에 불면 불이 났다는 뜻이다. 이 작업복 입은 사람은 소품들을 놓거나 치우면서 무대를 들락거리는데, 그 와중에도 천년 전의 비단옷을 입은 왕자들과 황금 투구를 쓴 장군들은 연기를 하고 있고, 리-티엥-브옹 왕자의 친척들은 왕자에게 독이 든 차 한 잔을 먹으라고 건네고 있다. 객석에서 보이지 않는 극장 안쪽으로는 진열대가 있다. 거기에는 화장 도구함이 놓여 있고 벽에는 거울이 걸려 있으며 형형색색의 턱수염이 있는데, 미친 사람 역을 할 때는 노란색, 사나운 사람 노릇을 하려면 붉은색, 멋진 왕이 되려면 검은색, 그리고 노인 역을 할 때는 흰색을 선택한다. 그리고 통치자 역을 맡은 사람의 얼굴은 붉은색과 검은색으로 칠한다. 무대 제일 위로, 즉 벽의 가장 높은 곳에는 불상이 있다. 안남인들은 극장에서 나오며 많은 말을 한다. 때로는 화가 나서, 때로는 갑자기 뛰고 싶어 하는 것 같기도 한데, 그들은 겁쟁이 친구들을 설득하거나 그들에게 겁을 주려고 하는 것 같다. 사원에서 나오는 사람들은 대체로 아무 말 없이 머리를 푹 숙인 채 두 손은 푸른 작업복 주머니에 넣고 있다. 어떤 프랑스 사람이 길에서 뭔가를 물어보면 자기들 언어로 "몰라요"라고 한다. 그리고 만일 어떤 안남 사람이 그들에게 비밀리에 뭔가를 말해주면 그에게 이렇게 말한다. "누군들 알겠어!"

숟가락과 포크 이야기

너무 낯선 말로 뭔가를 이야기해 주면 아무것도 이해할 수 없다! 예를 들면, 파리 만국박람회장에서 사람들이 누군가에게 이렇게 말한다고 하자. "지링카(djirincka)를 타세요. 지링카요. 그럼 모든 전시를 한번에 볼 수 있어요." 그런데 그 말 전에 먼저 해야 할 일은 지링카가 무엇인지 설명하는 것이다! 어떤 이가 뭔가를 이해하지 못한다는 것은 그것을 지칭하는 단어를 이해하지 못한다는 말이다. 그래서 모든 걸 한꺼번에 말하면 안 된다. 그 분량이 너무 많아 사람들이 아무것도 이해할 수 없기 때문이다. 이는 마치 대성당에 들어가는 일과 같다. 처음 들어갈 때는 그것이 너무 크다 보니 보이는 것이라고는 큰 기둥과 아치, 그리고 저 높은 곳의 유리창을 통해 유희하듯 들어오는 빛이 전부일 것이다. 그러나 그 대성당에 여러 번 들어가다 보면 어둠 속에서 사물이 뚜렷해지고 마치 아는 집을 방문하듯 돌아다닐 수 있게 된다. 사람은 알고 싶지 않은 것이 아니다. 왜냐하면 무언가를 보고도 무엇인지를 모르면 부끄러움을

식기 세트를 만드는 공장.

느끼기 때문이다. 죽음은 가장 이해하기 어려운 것이다. 그러나 선량하게 살아왔던 노인들은 그것이 무엇인지 안다고 한다. 그래서 그들은 평온하다. 이는 마치 태양이 떠오르려고 할 때 세상 모든 것이 신선해지고 아름다운 여러 색으로 단장하는 것과 같다. 그리고 사람의 삶도 이해하기 어려운 것이 아니다. 만일 사람들이 이 땅이 제공하는 모든 것의 쓰임새와 세상 사람들이 해온 일들을 알게 된다면, 그들은 이전 사람들보다 더 많은 일을 하고 싶은 바람을 느낄 것이다. 그것이 바로 사람의 삶이다. 팔짱을 낀 채 아무 생각 없이 일도 안 하고 다른 사람의 노동에 기대어 사는 사람들도 다른 사람들처럼 먹고 마신다. 그러나 분명한 진실은 그들이 살아 있지 않다는 것이다.

정말로 살아 있는 사람들은 식탁용 식기 세트를 만드는 사람들이다. 그것은 은으로 만든 것 같지만 순수한 은이 아니고 다른 금속과의 합성품이다. 그 위에 전기 자극을 통해 은 코팅을 씌우는 것이다. 그들이야말로 제대로 일하는 사람들이다. 그리고 하루에 400여 개의 식기 세트를 만드는 공장이 있는데, 거기에는 천 명 이상의 노동자들이 일하고 있다. 그중 상당수가 여자인데, 세밀하고 우아한 모든 작업을 남자보다 더 잘 하기 때문이다. 우리 남자들은 세상의 사자와 같고 전쟁에 나간 말과도 같다. 전장의 냄새가 나고 총칼이 부딪히는 소리가 들리지 않으면 남자들은 만족하지도 멋을 내지도 않는다. 여자는 우리와 달라서 꽃과 같다. 그래서 항상 조심스럽고 정답게 대해야 한다. 만일 그렇지 않으면 마치 꽃처럼 금방 시들어 죽어버린다. 여자는 은 제품을 만드는 작업에 필요한 섬세함을 가지고 있다. 예를 들어, 세밀한 부품을 가는 일, 레이스 같은 것을 수놓는 일, 그림대로 은을 깎아내는 일, 부드러운 목재로 시계나 바구니나 선반을 만드는 일 등이다. 그러나 힘든 일은 남자들의 몫이다. 그들은 금속을 녹여서 덩어리를 만든 다음 그것을 종이처럼 얇게 해서 기계 위에 올려놓는다. 금속을 자르는 기계는 많은 숟가락과 포크를 한 번에 만들어낸다. 은이 액체 상태로 있는 반죽 상자에 제품을 넣고 그것에 은을 입히려면 반죽 상자에 전기를 통하면 된다. 그러면 머리빗의 빗살처럼 목재의 나무판에 매달려 있는 숟가락과 포크가 은을 두르고 은 제품이 되는 것이다.

이제 숟가락과 포크의 역사에 대해 이야기해 보자. 오늘날에는 손잡이 달린 물 주전자와 과일 그릇을 기계로 만들지만 예전에는 식탁에 있는 모든 것을 순은으로 만들었다. 은 원판을 가지고 주전자와 같은 모양을 만들기 위해서는 사람이 붙어 앉아 주전자 모습이 나올 때까지 모루의 끝에 놓고 그것을 망치로 계속 때리는 수고를 해야만 했다. 그 사람 다음에는 한쪽을 뒤집어 놓고 다른 쪽을 펴나가면서, 받침 부분은 둥글고 목 부분은 좁게 만들었고, 그다음에는 사람 손으로 안에 그림과 꽃을 그려 넣었다. 요즘은 이 모든 과정을 기계가 한다. 기계를 한 바퀴만 돌리면 은 원판이 빈 주전자가 되었다. 손이 할 일이라고는 마지막 단계에서 섬세한 그림을 새겨 넣을 때뿐이었다. 그 과정을 여기서 얘기할 수 있는 이유는 그 주전자를 만드는 곳에서 숟가락과 포크도 만들기 때문이다. 금속도 역시 끓여서 녹여야 하고, 섞어야 하고, 열을 식힌 후에는 판 위에 압연하면서 티스푼을 만드는 것과 똑같이 주전자를 만든다. 그 장면은 매우 아름다워서, 마치 지구의 가장 깊은 곳에 들어와 있는 듯하다. 거기에는 불길이 바다처럼 넘치면서 수시로 밖으로 솟아 나오려고 하는데 그렇게 발생하는 것이 지진이다. 그리고 화산이 뜨거운 액체와 연기와 재와 용암을 내뿜을 때는 마치 이 세상을 땅속에서 태워버리는 것 같다. 은세공 공장에서 금속을 녹이는 것도 그것과 비슷하다. 용광로에서는 돌들이 녹아내리고 연기를 내며 그 모양이 허물어지는데, 이는 마치 물 찌꺼기처럼 녹아내리는 촛농 같다. 용광로 하나에는 니켈, 구리 그리고 아연을 함께 끓여서, 그 혼합물을 식힌 다음 완전히 굳기 전에 막대 형태로 자른다. 그것이 무엇인지는 모르겠지만, 사람들은 큰 앞치마를 입고 두건을 쓴 채 긴 삽을 가지고 이 용광로에서 다른 용광로로 끓는 금속을 옮기는 사람들을 볼 때 존경심과 더 나아가 정을 느끼게 된다. 두건을 쓴 그들은 인상이 참으로 좋다. 금속은 처음에 수레에 실려 왔을 때처럼 더이상 돌이 아니다. 반대로 돌이었던 것이 용광로의 열기와 함께 점토와 재로 변했고, 금속은 용광로 가마 안에서 마치 속삭이는 듯한 소리를 내면서 끓고 있다. 그것은 마치 파도가 밀려와 해변에서 거품이 될 때, 혹은 아침 미풍이 불어와 숲속의 나뭇잎이 살랑댈 때 나는 소리 같기도 하다. 사람들은 용광로 가마가 있는 공장에서 왠지 모르게 숙연해지고 더욱 강해지는 느낌이 들게 된다.

　그다음에는, 마치 기계들이 들어선 거리를 산책하는 느낌이다. 모든 것이 동시에 움직인다. 그것을 움직이게 하는 것은 증기다. 그러나 모든 기계가 밑에 수증기를 내뿜는 물 보일러를 가진 것은 아니다. 은세공 공

숟가락 자르는 작업과 윤내기 작업.

장에는 깊숙한 곳에 증기가 있다. 거기에서 넓은 벨트가 움직이면서 러
닝 머신을 돌게 한다. 그리고 각 기계의 러닝 머신이 돌기 시작하면 다른
바퀴들도 작동한다. 첫 번째 기계는 마치 빨랫감을 고무 롤러 사이로 빠
지게 하며 물기를 빼는 빨래 건조기 같다. 그런데 공장의 롤러는 고무가
아니라 강철로 되어 있다. 이 사이로 금속 덩어리가 통과하면서 얇은 판
이 되어 나온다. 그것은 판지의 두께인데, 다만 종이 판지가 아니라 금속
판지다. 다음에는 구멍을 뚫는 천공기가 있는데 이는 오르락내리락하는
절구 같은 기계다. 이는 우리가 무엇을 먹을 때 움직이는 윗잇몸처럼 작
동한다. 절구는 또한 대가리가 길고 좁은 망치, 혹은 대가리가 둥글고 손
잡이가 얇은 그물 국자의 모양을 한 많은 날이 달려 있다. 그래서 절구
가 내려오면 모든 날이 동시에 판을 자르고 거기에 구멍을 낸다. 각 구멍
에서 나오는 금속이 아래의 바구니로 떨어지면 그것이 숟가락이고 또한
포크이다. 망치 모양으로 납작하게 오려낸 금속 조각들 하나하나가 바로
포크다. 그리고 마치 큰 동전처럼 둥근 머리를 가진 것이 숟가락이다.

그런데 포크의 갈퀴들은 어떻게 만들까? 납작하게 오려진 금속은 숟
가락 조각과 마찬가지로 용광로에 넣어서 다시 한번 가열해야 한다. 그

렇지 않으면 너무 딱딱해서 작업을 할 수 없다. 형태를 만들려면 우선 금속을 연하게 만들어야 한다. 그런 다음 집게를 가지고 오려진 금속 조각들을 용광로 내에서 집어낸 후 다른 기계의 틀에 집어넣는데, 이 기계에는 압착 기능을 가진 절구가 있어서 그것이 움직일 때마다 모양을 갖춘 조각들이 나온다. 여기서 길고 뾰족한 포크의 모습이 나타난다. 다음 단계에서는 더 정밀한 기계가 그 조각들을 더 잘 잘라낸다. 또 다른 기계는 포크의 이를 박는다. 다만 완성된 포크처럼 이가 분리되지는 않고 아직 붙어 있다. 결합 부분을 마침내 잘라내는 것은 또 다른 기계다. 이제 이빨을 갖춘 제대로 된 포크를 볼 수 있다. 그다음 좀 더 세밀한 공정이 필요한 과정으로 들어간다. 먼저 손잡이에 장식을 붙인다. 그다음 거기에 홈을 판다. 왜냐하면 포크의 이빨을 만들 때 제품이 마치 종이처럼 납작하게 나오기 때문이다. 다음에는 모난 귀퉁이를 다듬고 둥글게 만든다. 다음 공정에서는 장식을 더 하고 싶은 경우에 조각을 해 넣거나, 글자를 넣기를 원하면 이니셜을 새겨 넣는다. 다음은 윤을 내는 공정인데, 마치 숫돌의 작업과 비슷해서 아주 흥미롭다. 다만 여기서는 윤내는 기계가 더 빨리 돌아간다는 점이 다르다. 그 바퀴는 머리카락처럼 얇은 철삿줄로 되어 있는데, 칫솔과 같은 것이 분당 2,500회 회전하는 속도로 아주 빠르게 돌아간다고 보면 된다. 이 과정에서 진정한 은제 포크나 숟가락이 나온다. 여기서 전기를 통하는 작업을 거쳐 마치 은으로 만든 옷을 차려입은 것만 같은 제품들이 완성되기 때문이다.

싸구려 식기 세트는 비싸게 팔 수 없기 때문에 전기를 통하는 공정을 한두 번밖에 하지 않는다. 고급 제품은 은이 더 오래 가게 하기 위해 최소한 세 번 공정을 거친다. 물론 아무리 그렇게 해도 옛날처럼 망치로 때려서 만든 것만큼은 오래가지 못한다. 예를 들어, 옛날에는 숟가락을 만들기 위해 금속을 납작하게 만드는 기계가 없었고 오늘날처럼 얇은 판

은을 입히는 과정.

을 뽑아내는 기계도 없었다. 따라서 은 세공사가 자기가 원하는 형태가 나올 때까지 오로지 망치질을 통해 금속을 납작하게 만들었고 손으로 직접 가위질을 하면서 숟가락 모양을 잘라냈다. 그리고는 힘을 주어 손잡이 부분을 접었고, 그것이 오목하게 파이게 하려고 모루 위에 놓고 끝이 달걀처럼 둥근 끝을 가지고 매번 다른 자리에 조금씩 천천히 두드리면서 움푹한 숟가락 모양이 나오게 했다. 그런데 이제는 모든 것을 기계가 한다. 그물 국자 형태의 조각을 모루와 같은 곳에 놓으면 위에서 절구 같은 것이 힘차게 내려치는데, 그 밑에는 달걀 모양의 철이 있고 잘라낸 부분의 둥근 모양을 모루의 파인 곳에 집어넣는다. 이제 숟가락이 다되었다. 남은 일은 그것에 줄질을 하고 장식하고 포크처럼 윤이 나게 닦은 다음 은이 들어 있는 탕에 담그는 것이다. 은이 물에 풀어진 채, 포타슘 시안화물이라 불리는 복잡한 화학적 이름을 가지고 섞여 있기 때문에 그것은 말 그대로 탕이다. 그리고 나서 그게 무엇인지는 정확히 모르겠지만 빛, 열기, 운동, 그리고 힘을 주는 원천인 전기를 가하면 한순간에 금속을 변화시키고 분해시키며, 어떤 것은 분리시키고 또 어떤 것은 결합시킨다. 이렇게 은을 만드는 탕에 일단 전기가 통하고 분해가 되면 거기 걸려 있는 숟가락과 포크에 액체화된 은이 입혀진다. 그러고는 아직은이 뚝뚝 떨어지는 제품들을 꺼낸다. 그것들을 포타슘 소금으로 씻어낸 다음 뜨거운 철판 위에 올려놓고 열을 쬐게 한다. 그리고 톱밥 통에 넣고 잘 말린 후 솔질을 하는 기계에 넣고 광을 내게 한다. 마지막으로, 수건에 반짝반짝 광이 나게 닦아 빛처럼 투명해진 제품을 비단이나 우단으로 만든 상자에 넣어 우리 가정으로 배달한다.

검은 인형

아빠와 엄마는 피에다드를 깨우지 않으려고 까치발을 하고 살금살금 침실로 들어간다. 그들은 다 큰 아이들처럼 싱글벙글 웃음을 지으며 손을 잡고 들어온다. 뒤에서 걸어 들어오는 아빠는 여기저기 부딪힐 것 같다. 엄마는 길을 잘 알기 때문에 아무것도 부딪히지 않는다. 아빠는 가정생활에 필요한 모든 것을 사야 해서 일을 많이 한다. 그래서 자기 딸을 보고 싶어도 늘 볼 수 없다. 그는 직장에서 가끔가다가 괜히 혼자 웃음을 짓고 어떨 때는 갑자기 우울한 표정을 지으며, 그러다가도 얼굴이 빛처럼 환하게 펴질 때가 있다. 그때는 모두 자기 딸을 생각하고 있는 것이다. 그때는 손에 쥐고 있던 펜을 떨어트리기도 한다. 하지만 다시 마음을 잡고 글을 쓰기 시작한다. 그런데 글씨를 너무 빨리 쓰다 보니 펜이 날아가는 듯하다. 그래서 글자 쓰는 데에 영향을 준다. 예를 들어, 철자 o를 너무 크게 써서 태양(sol)처럼 커지고, 철자 g는 너무 길게 써서 칼(sable)과 비슷하게 되고, 철자 l은 줄을 너무 길게 내려서 마치 종이에 구멍이라도 내겠다는 것처럼 보인다. 그리고 철자 s는 단어 끝에 마치 야자

나무잎처럼 달려 있다. 어쨌든 아빠가 그렇게 온종일 딸만 생각하면서 쓰는 글씨는 볼 만하다! 그는 창문으로 정원의 꽃향기가 들어오면 어김없이 딸 생각이 난다고 한다. 아니면 숫자와 씨름하고 있을 때나 스웨덴어 책을 스페인어로 옮길 때도 딸이 구름 속에서 서서히 다가오는 것이 보인다. 그러고는 딸이 자기 옆에 앉아 펜을 빼앗고는 조금 쉬시라고 한다. 그리고 아빠 이마에 입을 맞추고 금발의 턱수염을 당긴 다음 잉크병도 감춰버린다. 이것은 꿈일 뿐이다. 이는 잠이 푹 들기 전에 꾸는 단순한 꿈에 지나지 않는다. 이런 꿈에는 예쁜 옷을 입고, 꼬리가 아주 긴 말이나 네 마리의 양이 끄는 마차를 타고, 푸른 보석 반지를 낀 딸이 보인다. 물론 모두가 꿈에 지나지 않는다. 그러나 아빠 말로는 정말 본 것 같았고 이후에는 더욱 기운을 내서 글을 잘 쓰게 된다고 한다. 그리고 딸은 천천히 떠난다. 천천히 하늘로 올라가는데, 이 모든 것이 빛에 싸여 구름처럼 가버린다.

오늘 아빠는 어떤 가게를 들렀다 가야 해서 일을 많이 안 했다. 가게에는 왜 가야 했을까? 사람들이 말하기를 뒷문을 통해 큰 상자 하나가 들어왔다고 한다. 상자에는 무엇이 들어 있지? 한번 맞춰볼까? 내일은 피에다드가 태어난 지 8년 되는 날이다. 하녀는 정원에 가서 아름다운 꽃을 꺾어 꽃다발을 만들다가 손가락에 가시가 찔렸다. 엄마는 모두에게 준비를 잘하라고 하고, 새 옷을 입고 카나리아에게 새장 문을 열어주었다. 요리사는 케이크를 만들면서 무와 당근을 잘라서 꽃 모양을 만들었다. 그리고 요리사 모자를 벗어서 세탁하는 아줌마에게 던져 주었다. 거의 보이지도 않지만 흰 모자에 얼룩이 묻었기 때문이다. "부인, 오늘만은요, 모자에 티끌 하나 없이 깨끗해야 해요!" 피에다드는 아직 아무것도, 진짜 아무것도 모르고 있다. 다만 이제 눈이 사라지고, 나뭇잎이 돋아나고, 집 전체가 마치 해 뜨는 첫날처럼 환해진 것이 그 아이의 눈에 들어왔다. 그날 밤 모든 사람이 장난감 선물을 아이에게 주었다. 아빠는 직장에서 일찍 돌아와 자기 딸이 잠든 모습을 보았다. 아빠가 들어오는 것을 본 엄마는 아빠를 포옹했다. 엄마는 아빠를 꼭 껴안고 말했다. "내일 피에다드가 여덟 살이 돼요."

　방에는 희미한 불이 켜져 있다. 별빛과도 같은 이 빛은 오팔 색깔의 전구를 달고 밤새 켜져 있는 전등에서 나오는 것이다. 베개에 푹 파묻힌 조그만 은발 머리가 보인다. 창문으로는 산들바람이 들어오고, 보이지 않는 나비들이 그 황금빛 머리카락을 가지고 장난치는 것 같다. 빛이 머리카락을 비춘다. 엄마와 아빠는 발뒤꿈치를 들고 방에 들어온다. 장난감 화장대는 방바닥에! 어둠에 앞이 잘 보이지 않는 아빠는 이리저리 부딪힌다. 그러나 소녀는 깨지 않는다. 빛은 이제 손을 비춘다. 손이 한 송이 장미 같다. 침대로는 가까이 갈 수가 없다. 장난감들이 탁자와 의자 등 주변에 꽉 차 있기 때문이다. 한 의자에는 할머니가 부활절 때 보내준 큰 가방이 있는데 거기에는 아몬드와 아몬드 과자가 가득 찼다. 그 가방은 마치 거꾸로 매달아 털어 본 듯 엎어져 있는데, 어느 구석에 있던 아몬드가 떨어지지는 않는지, 또는 열쇠 구멍에 과자 조각이 숨어 있지는 않은지 보려고 한 것 같다. 그래, 인형들이 배가 고팠던 게 틀림없어! 다른 의자에는 도자기가 있다. 아주 고급스러운 도자기가 많이 있고, 하나하나에는 과일이 그려져 있다. 한 접시에는 앵두가 있고 또 한 접시에는 무화과가 있다. 그리고 다른 접시에는 포도가 있다. 마침 무화과 접시 위로 불빛이 비치니 마치 별들이 반짝거리는 것만 같다. 이 별들이 어떻게 접시에 왔을까? "그건 설탕이야!" 짓궂은 아빠가 말한다. "그래, 아빠 말씀이 맞아!" 엄마도 맞장구친다. "단 것을 좋아하는 인형들이 사탕을 먹고 있었던 거야!" 또 다른 의자에 재봉사가 앉아 있다. 그는 정말로 일을 많이 하는 사람처럼 일이 널려 있다. 골무는 얼마나 많이 바느질을 했는지 쭈그러졌다! 재단사는 옷감을 많이 잘라냈다. 엄마가 준 면직물 옷감은 끝자락이 달린 망토만 남았고, 방바닥은 잘라낸 옷감 자투리로 가득 차 있다. 그런데 재단사에게 안 좋은 일이 있었는지, 막 바느질을 시작한 블라우스에 아직 바늘이 꽂혀 있는데 핏방울도 하나 떨어져 있다.

딸의 장난감 거실은 침대 옆에 있는 둥근 테이블에 놓여 있다. 한구석에는 벽 앞에 도자기 인형들이 자는 방이 있는데 그 안에 꽃무늬 이불보가 있는 엄마 침대가 있고 그 옆에는 장밋빛 옷을 입은 인형이 빨간 의자에 앉아 있다. 화장대는 침대와 요람 사이에 있다. 요람에는 옷감을 코까지 덮은 아기 인형이 누워 있고 그 위로 모기장이 있다. 화장대는 밤색 마분지로 되어 있고 좋아 보이는 거울은 1센타보에 두 개를 주는 사탕가게의 가난한 아줌마가 파는 것과 같은 것이다. 거실은 둥근 테이블 앞에 있고, 그 사이에 실 감는 타래로 만든 다리를 가진 테이블이 하나 있다. 테이블 판은 자개 조개로 되어 있고 가운데에는 멕시코 꽃병이 있는데 멕시코 인형들이 물을 길어온다. 그 옆에는 종이를 접어놓은 것들이 있는데 이는 책이다. 피아노는 나무로 되어 있고 건반은 그려 넣었다. 의자는 회전하는 것이 아니라 등받이가 있는 조금 소박한 것인데, 반지 상자로 만든 것이다. 밑부분은 푸른색으로 씌우고 양옆으로는 꿰맸으며 등받이는 장미색으로 하고 위로는 레이스 장식을 했다. 물론 방문객도 있는데, 그들은 진짜 털을 붙였고, 하얀 방에서 연보랏빛 비단옷을 입고 금색 신발을 신고 있다. 앉을 때는 두 발을 꼬지 않고 의자에 가지런히 발을 올려놓았다. 금빛 모자를 쓰고 있는 노부인은 소파에 앉아 있다. 소파에는 발 받침대가 있는데 이는 소파가 미끄럽기 때문이다. 발 받침대는 일본산 짚으로 된 상자를 거꾸로 놓아 쓰고 있다. 흰색 의자에는 도자기로 만든 자매가 함께 앉아 있는데 이들은 팔을 내밀며 거만한 표정이다.

거실에는 그림이 한 폭 있고 그 뒤에는 떨어지지 말라고 향기 나는 과일을 매달아 두었다. 그리고 붉은 모자를 쓴 소녀가 두 팔에 한 마리 양을 안고 온다. 둥근 테이블 옆에 있는 침대 기둥에는 마을 잔치에서 탄 동메달이 프랑스 국기 디자인을 한 끈에 매달려 있다. 큰 삼색기 리본이 메달의 방을 장식하고 있고, 그 옆에는 아주 멋진 프랑스인 초상화가 있다. 그는 사람들의 해방을 돕기 위해 투쟁하러 프랑스에서 온 사람이다. 초상화가 또 하나 있는데 그 주인공은 피뢰침을 발명한 사람이다. 할아버지모습을 한 이 사람은 바다를 건너와 유럽의 왕들에게 자기 나라의 독립을 도와달라고 요청했다. 바로 이것이 거실, 즉 피에다드의 장난감 방이다. 베개에는 그의 검은 인형이 그녀 품에서 자고 있는데 많은 입맞춤으로 인해 입술이 바래 버렸다.

정원의 새들이 아침에 소녀를 깨웠다. 새들이 서로 인사하고 소녀에게 같이 날아다니자고 초대하는 듯하다. 새 한 마리가 부르면 다른 새가화답한다. 집에는 무슨 일인가 있다. 새들이 이럴 때면, 요리사는 두 다리를 덮는 앞치마를 날리며 부엌에 들락날락하고, 두 손에 들고 있는 은 대접에는 우유 타는 냄새와 달콤한 포도주 냄새가 풍기고 있다. 집에는 무슨 일인가 있다. 그렇지 않다면 왜 침대 다리 밑에 새 옷이 있을까? 그것은 진주색의 옷과 어제 사 놓은 라일락 허리띠와 레이스로 된 스타킹이다. "레오노르야, 여기 분명히 무슨 일이 벌어지고 있지? 말 좀 해줘, 넌 어제 내가 산보 나갔을 때 엄마 방에 있지 않았니? 엄마는 나빠! 너를 데리고 가지 못하게 했잖아. 네게 하도 많이 키스를 해서 얼굴이 밉게 되었고 머리를 너무 많이 빗겨서 머리가 남아나지 않았다는 핑계로 말야! 레오노르, 머리털이 얼마 남지 않았다는 말이야 사실이지. 하지만 난 머리털이 없어도 네가 좋아. 그리고 너의 눈동자도 정말 사랑해. 너는 그 눈동자로 날 사랑한다고 말하고 있으니까. 나는 너를 정말 사랑해. 사람들이 너를 사랑하지 않아서 더욱 사랑해. 자 이제 보자! 여기 내 무릎에 앉아 봐. 네 머리를 빗겨주고 싶어! 착한 소녀들은 아침에 일어나면 머리를 빗거든. 그리고, 신발도 한번 보자. 신발 끈을 잘 묶지 않았구나! 그리고 이빨도 좀 볼까. 손톱도 말야. 레오노르야. 손톱이 깨끗하지 않구나! 레오노르, 사실대로 말해 줘! 춤추는 듯한 새 소리를 한 번 들어봐. 레오노르, 이제 내게 말해 줘. 집에 지금 무슨 일이 있니?" 피에다드는 손에 들고 있던 빗을 떨어트렸다. 하지만 레오노르의 머리카락을 이미 예쁘게 꼬아주고 난 후였다. 집안은 여전히 소란스러웠다. 집에서 일어나고 있는 일들을 소녀는 다 볼 수 있었다. 대문으로 행렬이 들어오고 있었다. 제일 먼저 들어오는 사람은 하녀였다. 하녀는 잔치 때나 입는 주름 잡힌 앞치마를 입고 있다. 그리고 손님 접대를 위해 식탁을 차릴 때 쓰는 두건을 쓰고 있다. 초콜릿과 크림 초콜릿, 그리고 정월 초하루 잔치 때처럼 은 쟁반에 맛있는 빵을 가지고 왔다. 그다음으로 엄마가 들어온다. 손에는 희고 푸른 꽃다발을 들고 들어온다. 거기 붉은색이나 노란색 꽃은 없다. 이어서 세

탁 아줌마가 요리사가 쓰기 싫어하던 흰 모자를 쓰고 요리사 아저씨가 만든 깃발, 그리고 신문과 지팡이를 가지고 들어온다. 깃발에는 왕관의 그림 아래 "피에다드의 8세 생일 축하!"라고 쓰여 있다. 사람들은 소녀에게 키스하고, 진주색 옷을 입히고, 그 뒤에 생일 축하 깃발을 들고 아빠의 서재로 간다.

아빠는 천천히 빗질을 했는지 금발의 턱수염을 잘 다듬었고, 수염 끝은 둥글게 말았으며, 수염 가닥마다 제자리에 잘 정돈했다. 그는 수시로 피에다드가 언제 오는지 문 쪽을 쳐다보았다. 그는 글을 쓰고 휘파람을 불면서 책 한 권을 펼쳤다. 그러고는 자기 책상 위에 항상 놓여 있는 한 초상화에 눈길이 갔다. 그 주인공은 피에다드였다. 긴 드레스를 입고 있는 자기 딸이었다. 다가오는 발걸음 소리와 세모난 종이 마이크를 통해 흘러나오는 음악 소리를 들었다. 그가 큰 상자에서 꺼낸 것은 과연 무엇이었을까? 아빠는 한 손은 등 뒤로 감추고 문으로 갔다. 그리고 다른 손으로 딸을 안았다. 그는 가슴속에 꽃 한 송이가 피는 것 같다고 말했다.

또 머릿속에는 궁전의 불이 켜지는 것 같다고 했다. 그 궁전에는 금술이 달린 푸른 벽걸이가 있고 많은 사람이 날개를 달고 있다. 그런 말을 다 하고 있는데, 사람들은 아빠 목소리를 하나도 듣지 못한다. 피에다드가 아빠의 품에서 뛰어올라 어깨에 올라타려고 했기 때문이다. 그것은 거울을 통해 아빠의 다른 손에 무언가 들려 있는 것을 보았기 때문이다. "엄마, 꼭 머리칼이 태양 같아요, 태양하고 똑같아! 아, 그리고 장미색 옷을 입었어요. 내가 봤어요. 엄마, 나에게 주라고 말해 줘요! 멜빵 바지는 초록색이에요, 비로드로 된 바지예요! 스타킹은 내 것 같아요. 레이스도 내 것과 똑같아요!" 아빠는 딸아이와 함께 안락의자에 앉았다. 그리고 딸의 손에 비단과 자기로 만든 인형을 안겨준다. 피에다드는 누구를 찾으러 가는 것처럼 벌떡 일어나 달려 나갔다. "우리 딸 때문에 내가 오늘 집에 있을 건데." 아빠가 말했다. "그런데 우리 딸은 나를 홀로 내버려둘 거야?" 그러자 그녀는 그 작은 머리를 착한 아빠의 가슴에 숨겨 버렸다. 그리고 아빠의 수염이 자기를 찔렀지만 한참 동안 머리를 들지 않았다.

사람들은 정원에서 산책을 했다. 그리고 포도 덩굴 아래 샴페인과 함께 점심을 먹었다. 아빠는 말문이 트인 사람처럼 말을 많이 했고 틈만 나면 엄마 손을 잡았다. 엄마는 키가 더 커 보였고 말수는 적었다. 엄마의 말소리는 모두가 마치 음악 소리 같았다. 피에다드는 붉은 달리아를 요리사에게 가지고 가서 앞치마 가슴에 달아 주었다. 그리고 세탁 아줌마에게는 카네이션으로 된 화관을 만들어 주었다. 그리고 하녀에게는 주머니마다 오렌지꽃으로 채워주고 머리에는 두 개의 푸른 잎사귀를 달고 있는 꽃 한 송이를 꽂아 주었다. 그다음에는 아주 정성스럽게 물망초 꽃다발을 만들었다. "피에다드, 그 꽃다발은 누구를 위한 거야?" "글쎄, 모르겠어요, 누구를 위한 것인지 나도 모르겠어요!" 피에다드는 그렇게 말하고 그것을 수정같이 맑은 물이 흐르는 개울가에 놓았다. 그러고는 자기 엄마에게 한 가지 비밀을 털어놓았다. 그리고 "나 가도 돼요?"라고 물었다. 그러나 엄마는 그녀에게 "이런 변덕쟁이." 하고 말했다. "비단으로 만든 네 인형은 마음에 안 드니? 그 얼굴 좀 봐, 아주 예쁘잖아. 그 푸른 눈동자도 안 봤지?" 하지만 피에다드는 이미 다 봤다. 밥 먹은 다음에는 인형을 식탁에 앉혀 놓고 웃지 않으면서 계속 지켜보고 있었다. 그러고는 정원에서 인형에게 걷는 법을 가르치고 있었다. 그 눈동자는 정말 엄마가 말한 그대로였다. 그래서 가슴 옆구리를 만지면서 "인형아, 나한테 말해 봐, 말 좀 해보라고!"라고 말했지만 비단 인형은 아무 말도 하지 않았다. "그래, 내가 사준 인형이 마음에 안 들었니? 레이스 달린 스타킹과 자기로 된 얼굴에 머리칼도 저렇게 고운데?" "아뇨, 아빠, 나는 너무 좋아요. 자, 인형 부인, 우리 산보나 갈까요? 당신은 자동차도 갖고 싶고 하인도 갖고 싶고 밤 사탕도 먹고 싶지요? 인형 부인, 어서 산책이나 갑시다." 그러나 피에다드는 아무도 안 보는 곳에 가서 인형을 나뭇등걸 위에 올려놓고 자기 시선을 돌려 버렸다. 그러고는 혼자 앉아서 머리도 들지 않고 얼굴을 두 손으로 가린 채 생각에 잠겼다. 그러더니 별안간 뛰기 시작했다. 개울가에 놓았던 물망초를 개울물이 쓸어가지 않는지 걱정이 되었던 것이다.

"하녀야, 빨리 나를 좀 데려다줘!"

"피에다드야, 누가 하녀라 부르라고 했지? 그건 버릇없는 말투야."

"아니에요, 엄마, 아니에요. 나는 지금 너무 졸려요. 졸려 죽겠어. 한 번 보세요. 아빠 수염은 꼭 산더미 같아요. 그리고 식탁 위에 있는 케이크는 내 앞에서 빙글빙글 돌아요. 그리고 깃발들은 나를 보고 놀리고 있어요. 그리고 하늘에서는 당근꽃이 춤을 추는 것 같아요. 나는 졸려 죽겠어요. 안녕, 엄마! 내일은 아주 일찍 일어날 거예요. 아빠, 아빠는 내일 출근하기 전에 날 깨워야 해요. 나는 항상 아빠가 나가기 전에 보고 싶단 말이

에요. 아, 참, 당근들아! 난 졸려 죽겠어! 아이, 엄마, 내 꽃다발을 망치지 마세요! 이것 봐, 벌써 내 꽃이 죽었잖아!"

"내가 딸을 안아주었다고 화가 났나?"

"나 좀 눕혀줘요, 엄마. 아빠도 나를 눕혀줘! 지금 너무 졸려요."

그리고 피에다드는 비단 인형을 든 하녀와 함께 서재를 나갔다. "우리 딸이 왜 이렇게 빨리 가는 거야. 넘어질 것 같아! 누가 우리 딸을 기다리고 있나?" "누가 나를 기다리는지 사람들은 알까?" 피에다드가 하녀에게 이야기한 것이 아니다. 그녀는 하녀에게 꽃으로 변한 꼽추 소녀에 대한 이야기를 해달라고 하지도 않았다. 장난감 하나만 달라고 했을 뿐이다. 그녀는 그것을 침대 다리 밑에 놓고 하녀의 손을 쓰다듬다가 잠이 들었다. 하녀는 하얀 전구가 달린 야간 등을 켰다. 그러고는 뒤꿈치를 들고 방을 나와 아주 조심스럽게 문을 닫았다. 문이 닫히자마자 침대보 끝에서 두 눈동자가 반짝거리기 시작했다. 별안간 금색 시트가 벌컥 젖혀지더니, 침대에서 무릎으로 기어가서 야간 등의 불빛을 환하게 만들었다. 그러고는 침대 다리 밑에 두었던 장난감을 덥석 안았다. 그것은 검은 인형이었다. 피에다드는 인형에 키스를 하고 포옹을 하며 자기 가슴에 품고 꼭 껴안았다. "이리 와, 가엾은 아기. 이리로 와. 무정한 사람들이 널 여기 혼자 내버려두었구나. 너는 절대 못생기지 않았어. 머리에 댕기가 하나밖에 남지 않았어도 넌 못생긴 게 아니야. 못생긴 건 저것이야. 오늘 가져온 것 말이야. 말도 못 하는 눈동자를 가진 것 말이야. 레오노르, 말해봐. 넌 내 생각을 했어? 널 위해 이걸 가져왔어. 물망초 꽃다발이야. 정원에서 제일 예쁜 꽃이야. 그래 이렇게 가슴에 꼭 안아 봐! 넌 정말 예쁜 인형이야. 오늘 울지는 않았어? 너를 이렇게 혼자 내버려두다니! 나를 그런 눈으로 보지 마, 나도 울 거야! 아니, 너는 춥지 않아! 나와 함께, 내 베개에 있으면 얼마나 따뜻한지 봐! 네게 주려고 사탕을 가지고 왔는데 몸에 나쁘다고 빼앗겼어! 그래, 그렇게 잘 덮고 있어! 자, 잠들기 전에 입맞춤을 해줄게! 이제, 불을 좀 낮출게! 우리 둘이 꼭 안고 자자! 사람들은 너를 좋아하지 않지만 그래서 나는 너를 더 사랑해!

코끼리 이야기

오늘날 유럽인들이 탐험하며 돌아다니는 아프리카에 대해 이상한 이야기들이 많다. 유럽 사람들이 지배하기를 원하는 그 풍요로운 땅에는 태양의 열기와 함께 필수적인 식량을 주는 식물이 자라고 옷감을 만드는 섬유를 제공하는 식물도 있고, 금과 다이아몬드, 그리고 전 세계에서 매우 비싸게 팔리고 있는 상아를 가진 코끼리도 있다. 사람들은 흑인들이 지키려고 하는 것의 가치에 대해 많은 이야기를 한다. 그리고 모든 민족이 그렇듯이 누가 더 강한지 겨루기 위해, 혹은 이웃으로부터 갖고 싶은 것을 빼앗기 위해 벌어지는 전쟁에 대한 이야기도 많다. 이러한 전쟁에서는 승자가 잡은 포로를 악명 높은 무어인들에게 노예로 팔아버렸고, 이들은 노예들을 먼 무어 나라에 되팔았다. 유럽에서 아프리카로 가는 선한 사람들 가운데는, 이 세상에 이런 식의 인신매매가 있는 것을 원치 않는 사람들이 있고, 어떤 사람들은 새로운 것을 배우기 위해 가기도 하고, 또 어떤 사람들은 몇 년 동안 용감한 아프리카 부족과 함께 살면서 한 번도 보지 못한 진귀한 약초나 새를 발견하기도 한다. 또는 강의 발원지인 호수를 발견하기도 한다. 또 어떤 사람들은 이집트 총독인 카디브에 용병으로 고용되어 마흐디라고 불리는 유명한 싸움꾼 추종 세력을 쫓아내려고 갔다. 마흐디는 자신이 자유로운 무어인이고 가난한 사람들의 친구이기 때문에 나라를 통치해야 한다고 말했다. 또한 자신이 외국 세력인 투르크 술탄의 종이 되어 다스리고, 그리스도교도 용병을 고용해 그 나라의 무어인들과 싸우게 하며 수단 흑인들의 땅을 빼앗으려 하는 카디브와는 다르다고 주장한다.

그 전쟁에서 매우 용감한 영국 사람 하나가 죽었는데 그의 이름은 "중국인 고든(Gordon el Chino)"이다. 그는 중국인이 아니라 매우 푸른 눈을 가진 백인인데, 중국인이라는 별명이 붙은 이유는 중국에서 영웅적인 업적을 많이 쌓았고, 반란을 진압할 때 무력보다는 애정을 가지고 접근했기 때문이다. 실제로 그는 수단에서 총독으로서 흑인들 사이에 홀로 살면서 그들이 창과 투창으로 공격해 오자 아무 무기도 없이 맨몸으로 그들에게 맞서며 마치 자식들을 혼내는 것처럼 그들을 야단쳤다고 한다. 그리고 한 번은 이슥한 밤에 흑인들이 산에 집결해 어떻게 백인들을 공격할지 살피기 위해 신호를 할 때 흑인에 대한 동정심으로 울음을 터트리기도 했다. 결국 마흐디가 더 큰 세력을 가지고 있었기에, 사람들 말에 의하면, 고든은 죽었거나 마흐디의 포로가 되었을 것이라고 한다. 많은 사람이 아프리카를 찾는다. 샤이유(Paul Belloni Du Chaillu)라는 동물학자가 고릴라 원숭이에 대하여 쓴 것이 있는데, 이 원숭이는 두 발로 걸으며 그를 사냥하려는 사람들이 있을 때는 몽둥이를 들고 공격했다고 한다. 리빙스톤(David Livingstone)은 자기 부인과 함께 겁도 없이 아프리카의 가장 원시적인 곳을 찾아다녔다. 스탠리(Henry Morton Stanley)는 아직 그곳에 남아서 에민 파샤(Emin Pasha) 총독과 물건을 사고팔면서 그를 마흐디로부터 지킬 방법을 모색하고 있다. 많은 독일인들과 프랑스인들은 아프리카를 탐험하면서 새로운 땅을 발견하고 흑인들을 상대로 물물 교환을 하면서 무어인들의 상권을 빼앗을 방법을 찾고 있다. 코끼리 상아는 가장 거래가 많이 이루어지는 물건인데, 그 이유는 그것이 희귀하고 우아해서 매우 높은 가격을 쳐주기 때문이다. 아프리카의 상아는 생생하게 살아 있는 것이다. 그러나 시베리아의 얼음에서는 5만 년 동안이나 선 채로 눈 속에 파묻혀 있던 털북숭이 코끼리 매머드의 상아를 꺼낸다. 영국 사람인 로간(Logan)은 그 정도 두께의 얼음이 5만 년이 아니라 약 100만 년 전부터 쌓인 것이며 매머드가 굳은 눈덩이 아래 매장된 것도 100만 년 전의 일이라고 말한다.

그들은 그렇게 시베리아의 단단한 얼음 아래 지내왔다. 그러다가 하루는 한 어부가 레나강 가에 나왔는데, 한쪽은 모래밭이고 다른 한쪽은 얼음덩이가 마치 케이크처럼 층층이 쌓여 있는 것이 얼마나 견고했는지 사람이 일부러 만들어 놓은 것으로 보였다. 어부는 가죽옷을 입고 노래를 부르며 가다가 마치 젊은 태양이 공중에서 잔치를 벌인 듯 많은 햇빛이 쏟아지는 것을 보고 놀랐다. 공기는 불꽃을 튀기고, 새로운 숲에서 꽃이 필 때처럼 파열음이 들렸다. 언덕에서는 생전 보지 못했던 깨끗하고 빛나는 물이 흐르고 있었다. 그것은 얼음이 녹는 물이었다. 그리고 보잘것없는 슈마르코푸 앞에 마치 커다란 나무의 몸통처럼 검고 털이 수북하며 거대한 동물의 상아가 얼음덩어리 산에서 튀어나오는 것이었다. 투명한 얼음 속에 그 놀라운 몸체가 마치 살아 있는 것처럼 보존되어 있었다. 그 근처의 얼음이 다 녹기까지 5년의 세월이 걸렸고 완전히 녹아버리자 코끼리는 천둥 같은 소리를 내며 강가로 굴러떨어졌다. 슈마르코푸는 다른 어부들과 함께 와서 길이가 3미터에 가까운 상아를 가져갔다. 굶주린 개들은 아직도 신선하고 부드러운 코끼리 고기를 먹었다. 밤이

매머드.

되자 어둠 속에서 백여 마리의 개가 동시에 몰려와 좋아서 으르렁거리면서 이빨로 뜯고 혓바닥을 놀리는 소리가 들렸다. 스무 명의 사람이 동시에 와도 털 달린 가죽을 들 수가 없었는데 털 하나의 길이가 1미터에 달했기 때문이다. 누구도 그것이 사실이 아니라고 할 수 없을 것이다. 왜냐하면 상트페테르부르크 박물관에는 잃어버린 뼈 하나와 목 주변의 노란 털만 빼고 모든 뼈가 전부 보관되어 있기 때문이다. 그때부터 지금까지 시베리아 어부들은 얼음 속에서 약 2천 개의 매머드 상아를 꺼냈다.

수천 년 전 야생의 땅에 얼음이 녹아내릴 때 수천 마리의 매머드가 무리를 이루어 살았던 것 같다. 그들은 지금처럼 무리를 이루면서 호랑이와 사냥꾼들을 피해 아시아와 아프리카의 숲에 살았다. 그러나 이제는 코끼리들이 시베리아 코끼리와는 달리, 부드럽고 주름진 가죽 구석까지도 털이 거의 없는데, 그 못생긴 모습이 겁을 먹게 만든다. 그러나 얼굴이나 몸이 예쁜 사람을 보면 마음씨도 예쁠 것이라고 오해하는 것처럼 코끼리도 겉만 보고 판단하면 안 된다. 안에 아무것도 없는 예쁜 화병도 꽃이 있어서 향기로울 수 있지만 곧 시들고 먼지가 되는 것이다. 코끼리에게는 섣불리 장난을 치면 안 된다. 만일 비위를 건드리거나 무리한 행동을 해서 코끼리가 화가 나기 시작하면, 대상이 여성이든, 꼬마든, 노인이든, 동료든 간에 채찍처럼 코를 휘두르며, 한 번 휘두를 때마다 아무리 힘센 사람도 넘어뜨리고, 전봇대도 쓰러뜨리며, 서 있는 나무를 뒤흔들기도 한다. 코끼리가 화나면 너무 무섭다. 우리 안에 갇혀 있을 때 아무리 순하게 보여도, 4월의 태양이 뜨거워질 때, 혹은 사슬에 묶여 있는 것이 힘들 때 어김없이 분노의 시간이 찾아온다. 그러나 이 동물을 잘 아는 사람들 말에 따르면, 코끼리는 후회할 줄도 알고 정답기도 하다고 한다. 프랑스의 학자들이 금세기 초에 발표한 오래된 책에는, 조련사라고도 불리는 자기 사육사를 죽인 코끼리의 행동에 관한 이야기가 나온다. 코끼리가 사육사를 죽인 이유는 그가 창으로 코끼리 코에 상처를 입혔기 때문이라고 한다. 조련사 부인이 자기 아들과 함께 코끼리 앞에 엎어져서 자기들도 죽이라고 하자 코끼리는 이들을 해치지 않고 엄마에게서 아들을 빼앗은 다음 자기 목덜미의 조련사 자리에 앉혔다고 한다. 그 후로 코끼리는 아들 외에 어떤 사육사도 그 자리에 앉지 못하게 했다고 한다.

코끼리의 건장한 몸뚱이를 관리하는 데에는 코가 제일 중요하다고 한다. 코를 통해 먹고 마시고 접촉하고 숨을 쉬기 때문이다. 또 자기를 괴롭히는 동물들은 코로 털어버리고 목욕도 코로 한다. 코끼리는 수영도 얼마나 잘하는지 모른다. 코끼리가 수영할 때는 몸 전체가 물에 들어가 있어서 몸이 보이지 않고 코끝만 나온다. 코를 관통하는 두 개의 관이 끝나는 그 두 개의 구멍은 위로는 코까지 연결되어 뚜껑처럼 공기를 마시고 싶은 만큼만 열고 닫는다. 그러나 때로는 관 중간에 있을 수 있는 것에 대해 길을 막기도 한다. 사람들의 말이 있어서 부인할 수 없는 사실은 코끼리의 코, 전문가 표현으로는 '흡입 기관'이 4만 개의 근육으로 되어 있으며 모든 근육이 서로 얽혀서 하나의 망을 이루고 있다는 점이다. 그중 긴 코에 해당하는 종렬 근육은 코끼리가 원하는 곳으로 코를 움직이고, 말고, 칭칭 감고, 올리고 내리고, 그리고 길게 뻗치는 역할을 한다. 다른 횡렬 근육은 코의 관에서 피부로 연결되는 것인데, 마치 자동차 바퀴의 축에서 껍질로 나가는 살 같은 것이다. 이 근육들은 코의 관을 좁히거나 넓히는 일을 한다. 코끼리가 그 코로 과연 못하는 것이 무엇일까? 땅에 있는 제일 연한 풀을 뜯어 먹고 어린아이 손에 있는 땅콩을 집어 먹는다. 코에 물을 잔뜩 채워 넣고 열기가 있는 자기 몸에 뿌리기도 한다. 훈련을 받은 코끼리는 코로 짐을 싣기도 하고 내리기도 한다. 실오라기 하나를 땅에서 들어 올리듯, 사람 하나를 들어 올리기도 한다. 성난 코끼리의 기를 꺾으려면 그 코에 타격을 가하는 방법밖에 없다.

코끼리가 호랑이와 싸우면 거의 매번 이긴다. 코끼리의 두 뿔로 호랑이를 들었다 내렸다 할 수 있고 깊이 찌를 수도 있다. 다만 코는 공중으로 흔들어댄다. 호랑이 냄새만 맡아도 코끼리는 놀라서 으르렁댄다. 코끼리는 쥐들을 보면 깜짝 놀란다. 그리고 돼지를 싫어하고 무서워해서 돼지만 보면 코를 마구 흔들어댄다. 코끼리가 좋아하는 것은 좋은 포도주다. 그리고 인도의 럼주인 아라크(arrak)도 좋아한다. 그 술을 얼마나 좋아하는지 보통 때보다 더 많이 일을 시키려 할 때 사육사가 아라크 술병 하나만 보여주면 코끼리는 자기가 알아서 코로 뚜껑을 딴 후 늘어져서 쪽쪽 빨아 마신다. 다만 조심해야 할 점은 술병을 너무 오래 기다리게 하면 안 되고, 한 프랑스 화가에게 일어난 일이 발생할 수 있다는 점이다. 어떤 프랑스 화가가 코끼리를 좀 더 잘 그리려고 자기 하인에게 과일을 머리 위 높게 코끼리 코로 던져주면서 놀라고 했다. 그러나 하인이 과일을 진짜 던지지 않고 던지는 시늉만 계속하자 화가 난 코끼리가 화가를 위에서 덮쳤다. 그러자 화가는 공중에 내동댕이쳐지고 물감을 뒤집어쓴 채 초주검이 되었다. 코끼리의 본성은 착하다. 코끼리를 짐꾼으로 쓰고 싶은 사람이 길들이면 순순히 순종한다. 사람들은 지휘탑처럼 코끼리 위의 등받이 의자에 앉아서 아시아 전장에서 싸웠고 호랑이 사냥에도 나섰다. 인도의 왕자들은 장식과 보석으로 수놓은 천으로 단장한 코끼리를 타고 여행을 한다. 그리고 영국에서도 왕자가 오면 양순한 코끼리 등 위에서 흔들거리는 황금 안락의자에 앉아 거리 산책을 시킨다. 사람들은 발코니에 그들의 값비싼 융단을 내걸고 거리를 온통 장미잎으로 채운다.

태국에서는 코끼리를 좋아하는 것만이 아니고 하얀 피부를 가진 코끼리는 숭배도 한다. 그것이 신성하다고 믿는 이유는 태국 종교가 부처가 모든 곳에 그리고 모든 사람에게 존재한다고 가르치고 있기 때문이다. 그래서 때로는 한 무리에, 그리고 때로는 다른 무리에 실재하는데 코끼리만큼 몸집이 큰 살아 있는 것이 없고 흰색만큼 순수한 색이 없으므로, 흰 코끼리에게는 살아 있는 다른 모든 것보다 더 큰 부처가 존재한다고 믿는 것이다. 흰 코끼리는 궁전도 가지고 있고 거리에 나갈 때는 승려들이 도열하여 부드러운 풀과 제일 좋은 아라크를 준다. 궁전은 숲처럼 색칠을 하는데, 그 이유는 감옥처럼 느끼지 않도록 하기 위해서다. 국왕이 이 코끼리를 보러 가는 날은 나라의 잔칫날이다. 코끼리는 신 자체이며, 왕을 만나면 나라 다스리는 데 좋은 방법을 가르쳐 준다고 믿기 때문이다. 국왕이 아주 귀한 선물을 외국인에게 주려고 할 때는 다른 금속이 섞이지 않고 다이아몬드를 주변에 장식한 순금 상자를 만들게 하고 그 안

코끼리를 타고 다니는 여행.

에는 기념으로 흰 코끼리의 털을 잘라 넣게 한다. 아프리카에서는 이러한 코끼리를 신으로 보지 않아서, 숲속에 놓은 덫에 걸려 쓰러지면 덮쳐서 코끼리를 잡아먹는데 그 고기가 연하고 즙이 많다. 또는 이들을 속여서 사냥하기도 하는데, 먼저 암놈들을 훈련시켜 새끼들을 보고 싶은 마음으로 목장으로 돌아오게 한다. 사람들은 울타리 안에서 자유로운 코끼리 한 무리가 새끼를 찾는 암컷을 따라가는 것을 본다. 그들은 암놈들이 새끼 있는 곳으로 돌아올 때 아무 의심 없이 뒤를 쫓아온다. 그때 사냥꾼들이 그들을 잡아 애정과 달콤한 목소리로 길들이고 진정시킨 후에 죽여서 상아를 뽑아간다.

많은 유럽 사람들이 코끼리 사냥을 위해 아프리카를 찾는다. 많은 사냥 관련 책들이 아프리카의 대규모 사냥에 대해 얘기한다. 거기에 따르면 사냥꾼들은 코끼리 등의자에 여자들처럼 두 다리를 모은 채 타고 가면서 숲속에서 벌어지는 뱀과 사자의 전쟁이나, 황소의 피가 말라 죽을 때까지 그 피를 빼는 독파리 이야기를 한다고 한다. 그리고 아프리카 사냥꾼들은 멀리서 투창을 던지고 화살을 쏠 줄 아는데, 이들은 팔아먹을 수 있는 상아가 많다는 티푸 팁(Tippu Tib) 땅에 언제쯤 도착할 수 있는지 계산하고 있다고 한다. 아프리카의 숲들 사이 훤히 열린 들판에 나서게 되면 저 멀리 코끼리 무리가 일부는 나무에 기대선 채로 잠자고 있고, 또 일부는 몸을 좌우로 흔들면서 산책하고 있고, 또 일부는 다리를 뻗치고 풀밭 위에 누워 있다. 그때 사냥꾼들의 총알이 그들에게 쏟아진다. 누워 있던 놈들은 단번에 일어나 자기 짝을 찾고, 잠들었던 놈들은 다른 코끼리들이 있는 곳으로 뛰어온다. 그들 모두 함께 물웅덩이를 지나면서 코로 물을 들이마신다. 코를 공중에 흔들며 두리번거리고 울부짖는다. 모두가 우두머리 주변으로 모인다. 사냥은 오래 걸렸다. 흑인들은 코끼리에 창과 투창을 던지고 화살을 쏘았다. 수풀 더미에 숨어 있는 유럽인들은 가까이에서 총을 쏘았다. 암놈들이 수수밭을 헤치며 도망가는데 수수밭이 마치 풀밭처럼 짓밟혔다. 사냥꾼과 마주치면 코끼리는 상아를 지키려는 듯 등을 보이고 도망갔다. 제일 용감한 코끼리가 거꾸로 사냥꾼을 덮쳤다. 이 사냥꾼은 아직 거의 어린아이여서 혼자 뒤에 남아 있었다. 다른 사냥꾼들은 각기 코끼리 한 마리씩 맡아 쫓고 있었기 때문이다. 큰 상아를 가진 그 용감한 코끼리가 난폭하게 달려들었고 사냥꾼은 코끼리가 보지 못하게 나무 위로 올라갔다. 그러나 코끼리는 즉시 냄새를 맡았고, 으르렁거리며 다가와서 나무 위에 있는 사람을 끌어내리려는 듯 코를 높이 쳐들었다. 코끼리는 긴 코로 나무 둥치를 휘감고 마치 장미나무를 가지고 노는 것처럼 흔들었다. 그래도 끌어내리지 못하자 궁둥이로 나무에 부딪혔다. 떨어지기 직전의 사냥꾼이 총을 쏘아 얼굴의 코 부분에 상처를 입혔다. 코끼리의 무서운 울부짖음이 공기마저 떨게 했다. 코끼리

는 사탕수수밭을 짓밟고 작은 나무들을 흔들더니 마침내 사냥꾼이 있는 나무로 단숨에 달려와 그를 떨어뜨렸다. 땅에 떨어진 사냥꾼은 의지할 작대기 하나 없었다. 그가 떨어진 곳은 코끼리 뒷다리 쪽이었고, 그는 죽음의 공포 속에 그 뒷다리 하나를 붙잡고 매달렸다. 화난 코끼리가 사냥꾼을 떼어버리려고 아무리 흔들어도 그는 떨어지지 않았다. 코끼리 무릎 관절이 발에 너무 가까이 있어 다리를 구부릴 수 없었기 때문이다. 그럼 사냥꾼은 어떻게 살아남을까? 코끼리는 으르렁대며 뛰었고 자기 다리를 큰 나무 둥치에 부딪혔다. 그래도 사냥꾼은 굴러떨어지지 않았다. 안쪽에 매달려 있던 그는 떨어지지는 않고 손만 심하게 멍이 들었다. 만약 떨어져서 코끼리 뿔에 한 번 받히면 즉사할 것이 아닌가! 사냥꾼은 칼을 꺼내 코끼리 발을 찔렀다. 피가 줄줄 흘렀다. 화가 난 코끼리는 검불을 밟으며 강으로 갔다. 치유의 강물이라 믿는 듯했다. 그리고 코로 여러 번 물을 들이마셨다. 그러고는 그 물을 상처에 뿌렸다. 물이 힘차게 뿌려져 사냥꾼도 기겁하게 했다. 코끼리는 더 깊은 강물로 들어가려고 했다. 이에 사냥꾼은 허리에 차고 있던 권총으로 다섯 발을 코끼리 배에 쏘았고, 살기 위해 가까이 있는 나무로 달려갔다. 코끼리는 코를 끌며 강가로 다시 나왔고 거기서 쓰러졌다.

두 마리 나이팅게일*

중국에는 많은 인구가 살고 있다. 이들은 마치 하나의 가족처럼 살면서 계속 커가고 있다. 그리고 그들은 다른 나라와는 달리 여러 민족이 자치하는 것이 아니라 모두의 통치자로서 황제가 있다. 그들은 황제가 하늘의 아들, 즉 천자라고 믿는데 그 이유는 태양처럼 그와 함께 눈부신 빛을 뿌리고 있기에 결코 쳐다볼 수도 없고 타고 다니는 인력거는 금으로 되어 있으며 입는 옷도 황금으로 짰기 때문이다. 그러나 중국 사람들은 자기 황제가 자기들과 같은 중국 사람인 것에 만족하고 있다. 중국인들에 따르면, 외국의 누군가가 황제로 와서 중국 음식을 먹고 중국인들이 먹고 생각한다는 이유로 죽이라고 명하며, 중국인을 자기의 개나 하인으로 취급하는 것이야말로 있을 수 없는 일이다. 이야기 속의 황제는 아주 멋쟁이였다고 한다. 그는 밤이면 남들이 알아보지 못하게 긴

---

* 안데르센 우화를 각색한 이야기.

수염을 푸른 비단 주머니에 넣고 가난한 중국인들의 집마다 돌아다니며 쌀가마와 마른 생선을 나눠주었다고 한다. 그리고 만나는 노인이나 어린이들과 이야기하면서 마지막 쪽부터 시작하는 그 책들을 읽어 주었다고 한다. 거기에 나오는 공자님 말씀에 따르면, 게으름뱅이는 독사의 독보다도 더 나쁜 것이며, 왜 그런지 묻지 않고 암기만 한다면 사람이라면 당연히 되어야 할 비둘기 날개를 단 사자가 아니라 말라빠진 돼지밖에 되지 못한다. 그 돼지는 고수머리 꼬리와 축 늘어진 귀를 가지고 돼지치기가 시키는 대로 움직이고 먹고 꿀꿀거리는 존재에 지나지 않는다. 황제는 미술 학교, 자수 학교 그리고 목재 조각 학교를 만들었다. 그는 입는 옷에 너무 많이 돈을 쓰는 사람은 감옥에 보내는 한편, 잔치를 베풀어서 전쟁의 역사나 시인들의 아름다운 이야기를 들으러 오는 사람들은 무료로 들여보냈다. 노인들에게는 마치 자기 부모처럼 항상 인사를 했으며, 타타르족이 중국에 들어와 국토를 차지하려 했을 때는 희고 푸른 도자기로 만든 궁전에서 말을 타고 나와 마지막 한 명의 타타르 부족을 쫓아낼 때까지 말에서 내리지 않았다. 그는 말 위에서 밥을 먹고, 말 위에서 막걸리를 마시고, 말 위에서 잠을 잤다. 또한 아주 긴 나팔을 가진 전령들을 여러 마을로 보내고 그 뒤에는 흰옷을 입은 사제들이 따라가면서 이렇게 외치도록 했다. "이 땅에 자유가 없다면 우리 모두 말을 타고 그것을 되찾으러 가야 한다!" 이러한 사정으로 인해 중국 사람들은 그 멋쟁이 황제를 좋아했다. 비록 황제가 제비집 요리를 좋아해 많은 제비들이 집을 잃었고, 종종 쌀막걸리를 마시면서 사람들과 대화하다가는 돗자리 위에 뻗어버린 채 수염은 땅바닥에 엉키고 옷은 얼룩투성이가 되었다는 얘기도 있었지만 상관없었다. 그런 날이면 여자들은 거리에 나오지 않았고 남자들은 일하러 갈 때 마치 해를 보기 민망하다는 듯 머리를 푹 숙이고 걸었다. 그러나 그런 일은 자주 일어나지 않았다. 오히려 사람들이 서로 사랑하지 않고 사실을 사실대로 말하지 않을 때 황제는 침울해졌다. 그러나 보통 때는 기쁨과 음악과 춤과 시, 그리고 용기와 별자리에 대한 이야기가 늘 지배적이었다. 이렇게 황제는 희고 푸른 도자기 궁전에서 자신의 삶을 보냈다.

궁전은 매우 아름다웠고 그 재료인 도자기는 가장 좋은 백토 가루를 빻은 것으로 만들었다. 그래서 도자기는 빛처럼 빛나고 음악처럼 울려서 새벽을 생각나게 하고 석양을 생각나게 했다. 정원에는 난쟁이 오렌지 나무가 있었는데 나뭇잎보다 오렌지가 더 많이 열려 있었다. 어항에는 노랗고 연분홍색의 물고기들이 뛰놀았는데 허리에는 황금색 띠를 둘렀다. 장미밭에는 붉고 검은 장미가 있는데 장미마다 은색 방울이 달려서 음악과 향기를 동시에 내뿜었다. 궁전 안쪽에는 크고 아름다운 숲이 있었는데 이 숲은 푸른 바다를 향해 있었다. 그 숲의 나무 하나에는 나이팅게일 한 마리가 살았는데 가난한 어부들을 위해 지저귀는 노래가 얼마나 아름다운지 그들은 고기잡이 가는 것을 잊어버린 채 좋아서 웃거나 감동해서 울면서, 두 팔을 벌리고 마치 미친 사람처럼 하늘에 입맞춤을 날렸다. 어부들은 "노래로 빚은 술이 쌀로 빚은 술보다 더 좋다!"고 말하곤 했다. 부인들 역시 좋아했는데, 나이팅게일이 노래하면 남편과 아이들이 술을 그렇게 많이 마시지 않았기 때문이다. 노래가 안 들릴 때 어부들은 노래를 잊고 있다가 다시 듣게 되면 형제들처럼 서로 껴안으면서 이렇게 말했다. "나이팅게일의 노래는 얼마나 아름다운가!"

많은 외국인이 나라 구경을 하기 위해 찾아왔다. 그리고 이들은 궁정의 아름다움, 정원, 오렌지 나무 그리고 물고기와 붉고 검은 장미에 대해 여러 권의 책을 썼다. 그런데 모든 책은 이구동성으로 나이팅게일이 가장 경이롭다고 말했다. 그리고 시인들은 숲속 한 나무에 살면서 가련한 어부들의 마음을 즐겁게 해주는 노래를 부르는 나이팅게일을 위해 많은 시를 썼다. 황제도 그 책들을 보게 되었고, 자신의 궁전과 정원이 유명해진 것을 매우 흡족하게 생각해 수염 끝을 세 번이나 빙글빙글 말았다. 하지만 나이팅게일의 존재가 언급된 장소에 도착한 황제는 이렇게 말했다. "아니, 나이팅게일 얘기가 어떻게 된 거지? 난 한 번도 거기에 대해 들은 적이 없는데. 책을 통해서만 알 수 있다니. 하지만 이 도자기 궁전의 모든 사람이 매일 내게 말하기를 내가 책에서 배울 건 없다고 하지 않았느냐! 지금 당장 실장을 오라고 하라!" 실장은 황금색 꽃무늬의 푸른 비단 망토를 입고 와서 바닥까지 고개를 숙이며 인사했다. 주위 모든 사람이 그에게 한마디씩 할 때마다 그의 머리가 흔들리고 불평 소리가 흘러나왔다. 그러나 황제에게는 불평 한마디 없이 잠자코 그 발밑에서 돗자리에 머리를 박은 채 떨면서 기다렸다. 마침내 황제가 말했다. "일어나라!"

"일어나거라! 이 책에서 말하는 새는 우리나라에서 제일 아름답다고 하는데 도대체 어떤 새냐?"

"그에 대하여는 저도 한 번도 들어본 적이 없습니다. 궁전에서도 알려진 적이 없습니다." 실장은 두 팔을 포개고 무릎을 꿇은 채 말했다.

"그러나 오늘 밤에도 분명 궁전 안에 있을 것이다! 도대체 우리 집의 내 물건에 대해 나보다도 세상 모든 사람이 더 잘 알고 있단 말이냐?"

"저는 맹세코 그것에 대하여 들어본 적이 없습니다요." 실장이 말했다. 세 번이나 주위를 둘러보고는 두 팔을 벌리고 이마를 돗자리에 박은 채 황제의 발아래에 엎드렸던 실장은 두 팔을 포개고 무릎을 꿇은 채 뒷걸음질 치면서 자리를 떴다.

실장은 궁전 모든 사람에게 새에 대해 물었다. 황제는 30분마다 실장을 찾았다.

"만일 오늘 밤에 그 새가 여기 나타나지 않는다면 오늘 밤 너희를 가만히 두지 않을 것이다."

"이건 말도 안 돼!" 실장은 이렇게 말하고 양팔을 벌린 채 계단을 내려갔다. 실장의 모든 부하들은 황제의 처벌을 두려워하며 열심히 새를 찾기 시작했다. 그들은 궁전의 주방까지 찾아갔다. 그곳에서는 달콤한 소스에 생선을 익히고, 옥수수식빵이 부풀고 있었으며 고기 케이크 위에 붉은 글씨를 만들고 있었다. 그런데 그곳에서 올리브색 피부에 아몬드 열매 같은 눈을 가진 한 여자 꼬마 요리사가 그 새를 아주 잘 알고 있다고 말하는 것이었다. 소녀는 밤이면 남은 음식을 싸서 숲길을 통해 바닷가 어머니에게 갖다 드리는데, 돌아오는 길에 힘들면 나이팅게일이 있는 나무 밑에서 쉬었다는 것이다. 그러면서 나이팅게일이 노래를 부를 때면 별님들이 소곤대고 엄마가 와서 입맞춤을 해주는 것 같았다고 말했다.

"오, 착한 중국 아가씨로군! 얼마나 기특하고 참한 처녀인가! 만일 나를 나이팅게일이 나무에서 노래하는 곳으로 안내한다면 너는 앞으로 계속 이 주방에서 일할 수 있을 것이고, 황제 폐하가 식사하는 것을 보게 해주마. 나는 오늘 밤 안에 그 새를 잡아서 궁전으로 돌아와야만 한다." 실장이 말했다.

이 소녀 요리사를 따라, 비단 망토를 앞으로 접어들고 뒤로는 머리댕기가 어깨 위에서 춤을 추는 가운데 신하들이 뛰기 시작했고 그들의 뾰족모자가 떨어질 지경이었다. 암소 한 마리가 음매 울었다. 그러자 한 젊은 신하가 말했다. "오, 저 힘찬 소리! 얼마나 멋진 새인가!" "그건 소가 우는 소리야." 꼬마 요리사가 말했다. 이번에는 개구리 한 마리가 울었다. 그러자 또 다른 신하가 말했다. "오 얼마나 아름다운 노래인가. 마치 종소리가 울리는 것 같아!" "그건 개구리 소리야!" 요리사 소녀가 말했다. 그러더니, 이제는 정말 나이팅게일이 울기 시작했다.

"저거야, 저거!" 꼬마 요리사가 말했다. 그리고 그들에게 나뭇가지 위에서 노래하는 새를 보여주었다.

"저거야! 나는 저토록 조그맣고 소박한 것인 줄 몰랐다. 절대 믿지 않았지! 그래, 친구들이여. 어쩌면 우리 궁궐 사람들을 처음 보고 자기 색깔을 바꾼 것 같다." 실장이 말했다.

"아름다운 나이팅게일아! 황제께서 오늘 밤에 네 노랫소리를 듣고 싶어 하신단다." 요리사 꼬마가 말했다.

"그래요, 나도 하고 싶어요." 나이팅게일이 대답하면서 아르페지오 한 소절을 하늘에 뽑아냈다.

"마치 종소리 같아. 은방울 종소리!" 한 젊은 신하가 말했다.

"예쁜 나이팅게일아! 이제 궁전으로 가야 해. 거기에 황제 폐하가 계시거든."

"그래요, 궁전으로 가겠어요! 하지만 내 노래는 숲속 나무들 사이로 더 잘 들리죠!" 그러면서 나이팅게일이 노래를 불렀는데 마치 한숨 소리처럼 들렸다.

황제는 궁전을 화려하게 꾸미라고 명했다. 바닥과 벽은 비단과 종이로 만든 등불에서 나오는 불빛으로 빛났다. 검붉은 장미는 복도와 현관을 꾸몄고, 사람들의 웅성거림 속에 종소리가 끊임없이 울려 퍼졌다. 가장 잘 보이는 홀의 한가운데에는 황금 횃대가 있는데 나이팅게일이 노래를 하도록 마련한 것이었다. 꼬마 요리사에게는 문 앞에 머물 수 있도록 허락했다. 궁전 전체가 최고의 예법을 따랐다. 사람들은 일곱 가지 긴 도포를 입었고 머리도 단정하게 깎았다. 나이팅게일의 노래는 너무도 달콤해서 황제는 하염없이 눈물을 흘렸고 신하들도 눈물을 참을 수 없었다. 황제는 보답으로 나이팅게일 목에 황금 훈장을 걸어주려고 했다. 그러나 나이팅게일은 자기 주둥이를 가슴털 속에 밀어 넣으며 말했다. "감사합니다." 그 소리마저 얼마나 곱고 힘차던지, 황제는 자기의 훈장을 사양한다고 해서 죽이라는 명령은 내리지 않았다. 자기 노래를 통해 나이팅게일은 이렇게 말했다. "제게는 황금 훈장도, 붉은 배지도, 검은 박사모도 필요 없어요. 제가 황제 폐하를 울게 했으니 가장 큰 보상을 받은 셈이지요."

그날 밤, 모든 부인이 집에 돌아가자마자 물 한 모금을 마시고 목청을 가다듬은 다음 노래를 흥얼거렸다. 그러면서 스스로들 아주 멋진 나이팅게일이라고 생각했다. 마구간지기들과 주방 하인들도 큰 감동을 받았다고 말했다. 원래 그들은 모든 것에 흠을 보는 사람들인데 좋았다고 말하는 것은 대단한 칭찬이다. 이제 나이팅게일은 궁전 안에 새장을 갖게 되었고 하루에 두 번, 그중에 한 번은 밤에 날아서 외출하는 것이 허락되었다. 노란 가운을 입은 열두 명의 하인들은 이 새가 나갈 때마다 열두 가닥의 비단실을 잡고 있었다. 도시에서는 새의 노래에 대한 이야기밖에 하지 않았다. 누군가 "나이팅……" 하면 다른 사람이 "……게일"이라고 받았다. 태어나는 아이들에게도 '나이팅게일'이라는 이름을 붙여주었다. 그러나 그 누구도 제대로 노래를 부르는 아이는 없었다.

하루는 황제가 소포 한 개를 받았다. 겉봉에 '나이팅게일'이라고 쓰여 있었기에 아마도 이 유명한 새에 대한 새로운 책이라고 생각했다. 하지만 그건 책이 아니고 황금 새장 안에서 살아 있는 것처럼 보이는 금속으로 만든 장난감 새였다. 깃털은 사파이어, 다이아몬드, 그리고 루비로 되어 있었고 태엽을 감으면 진짜 나이팅게일처럼 금과 은으로 된 꼬리를 흔들며 노래했다. 그 목에는 리본이 달려 있었는데 이렇게 쓰여 있었다. "중국 황제의 나이팅게일은 일본 황제의 것에 비하면 햇병아리에 지나지 않는다."

"아름다운 새다!" 궁전 사람들이 모두 감탄하면서 '국제적인 위대한 새'라는 이름을 지어주었다. 중국에서는 이렇게 화려하고 긴 이름을 붙여주곤 한다. 하지만 황제가 살아 있는 새와 장난감 새에게 함께 노래를 부르게 했더니 좋은 노래가 안 나왔다. 살아 있는 새는 마음에서 우러나오는 대로 진지하고 자유롭게 불렀지만, 장난감 새는 박자에 맞춰 정확하게 불렀고 왈츠곡만 불렀다.

"좋아! 이건 내 취향인데!" 이렇게 음악단장이 말했다. 그래서 보석으로 만든 새가 혼자 노래했고 살아 있는 새와 마찬가지로 잘 불렀다. 동시에 그의 온몸에 가득 찬 보석이 팔찌와 장신구와 브로치처럼 반짝거렸다. 그 새는 33번 연속 똑같은 음정으로 쉬지 않고 노래했다. 만일 황제가 이제 살아 있는 새도 노래를 부르라고 말하지 않았으면 음악단장과 궁전 사람들 모두 34번째 노래를 들었을 것이다. 그런데 살아 있는 새는 어디에? 그 새는 이미 날아가서 궁전과 음악단장으로부터도 멀어져 갔다. 사람들이 다른 새의 노래에 흥겨워하는 것을 보고 창문을 통해 달아난 것이었다.

"이런, 배은망덕한 새 같으니!" 실장이 이렇게 말하고 제자리에서 세 바퀴 돌더니 팔짱을 꼈다.

"그러나 장난감 새가 훨씬 노래를 더 잘합니다. 살아 있는 새는 어떤 노래가 될지 미리 알 수 없으나 장난감 새는 그걸 확실히 알 수 있고 모든 것에 오차가 없기 때문입니다. 그래서 백성들에게 음악 교육을 시키기에도 좋습니다." 음악단장이 말했다.

그래서 황제는 음악단장이 일요일에 새를 꺼내 사람들 앞에서 노래를 하도록 허락했다. 사람들은 모두 크게 만족하여 고개를 끄덕이며 엄지손가락을 치켜세웠다. 그런데 한 가난한 어부가 이렇게 말했다. "난 숲속 나이팅게일이 노래하는 것을 들었는데 이 장난감 새는 진짜 새와는 달리 뭔가 내면의 것이 빠져 있어. 그게 뭔지는 정확히 모르겠지만." 황제는 살아 있는 나이팅게일을 추방하라고 명령하고, 새장 속 장난감 새에게 비단 베개와 함께 많은 보석과 은제품 선물을 주었고, 제일 상석에 앉했다. 그리고 이 새를 '황제의 명에 따라 꼬리를 흔드는 방석의 가수이자 국제적인 새'라는 직함으로 부르게 했다. 음악단장은 너무 기쁜 나머지 인조 나이팅게일에 대하여 어려운 단어와 현학적인 지식이 가득 찬 25권 분량의 책을 썼다. 궁정 사람들은 모두 그 책을 읽었고 모두 이해했다고 얘기했다. 만일 그렇지 않으면 어리석고 무식한 사람이라 욕을 먹고 황제에게도 벌을 받을까 봐 그렇게 한 것이다.

일 년의 세월이 지났다. 황제와 궁정과 온 나라가 '대륙을 대표하는 새'의 노랫소리와 음악을 마치 자기 것처럼 알게 되었다. 그들은 그 새를 잘 알고 있었고 위대한 나이팅게일이라고 추켜세웠다. 궁정의 모든 사람뿐만 아니라 거리의 꼬마들까지도 왈츠를 노래하고 다녔다. 황제 역시 혼자 있을 때면 술을 마시면서 그것을 노래하고 춤췄다. 그것은 제국의 왈츠가 되었고, 음악단장의 취향에 맞게 질서와 박자를 갖췄다. 그런데 어느 날 밤, 새가 한참 노래를 부르고, 황제는 레이스 장식과 벽걸이가 있는 침대에 비스듬히 누워 노랫소리를 듣고 있을 때 나이팅게일 기계의 용수철 하나가 튕겨 나갔다. 마치 뼈가 바닥에 떨어지듯 태엽 떨어지는 소리가 나면서 음악이 그쳤다. 황제는 침대에서 일어나 의사를 불러오라고 명했다. 의사는 어떻게 해야 좋을지 몰랐다. 그리고 시계 고치는 사람이 왔다. 이 사람은 엉성하게나마 고친 태엽을 제자리에 끼워 넣었지만 근본적으로 실린더가 낡았기 때문에 이 새를 거의 사용할 수 없다고 말했다. 그리고 나이팅게일은 일 년에 한 번만 노래를 부를 수 있다고 말했다. 그 대륙의 새가 일 년에 한 번밖에 노래를 부를 수 없다고 하자 음악단장이 시계 수리공에게 배신자, 악덕 상인, 사이비 중국인, 타타르의 스파이 등 온갖 악담을 퍼부었다. 시계 수리공이 문을 열고 나가는데도 그를 향해 음악단장은 계속 "배신자, 악덕 상인, 사이비 중국인, 타타르의 스파이"라고 욕을 퍼부었다. 궁정 음악단장들은 정직한 사람들이 자기가 모시는 황제에게 진실을 말하는 것이 달갑지 않았던 것이다.

5년 후 중국은 큰 슬픔에 잠겨 있었다. 가엾은 황제가 곧 죽게 되었기 때문이다. 상태가 심각해 이미 황제의 후임도 임명했지만 황제에게 감사한 마음을 가진 사람들은 거기에는 관심을 두지 않았다. 그들은 실장의 문 앞에서 황제의 병환에 대해 물었지만 그는 백성들을 아래위로 훑어보고 한숨만 쉴 뿐이었다. 가엾은 백성들 역시 한숨을 내쉬고 눈물을 흘리며 집으로 돌아갔다. 황제는 레이스와 벽걸이가 있는 침대에 온몸이 차고 창백한 채 누워 있었다. 신하들은 이미 왕이 죽은 것으로 생각하고 황제의 후계자 앞에서 하루 종일 팔짱을 낀 채 제자리만 맴돌고 있었다. 그들은 많은 오렌지를 먹고 레몬차를 마셨다. 복도에는 발걸음 소리가 들리지 않게 양탄자가 깔려 있었다. 궁전에는 벌이 웅웅대는 소리 외에는 아무것도 들리지 않았다.

그러나 황제는 아직 죽지 않았다. 그의 침대 옆에 고장 난 새가 있었다. 열린 창문으로 달빛이 들어와 고장 난 새를 비추고 있었고 황제는 아무 말 없이 창백하게 누워 있을 뿐이었다. 그는 자기 가슴을 이상한 힘이 누르고 있는 것을 느꼈고, 눈을 뜨고 무엇인가 보려고 했다. 그는 자기 가슴 위에 앉아 있는 저승사자를 보았다. 그의 이마에는 자기 제국의 왕관이 있었다. 그리고 한 손에는 지휘하는 검을, 다른 손에는 아름다운 국기를 쥐고 있었다. 벽걸이들 사이로 이상한 얼굴들이 드러나는 것이 보였는데, 어떤 것들은 빛에 둘러싸여 아름다웠고, 또 어떤 것들은 불꽃 색깔을 지닌 추한 것들이었다. 황제가 살면서 행했던 좋은 행동과 나쁜 행동을 뜻하는 그것들이 황제의 얼굴을 정면으로 응시하고 있었다. "기억하는가?"라고 나쁜 행동들이 물었다. "기억하는가?"라고 좋은 행동들도 물었다. "난 아무것도 기억나지 않아. 아무것도!"라고 황제가 말했다. "음악, 음악! 북을 가져오라. 북을 두드려서 나의 나쁜 행동들이 내게 하는 말을 듣지 않게 해다오!" 그러나 그 행동들은 계속 말을 이었다. "기억하는가? 기억하냐고?" "음악, 음악!"이라고 황제가 소리쳤다. "오, 나의 황금새여, 노래해 다오. 노래하라고! 난 네게 황금으로 된 비싼 선물을 주었고 네 목에 황금 훈장을 걸어주지 않았느냐? 그러니 노래해 다오!" 그러나 새는 노래하지 않았다. 거기에 태엽 감는 법을 아는 사람은 없었다. 그러기에 새는 한 소절의 노래도 부를 수 없었다.

저승사자는 움푹 파이고 차가운 눈으로 황제를 계속 보고 있었고 방에는 무서운 정적만 흘렀다. 그때 갑자기 창문을 통해 달콤한 음악 소리가 들려왔다. 바깥의 한 나뭇가지에서 살아 있는 나이팅게일이 노래를 부르고 있었다. 그 새는 황제가 매우 아프다는 소식을 듣고 믿음과 희망의 노래를 불러주기 위해 온 것이다. 노래가 계속되는 동안 어둠이 점점 걷히고 황제의 핏줄에 따뜻한 피가 흐르기 시작했다. 그리고 죽어가던 살갗이 다시 살아났다. 저승사자 역시 그 음악을 듣고 이렇게 말했다. "계속해라, 나이팅게일, 계속 노래를 불러라!" 노래 한 곡이 끝나자 저승사자는 황금 왕관을 내주었고, 또 하나의 노래에 지휘하는 검을, 그리고 또 다른 노래에는 아름다운 국기를 내줬다. 이제 저승사자에게는 국기도, 검도, 황제의 왕관도 없게 되었다. 이때 새가 묘지의 아름다움을 노래하자 백장미가 자라났고, 월계수는 미풍에 향기를 보냈고, 아픈 사람들의 눈물은 풀에 윤기와 건강을 주었다.

노래를 통해 정원의 아름다움을 들은 저승사자는 그것을 직접 보고 싶었다. 그래서 황제의 가슴을 누르고 있던 저승사자는 창문을 통해 마치 연기처럼 사라져 버렸다.

"고맙다. 고맙다. 하늘나라의 새여! 내가 너를 우리 왕국에서 내쫓아 버렸는데 너는 내 가슴에서 죽음을 쫓아내 주었구나. 내가 이를 어떻게 보답하랴?" 황제가 말했다.

"황제 폐하는 제 노래를 듣고 눈물을 흘릴 때 이미 저에게 보답했어요. 사람의 영혼에서 뽑아낸 눈물은 노래하는 새에게 가장 귀한 선물이지요. 주무세요, 황제 폐하, 이제 주무세요. 제가 폐하를 위해 노래하겠어요."

새가 계속 지저귀는 노랫소리와 함께 아픈 황제는 건강한 숨을 쉬며 단잠에 빠졌다. 그가 눈을 뜨자 마치 살아 있는 황금처럼 창문을 통하여 햇빛이 들어오고 있었다. 그 어떤 하인이나 시종도 그를 보러 오지 않았다. 모두 황제가 죽은 것으로 알았던 것이다. 나이팅게일은 이제 황제의 침대 곁에 있지 않았다. 그래도 새는 계속 노래하고 있었다.

"너는 언제고 나와 함께 있을 것이다! 넌 왕궁에서 살 것이고 언제든 원할 때 노래할 것이다. 난 장난감 새를 당장 산산조각 낼 것이다!"

"황제 폐하, 그 새를 박살 내지 마세요! 그 새도 할 수 있는 한 충성을 다했지요. 저는 궁정에서는 살 수 없고 궁정 사람들 사이에 제 둥지를 만들 수도 없어요. 하지만 저는 밤이 되면 폐하의 창가 나무에 찾아와 편안히 주무시도록 노래를 부를게요. 좋은 일과 나쁜 일, 그리고 즐거운 일과 고통스러운 일 모두를 노래할게요. 황제 폐하, 바닷가 가난한 집에서 어부들이 저를 기다리고 있어요. 나이팅게일은 어부들에게 실망을 줄 수 없어요. 제게 한 가지만 약속해 주시면 밤마다 와서 노래하겠어요."

"무엇이든 약속하마!" 황제가 말했다. 황제는 침대에서 일어나 황제의 망토를 걸쳤고 큰 칼을 손에 쥐고 가슴에 댔다.

"폐하에게 모든 얘기를 해주는 친구 새가 있다고 아무에게도 말씀하시면 안 돼요. 안 그러면 사람들이 새가 사는 공기에 독을 뿌릴 거예요." 그리고 새는 공기 중에 노래 한 다발을 뿌리며 날아가 버렸다.

신하들이 실장을 앞세우고 죽은 황제를 보려고 갑자기 방에 들어왔다. 그리고 황제의 망토를 입고 칼을 든 손을 가슴에 얹고 서 있는 황제를 보았다. 그리고 웃음소리 같은 나이팅게일의 노랫소리가 들렸다.

최고 대신이 기절초풍하며 두 팔을 하늘로 향해 뻗은 채 기어 왔다. 그러고는 바닥에 엎드려 이마를 황제의 발 위에 올려놓았다. 무릎을 꿇은 신하들의 머리댕기가 목덜미 위에서 떨고 있었다.

기계 전시관

어린이들이 『황금시대』 지난 호를 읽고 재미있는 편지를 많이 보내왔다. 그들은 편지에서 "파리 만국박람회"에 대한 글이 모두 사실이냐고 물었다. 물론 사실이다. 어린이들에게는 진실이 아닌 것을 말해서는 안 된다. 그 누구도 자신이 잘 알지 못하는 것을 어린이들에게 이야기하면 안 된다. 왜냐하면 어린이들은 책이나 선생님이 한 말을 그대로 믿으며 그것이 사실이라는 전제로 생각하고 일하기 때문이다. 그런데 만일 자기가 사실이라고 들었던 것이 거짓이라고 알게 된다면 그들의 삶은 혼란스러워지고 그런 사고방식으로 행복해질 수도 없으며 진실한 것이 무엇인지 모른 채 다시 어린이로 되돌아갈 수도, 모든 것을 다시 배울수도 없는 것이다.

만국박람회에 대한 모든 것이 사실이냐고? 마음씨 고운 어떤 부인이 『황금시대』를 만드는 사람에게 말을 걸었다. 글에 대해 얘기하던 도중 부인이 그를 놀리는 말을 했다. "나는 파리에 다녀왔어요." "아, 부인, 그

기계 전시관.

렇다면 부끄럽네요! 그 글을 읽고 무어라고 말씀하실까요!" "아니요, 내가 그 글을 읽었으니, 파리에 간 것과 마찬가지라는 거죠." 그런가 하면, 파리에 있는 또 다른 점잖은 신사는 이렇게 말했다. "내 눈을 속일 수는 없어요. 그런데 『황금시대』는 나도 모르는 사이에 파리에 있었더군요. 나는 만국박람회를 철저히 보았는데 거기서 볼 만한 모든 게 『황금시대』에 소개돼 있어요."

　다만 그 점잖은 신사는 어린이들이 박람회 전시장의 멋진 모습을 볼 수 있도록 삽화를 싣지 않은 것이 아쉽다고 말했다. 그래서 여기 〈기계 전시관〉의 삽화를 싣는다. 그 전시관에는 서로 다른 여러 개의 문으로 들어가면 세계의 공업 기술을 보여주는 복도가 나 있다. 그리고 그 끝에는 가장 아름다운 건물이 하나 있는데, 그곳에는 마치 코끼리가 무릎 꿇고 앉아 있듯이 인간이 만들 수 있는 모든 기계가 나란히 전시되어 있다. 사람들은 그 모든 것을 보고 나면 마치 자신의 키가 더 커진 것처럼 느껴진다고 말한다. 『황금시대』는 어린이들이 모두 힘세고 용감하고 키도 무럭무럭 크기를 바라며, 특히 여기 실린 〈기계 전시관〉 삽화가 어린이들 마음이 더욱 성장하는 데에 도움이 되기를 바란다.

마지막 페이지

부모들은 모든 것을 자식들에게 주고 싶어 한다. 만일 그들이 번쩍이는 꼬리와 비단 같은 털을 가진 멋진 말을 본다면, 마치 상전처럼 그 말에 올라타서 자동차와 마차가 다니는 가로수 길을 산보할 생각을 하지 않는다. 대신 그들은 더 열심히 일해서 자식들에게 그 멋진 말을 사주겠다는 생각을 한다. 어떤 아이가 비로드 옷을 입고 예쁜 모자를 쓴 채 엄청나게 빠르게 자전거를 타고 지나간다면 모든 사람이 서서 구경할 것이다. 그렇다고 아버지가 자기 아이에게 자전거를 사 줄 생각을 하지는 않을 것이다. 그 대신, 자기 아들이 그 아이처럼 비로드 옷과 예쁜 모자를 쓰고 빛처럼 달리는 두 바퀴 위에 올라타 세상에서 가장 빠른 빛의 속도로 쏜살같이 나간다면 정말 멋질 거라는 생각을 할 것이다. 빛은 보이지 않는다. 그러나 만일 빛이 없어진다면 세계는 산산조각이 나고 말 것이다. 이는 마치 하늘에서 냉각된 별들이 부서지는 것과 같다. 이렇게 세상에는 보이지 않아도 진리인 것들이 많이 존재한다. 물론 세상에는 눈에 보이지 않는 것은 사실이 아니라고 하는 정신 나간 사람들도 있다. 이는 마치 생각을 본다면서 사랑을 보지 못하고, 일을 많이 해서 돈이 생기면 비단 같은 말과 빛과 같이 빠른 자전거를 아들에게 사 주겠다고 다짐하는 저 백발 머릿속을 알지 못하는 것과 같다!

『황금시대』를 만드는 사람은 부모와 같다. 다시 말하자면, 너그러운 아버지와 같다. 이는 마치 무표정한 나일강과도 같다. 거기서 강은 수염 많은 할아버지 역할을 하는데, 그 위에서 장난꾸러기 아이들이 뛰어놀고 숨바꼭질을 한다. 물론, 그렇다고 해서 나일강이 진짜 할아버지라는 말은 아니고, 그의 백 명의 아들이 그 위에서 장난치고 논다는 말도 아니다. 말하고 싶은 것은 나일강이 모든 이집트 사람들의 아버지 같다는 점이다. 왜냐하면 산에서 많은 물이 내려올 때마다 땅을 촉촉이 적셔서 심은 곡식들이 좋은 열매를 맺기 때문이다. 그래서 이집트인들은 나일강을 마치 사람처럼 사랑한다. 그리고 그것을 그릴 때면 아주 나이 많은 할아버지로 그린다. 왜냐하면 수천 년 전부터 이미 많은 책이 나일강에 대해 말해 왔기 때문이다. 그 책들은 파피루스로 만든 긴 두루마기에 기록이 되었고 이를 다시 막대기에 감아 구덩이에 넣고 보관했는데, 이는 오늘날 서류를 보관하는 책상 같은 것이었다. 이집트 사람들은 마치 신을 대하는 것처럼 나일강을 향해 기도를 했고 이 강을 위해 시와 노래도 만들었다. 그리고 아름다운 처녀보다 더 좋은 것은 없다고 생각한 사람들은 1년에 한 번씩 이집트의 가장 예쁜 미인을 뽑아서 늙은 나일강물에 선물로 바쳤다. 이를 통해 나일강이 1년 동안 만족하기를 바라면서 산에서 어느 때보다 많은 물이 내려오게 해달라고 빌었다.

좋은 아버지들이 모두 그렇다. 그들은 모든 어린이가 자기 자식이라고 믿으며, 마치 나일강처럼 눈에 보이지 않는 자식들까지 짊어진다. 그들이 바로 전 세계의 어린이들이다. 아버지 없는 아이들, 자전거나 말을 사줄 사람도 없고 애정과 입맞춤을 줄 사람도 없는 어린이들이다. 그래서 『황금시대』를 만드는 사람은 매번 출판 때마다 세계 어린이들에게 사랑 의 마음을 전하려고 한다. 그런데 출판사에서는 마음은 언제나 넣을 수 있지만, 세상 모든 것을 넣을 수는 없고 전깃불에 관한 기사도 아무 때나 넣을 수 있는 것은 아니라고 말한다. 전깃불에 대한 글에서는 빛을 어떻 게 만드는지, 전기란 무엇인지, 그리고 불은 어떻게 들어오고 어떻게 꺼 지는지 말해 준다. 그리고 꿈처럼 보이는 많은 것들, 혹은 가장 깊고 아 름다운 하늘의 일들에 대한 얘기를 해준다. 왜냐하면 전깃불은 마치 하 늘의 별과 같은 것이고, 로마 시인 루크레티우스(Lucrecio)의 라틴 시에서 말했듯이, 모든 사물에는 영혼이 있다는 점을 생각하게 하기 때문이다. 그것은 또한 만일 모든 사람이 다 착하다면 세상이 행복하고 밝은 삶에 도달한다고 생각하게 한다. 거기에는 미움도, 잡음도, 낮도, 밤도 없으며, 오직 모두 형제처럼 사랑하는 삶의 기쁨만 있다. 그것은 또한 우리 영혼 에 마치 전깃불과 같은 차분한 힘이 있다는 생각을 하게 한다. 이러한 분 량으로 인해 결국 이 글을 싣지 못했다. 그 대신 더 짧은 다른 이야기를 넣었는데, 그게 바로 코끼리 사냥에 대한 것이다. 이 글에서는 어떻게 소 년 사냥꾼이 강한 코끼리를 이겼는지 말해 준다. 이렇게 글을 바꾼 것이 잘한 게 아니라고 말하지 않기를 바란다. 세상에 존재하는 힘을 써먹으 려면 그것을 알아야 한다. 전기는 번갯불로 사람을 죽이지만 세상을 밝 혀 준다. 그러나 사람은 소년 사냥꾼처럼 자기를 지키는 법을 배워야 하 고 자유로운 공기를 마시면서, 그리고 죽음을 가까이 보면서 대처하는 방법도 배워야 한다. 화장하는 삶은 남자와 맞지 않는다. 우리는 때때로 자연인으로 살기 위해, 그리고 밀림을 알기 위해 떠나야 한다.

작가 연보

1853년   1월 28일, 쿠바 아바나의 가난한 가정에서 1남 7녀 가운데 첫째로 태어났다. 아버지
는 스페인 발렌시아, 어머니는 스페인 카나리아 출신이다. 그림 그리는 것을 좋아했고
실제로 재능도 보인다.

1865년   멘디베(Rafael María de Mendive) 선생이 교장으로 있는 초등학교에 등록한다. 멘디
베는 일생에 걸쳐 마르티의 사상에 깊은 영향을 준다. 또한 이곳에서 부유한 집안 출
신의 발데스 도밍게스(Fermín Valdés Domínguez)를 만나 평생 깊은 우정을 맺는다.
이듬해 멘디베의 재정적 도움을 받아 중학교에 입학한다.

1867년   산 알레한드로 국립예술학교를 거쳐, 멘디베가 설립·운영하는 산 파블로 고등학교
2-3학년 과정에 등록한다. 그림보다는 글쓰기에 흥미를 느끼고 습작을 시작한다. 이
듬해에 멘디베의 부인에게 바치는 시를 과나바코아 지방 신문《앨범(El Álbum)》에
싣는다.

1868년   스페인에 맞서는 쿠바의 독립 투쟁인 '10년 전쟁'이 일어나자, 쿠바 민족주의에 동감
하고 쿠바 독립과 자유를 위한 투쟁에 동참한다.

1869년   최초로 정치적 성향의 글을 써서 발데스 도밍게스가 발행하는 신문《엘 디아블로 코
후엘로(El Diablo Cojuelo, 말썽쟁이)》에 싣는다. 같은 해에 신문《라 파트리아 리브레
(La Patria Libre, 자유 조국)》를 창간하고, 가상 국가의 독립 투쟁을 그린 자신의 창작
드라마「압달라(Abdala)」를 싣는다. 같은 해 10월, 스페인 군대에 입대하는 친구를
비난하는 편지를 썼다는 이유로 발데스 도밍게스와 함께 체포되어 6년 징역형을 받
는다.

1871년	감옥에 있는 동안 부모가 필사적으로 구명 운동을 했으나 실패한다. 그러나 건강이 악화되어 석방된 후 스페인으로 추방된다. 마드리드대학교(Universidad Central de Madrid)에서 공부하는 한편, 쿠바 독립을 고취하는 글을 쓰면서 활발한 반식민 운동을 한다.
1873년	사라고사로 이주해 1874년 사라고사 대학에서 법학과 인문학 학사 학위를 받는다. 그해 말 쿠바 귀국을 시도했으나 거부당한다.
1875년 -1878년	스페인을 떠나 프랑스를 거쳐, 주로 멕시코와 과테말라에 머물면서 쿠바 독립을 위한 집필 및 투쟁 활동을 계속한다. 1877년에는 과테말라 국립대학 교수로 임명되어 인문학 강의를 하기도 한다. 쿠바 망명객의 딸인 카르멘 사야스 바산(Carmen Zayas Bazán, 1853~1928)과 결혼한다.
1878년	2월에 '10년 전쟁'을 끝내는 산혼(Zanjón) 휴전 조약이 체결된다. 이에 따른 사면령이 내리자 아내와 함께 귀국한다. 그해 11월 22일 외아들 호세 프란시스코(José Francisco)가 태어난다.
1879년	쿠바에서의 변호사 활동이 거부된다. 이에 교사로 일하며 독립을 위해 더욱 활발한 활동을 전개한다. 그러나 산티아고 데 쿠바에서 일어난 반정부 폭동의 주도자로 몰리면서 또다시 스페인으로 추방된다.
1881년	프랑스와 뉴욕을 거쳐 베네수엘라에 도착해《레비스타 베네솔라나(베네수엘라 리뷰)》잡지를 창간한다. 그러나 그의 정치적인 글이 독재자 안토니오 구스만 블랑코의 심기를 건드려 다시 뉴욕시로 돌아온다.
	이때부터 1895년 쿠바 독립전쟁을 위해 떠날 때까지 주로 뉴욕에 거주하면서 다양한 장르의 창작을 하고 신문 칼럼을 쓴다. 특히 아르헨티나의《라 나시온(La Nación)》에 실리는 정기 칼럼으로 중남미 전역에서 명성을 얻는다. 이 시기에 나온 주요 시집으로는 외아들에 대한 아버지의 애틋한 사랑을 드러낸 『이스마엘리요(Ismaelillo)』(1882), 자유를 주제로 한 『자유 시집(Versos libres)』(1891)이 있고, 대표적인 에세이로는 라틴아메리카 국가들의 단결을 호소하는 『우리들의 아메리카(Nuestra América)』(1891)가 있다.
1892년	자신이 창당에 관여한 쿠바혁명당(Partido Revolucionario Cubano) 대표로 선출된

다. 이때부터 1895년까지 미국 전역을 포함해 아메리카 대륙 곳곳을 누비며 쿠바 독립의 대의를 설파하고 동참을 호소하고 군자금을 모은다. 또한 혁명군 지도자인 막시모 고메스(Máximo Gómez), 안토니오 마세오(Antonio Maceo) 등과 접촉하며 쿠바 독립전쟁을 계획한다.

1895년   1월, 뉴욕을 떠나 도미니카 공화국으로 향한다.
2월 24일, 막시모 고메스와 함께 '쿠바 혁명의 목적과 원칙'을 밝히는 〈몬테크리스티 선언〉을 발표하면서 독립전쟁을 선포한다.
4월 11일, 쿠바에 상륙해 현지 혁명군과 합류하면서 본격적인 독립전쟁을 시작한다.
5월 19일, 도스 리오스(Dos Ríos) 전투에서 백마를 타고 스페인군 진영으로 돌격하다가 총에 맞아 전사한다.

1898년   쿠바 독립전쟁에 미국이 개입하면서 미국-스페인 전쟁으로 비화한다. 미국이 승리하면서 마침내 쿠바는 독립을 얻었으나 이후 3년 동안 미군정 치하에 놓이게 된다.

황금시대

아메리카 어린이와 청소년을 위한 오락과 교육 월간지

1판 1쇄 발행 2024년 8월 15일

지은이 | 호세 마르티
옮긴이 | 조갑동, 신정환
디자인 | 김서이
펴낸이 | 조영남
펴낸곳 | 알렙

출판등록 | 2009년 11월 19일 제313-2010-132호
주소 | 경기도 고양시 일산서구 중앙로 1455 대우시티프라자 715호

전자우편 | alephbook@naver.com
전화 | 031-913-2018, 팩스 | 031-913-2019

ISBN 979-11-89333-83-6 (93900)

* 이 책은 2019년 대한민국 교육부와 한국연구재단의 지원을 받아 연구되었음
  (NRF-2019S1A6A3A02058027).

* 책값은 뒤표지에 있습니다. 잘못된 책은 바꾸어 드립니다.